dtv

»Der Kuss ist der dramatische Kern, über den ich in die Gesetze und Strukturen einer ganzen Epoche gelange.«, sagt Peter von Matt. Sieben schicksalhafte Küsse aus der Literatur, von Fitzgeralds ›Großem Gatsby‹ über Kleists ›Marquise von O.‹ bis Virginia Woolfs ›Mrs Dalloway‹, hat der Literaturenthusiast ausgewählt und erweist sich einmal mehr als Meister der reichhaltigen und eleganten Interpretationen. Er lässt das jeweilige Geschehen lebendig werden und vermittelt darüber hinaus eine Fülle Erhellendes und Überraschendes über die Werke und ihre Autoren, die jeweilige Epoche und über das zentrale menschliche Thema von Glück und Unglück in der Liebe wie im Leben.

Peter von Matt, geboren 1937 in Luzern, war von 1976 bis 2002 Professor für Germanistik an der Universität Zürich. Er lebt in Zürich, ist Mitglied der Deutschen Akademie für Sprache und Dichtung Darmstadt, der Akademie der Künste Berlin und der Sächsischen Akademie der Künste. Für seine zahlreichen Veröffentlichungen wurde er mehrfach ausgezeichnet.

PETER VON MATT

Sieben Küsse

Glück und Unglück
in der Literatur

dtv

Ausführliche Informationen über unsere Autoren und Bücher
www.dtv.de

MIX
Papier aus verantwortungsvollen Quellen
FSC® C083411
FSC www.fsc.org

Ungekürzte Ausgabe
dtv Verlagsgesellschaft mbH & Co.KG, München 2019
Lizenzausgabe mit Genehmigung des Hanser Verlags München

Umschlaggestaltung: dtv unter Verwendung von Gemälden von: Max Klinger, ›Die Sirene‹/akg-images; akg-images/Franz Hubmann; Max Lingner, ›Arbeiterliebe‹ (Detail)/akg-images und VG Bild-Kunst, Bonn 2019; Félix Vallotton, ›Le baiser‹/akg-images; akg-images/Imagno; René Xavier Prinet, ›Kreutzersonate‹ (Detail)/akg-images und VG Bild-Kunst, Bonn 2019; René Magritte, ›Les amants‹ (Detail)/akg-images und VG Bild-Kunst, Bonn 2019
Satz: Satz für Satz, Wangen im Allgäu
Druck und Bindung: CPI books GmbH, Leck
Gedruckt auf säurefreiem, chlorfrei gebleichtem Papier
Printed in Germany · ISBN 978-3-423-34960-4

Statt eines Vorworts:

Es ist seltsam, daß in einer guten Erzählung allemal etwas Heimliches ist – etwas Unbegreifliches. Die Geschichte scheint noch uneröffnete Augen in uns zu berühren – und wir stehn in einer ganz andern Welt, wenn wir aus ihrem Gebiete zurückkommen.

Novalis

INHALT

I

DAS WISSEN VOM GLÜCK UND DIE FRAGE NACH DER ZAHL DER KÜSSE

Das Wissen vom Glück bringt das Gegenteil hervor. Das einzige Lebewesen auf dem Planeten, das vom Glück weiß, trägt diese Erkenntnis mit sich herum wie ein Messer in der Brust. Es schmerzt nicht immer, aber es macht unruhig. Die Folge ist, dass der Mensch, um Pascals berühmte Diagnose zu zitieren, nicht fähig ist, gelassen in einem Zimmer zu bleiben – ... de ne savoir pas demeurer en repos, dans une chambre.[1] Selbst der König, der doch alles habe, was der Mensch nur besitzen kann, meint Pascal, brauche vom Morgen bis zum Abend eine Menge Leute um sich herum, die für Betrieb und Unterhaltung sorgten, damit er keinen Moment für sich allein sei. Dann wäre er nämlich gezwungen, an sich selbst zu denken, und würde auf der Stelle in Trübsinn verfallen.

Für Pascal ist alles, was der Mensch außerhalb des Zimmers sucht, *divertissement,* Ablenkung durch Scheinvergnügen. Das kann die Hasenjagd sein oder der Krieg, der Tanz im Ballsaal oder der Gewinn eines großen Vermögens. Dass auch die Liebe dazugehört, erwähnt er nicht; er scheint sie für das belangloseste aller *divertissements* zu halten. Der überwiegende Teil der Menschheit ist da anderer Meinung. Bei den Philosophen ist es zwar denkbar, dass sich eine Mehrheit auf die Seite Pascals schlägt, aber schon bei den Dichtern sieht das Glück entschieden anders aus. In ihren Werken verkörpert das einsame Zimmer an sich schon *tous les malheurs des hommes*, wie Pascal sagt, alles Unglück der Menschen, und die Unfähigkeit, es dort drin allein auszuhalten, beruht auf der Tatsache, dass es für den Inbegriff des Glücks, wo immer sich die Literatur dazu äußert, zwei Menschen braucht.

Die Literatur hat ihren eigenen Blick auf die Welt

Das heißt nicht, dass die Literatur recht hat. Sie ist ein jahrtausendealtes Unternehmen der Welterklärung, wie die Philosophie es ist, wie die Wissenschaften es sind und auch die Religionen, die einst sogar alle andern Systeme in sich eingeschlossen haben. Wie jede von diesen dreien treibt die Literatur das große Geschäft auf ihre Weise. Auch sie fragt zwar nach den ersten und letzten Dingen, nach dem, was immer war und immer sein wird, nach den Gesetzen, die alles steuern, was auf dem Planeten geschieht, aber sie nimmt sich das Recht, die größten Prozesse gegebenenfalls an den winzigsten Wesen zu studieren. Das Universale erkennen die Dichter am schärfsten im Belanglosen. Der Tod einer Fliege kann für sie so wichtig sein wie der Trojanische Krieg.

Das hängt damit zusammen, dass die Literatur ihren eigenen Blick auf die Welt hat. Dieser hat sich, im Unterschied zu den andern Systemen, nie ganz abgelöst vom Blick des Kindes. Für das Kind gibt es noch keine Ordnung der Dinge. Alles kann riesig sein oder wie nicht vorhanden. Ein Stein auf dem Weg ist kostbar wie der Rubin in der Königskrone. Er ist sogar lebendig wie ein Tier. Die Hierarchie all dessen, was ist, entsteht erst durch das unablässige Einreden der Erwachsenen auf das Kind: Das ist eklig, das ist schön, das ist verboten ... Weil die Literatur noch Wege kennt hinter alle Hierarchien zurück, kann sie jederzeit verschollene Erfahrungen in uns wachrufen, Erfahrungen aus den Urzeiten des eigenen Lebens oder aus den Urzeiten der Menschheit. Für sie gilt Brechts Vers aus dem *Lied von der Moldau*: »Das Große bleibt groß nicht und klein nicht das Kleine« – wenn auch auf andere Weise, als Brecht es gemeint hat.

Das Spiel mit der Gewalt des Geringen und mit der Geringfügigkeit des Gewaltigen durchzieht die Literatur. Weil sie über die Kraft der symbolischen Aufladung verfügt, kann sie alle Ordnungen umbauen; sie kann das Winzige mit drei Worten zu einer Hauptsache machen und den babylonischen Turm zu einer Dekoration im Hintergrund. Es gibt zahlreiche Begriffe für die Prozesse der symbolischen Aufladung, man redet von Metaphern und Metonymien, von Synekdochen und Allegorien, entwickelt Zeichentheorien und destruiert sie wieder, indem man irgendwann den Zeichen ihre Verweisungskraft überhaupt bestreitet. Ganze Lehrstühle leben von der Produktion semiotischer Konzepte und der Demontage ihrer Vorgänger. Die Studierenden glauben daran, richten sich danach aus, schreiben Dissertationen darüber und müssen eines Tages zur Kenntnis nehmen, dass kein Hahn mehr nach ihrer wissenschaftlichen Heilslehre kräht. Die Prozesse der symbolischen Aufladung aber wirken immerzu in allen Künsten, mit bald zarten, bald mächtigen Effekten, unabhängig vom Stand der Theoriebildung. Die Kraft, die dem Kind einst die Puppe lebendig machte und den krummen Stecken zum galoppierenden Pferd, wirkt fort in der bildenden Hand der Malerinnen und Maler, in der unerwarteten Geste des Schauspielers, in der fahrenden Filmkamera, die einen Gegenstand erschreckend heranzoomt. Was aber einmal dergestalt aufgeladen ist, kann in der Literatur ein ganzes Werk durchstrahlen und zum Schlüssel werden für dessen Geheimnisse – falls nur der Leser aufmerksam genug ist und seine Freude hat am Spiel des Verbergens und Aufdeckens. Die symbolische Strahlung mag von einem mythischen Ungeheuer wie dem weißen Wal des Kapitäns Ahab ausgehen, dem Wesen, das nicht nur einen großen Roman durchzieht, sondern diesen Roman wie aus eigener Kraft verlängert und ausdehnt, bis das Opus selber leviathanische Ausmaße erlangt hat. Sie kann aber auch in einer einzigen Erzählsekunde stecken. So erscheint in Kafkas *Proceß* die Schwimmhaut zwischen Mittel- und Ringfinger des Mädchens Leni nur ein einziges Mal und wie im Vorbeigehen.[2] Aber das seltsame körperliche Phänomen bleibt uns bis zum Schluss vor Augen. Wir spüren die symbolische Aufladung und kommen ihr doch nicht wirklich bei, so wenigstens nicht, wie wir gewohnt sind, den Symbolen im Erzählen des 19. Jahrhunderts beizukommen.

Die Menschen tragen das Wissen vom Glück immerzu mit sich herum. Sie messen daran ihre eigene Befindlichkeit und beobachten daraufhin alle andern. Sie erfinden wundersame Vorstellungen von einer ewigen Seligkeit und sind rasch bereit, andere um dieser Vorstellung willen totzuschlagen. Weil man das Paradies denken kann, muss es einmal existiert haben oder wird es sich einmal vor uns öffnen. Und wenn die religiöse Basis dieser Träume sich verflüchtigt, verflüchtigen sich doch keineswegs die Träume selbst. Sie verwandeln sich vielmehr in ein Projekt der ganzen Menschheit, die nun die Aufgabe hat, das Paradies auf diesem Planeten selbst einzurichten. Auch dafür muss man notfalls viele Menschen töten. Was wir Aufklärung nennen, ist nichts anderes als dieser Vorgang: die Abschaffung der jenseitigen Seligkeit und ihre Verwandlung in das Vorhaben, sie auf dieser gequälten Erde eigenhändig aufzubauen. Goethe hat darüber einen Roman geschrieben, *Die Wahlverwandtschaften.* Eine Gruppe guter, kluger, liebesfähiger Menschen will die Epochenvision vom selbstgeschaffenen Paradies in einem überschaubaren Raum mit Schloss und Dorf und ausgedehnter Natur verwirklichen. Kein Bösewicht stört die planvolle Arbeit. Dennoch endet sie schrecklich.

In Szenen denken

Weil die Literatur immer konkret ist, denkt sie nicht in Begriffen, sondern in Szenen. Das Wissen vom Glück erscheint daher in der Literatur immer und immer wieder als die leibhaftige Begegnung zweier Menschen. Das Nachdenken darüber verkörpert sich in deren Geschichte und weiterem Schicksal. Was in der Philosophie Theorie ist, ist in der Literatur Handlung. Gewiss wird über diese innerhalb der Literatur auch nachgedacht, aber die Reflexionen der Figuren holen ihr Handeln nie ganz ein. Eine Szene wird symbolisch aufgeladen, und wie immer man sich darüber innerhalb und außerhalb des Textes den Kopf zerbricht, zu einem vollständig in Sprache übersetzten Verständnis gelangt man nie. Ein Beispiel ist Hamlets stummer Besuch bei Ophelia, von dem diese ihrem Vater berichtet. Hamlet ist in verwahrlostem Zustand bei ihr erschienen, hat ihr Handgelenk gefasst und sie lange wortlos angeschaut, dann hat er so tief gestöhnt, dass es durch seinen ganzen Körper lief. Schließlich hat er das Zimmer auf eine seltsame Weise wieder verlassen, so nämlich:

That done, he lets me go,
And with his head over his shoulder turn'd
He seem'd to find his way without his eyes,
For out o' doors he went without their helps,
And to the last bended their light on me.[3]

Danach, erzählt Ophelia also, ließ er mich los, und, den Kopf über seine Schulter zurückgedreht, schien er den Weg ohne seine Augen zu finden; denn er ging zur Tür hinaus ohne deren Hilfe und hielt den Blick bis zuletzt auf mich gerichtet.

Nun wissen wir zwar, dass Hamlet zur Tarnung den Verrückten spielt, wissen allerdings nicht, ob er nicht zuzeiten die Grenze zum Wahn tatsächlich überschreitet, und vor allem wissen wir nicht, ob die Szene bei und mit Ophelia nicht trotzdem die tiefste Wahrheit über seine Beziehung zu ihr zum Ausdruck bringt. Denn diese Art, das Zimmer zu verlassen und den Weg gleichsam in Trance zu finden, den Blick in jenen von Ophelia getaucht, mutet nicht wie ein psychopathologisches Symptom an, weder ein gespieltes noch ein echtes, sondern durchschlägt dieses Zeichenfeld mit der Gewalt eines bedeutungsschweren Verhaltens. Hamlets Gang aus dem Zimmer ist ganz und gar eindeutig in seinem Verlauf und verzweifelt schwierig in seiner Aussage. Will Hamlet damit Ophelia zu verstehen geben: Ich spiele zwar den Verrückten, aber du darfst nicht glauben, dass dies etwas an meiner Liebe zu dir ändert? Oder macht er sie zur Spielfigur in seiner Verstellungs-Intrige, über die er den Mord am Vater aufdecken will? Wenn das erste gilt, warum macht er es der jungen Frau nicht klar? Wenn das zweite gilt, warum treibt er gerade sie, die einzige unbedingt Schuldlose am dänischen Hof, in die Verzweiflung, in den tatsächlichen Wahnsinn und schließlich in den Suizid? An diesem Vorgang kann man studieren, was es heißt, dass die Literatur in Szenen denkt und nicht Gedanken in Szenen übersetzt. Womit sie der Philosophie gleichzeitig unter- und überlegen ist und weshalb die eine durch die andere nie ganz ersetzt werden kann.

Auch das Glück erscheint als Szene

Auch das unbedingte Glück erscheint in der Literatur zumeist als eine Szene, und in tausend Fällen gehört zu dieser Szene der Kuss. Dabei ist Küssen ein Allerweltsgeschäft. Wäre mit jedem Kuss das unbedingte Glück verbunden, lebte die Menschheit im Paradies. Dass diese zarte Tätigkeit ungezählte Formen kennt und entsprechend unterschiedliche Bedeutungen aufweist, ist von den Dichtern vielfach festgestellt worden. Grillparzer hat es in knappe Form gebracht:

Auf die Hände küßt die Achtung,
Freundschaft auf die offne Stirne,
Auf die Wange Wohlgefallen,
Selge Liebe auf den Mund;
Aufs geschloßne Aug die Sehnsucht,
In die hohle Hand Verlangen,
Arm und Nacken die Begierde,
Überall sonst hin Raserei.[4]

Die Liste ist noch ausbaufähig. Dennoch bildet sie eine hübsche Osculologie, wie man die Wissenschaft vom Küssen gelegentlich nennt. Das Wort leitet sich vom lateinischen *osculum* ab, was sowohl ein Mündchen meint wie den Kuss selbst. Auch der junge Goethe kennt den Ausdruck Mäulchen für den Kuss, wobei er meistens Mäulgen schreibt. Als Frankfurter sprach er nämlich das g im Wortinnern gleich aus wie das ch, woraus sich für ihn ein dauerndes orthographisches Problem ergab. Mädgen für Mädchen ist das bekannteste Exempel, und Gretchens berühmtes Gebet: »Ach neige, / Du Schmerzenreiche [...]« war für Goethes Ohren korrekt gereimt.

Als wissenschaftliche Disziplin im strengen Sinne gibt es die Osculologie nicht. Auch in Dudens *Großem Fremdwörterbuch*, 1557 Seiten stark, fehlt der Begriff. Aber da die Dichter, wenn sie von der Liebe reden, diese immerzu auch zu erforschen suchen, gewinnt alles Dichten und Erzählen im weiten Feld des Erotischen früher oder später einen osculologischen Einschlag. Ein berühmter Fall ist Johannes Secundus, der Holländer, der 1536 mit vierundzwanzig Jahren starb und doch bereits unsterblich geworden war mit einem Zyklus lateinischer Gedichte. Diesen nannte er kurzerhand *Basia*, was zu Deutsch

Küsse heißt; denn neben *osculum* kannten die Römer auch das Wort *basium* für den Kuss (es lebt im französischen *le baiser* weiter). Und folgerichtig heißt auch jedes einzelne Gedicht im Zyklus des Secundus *Basium*, mit angefügter Zahl von I bis XIX.[5] Goethe beschäftigte sich mit dem Werk in der Zeit seiner heftigsten Liebe zu Charlotte von Stein, wobei die unverblümte Körperlichkeit der *Basia* auch eine Kompensation gewesen sein dürfte für das von Charlotte verordnete Verbot aller liebenden Handgreiflichkeiten. Jedenfalls schrieb er ein Gedicht mit dem Titel *An den Geist des Johannes Secundus*, das sich handschriftlich im Nachlass der Frau von Stein erhalten hat.[6] Der Anfang ist sprachgewaltig, in einem archaisch sperrigen Rhythmus:

Lieber, heiliger, großer Küsser,
Der du mir's in lechzend atmender
Glückseligkeit fast vorgetan hast!

Dann jedoch läuft das Gedicht eher merkwürdig auf die Klage hinaus, dass er, der Dichter, nicht mehr küssen könne, weil ihm in der herbstlichen Kälte die Lippe schmerzhaft aufgesprungen sei. Keineswegs, betont er, sei ihm die Lippe etwa aufgesprungen wegen allzu stürmischer Küsse der Geliebten, nein, die Wunde sei ausschließlich wetterbedingt. Das Motiv nimmt sich ziemlich uninspiriert aus, deshalb ist man wiederum verblüfft über die Gewalt, mit der nun das, was gerade nicht geschieht, zur Sprache findet:

Gesprungen ist sie! Nicht vom Biß der Holden,
Die, in voller ringsumfangender Liebe,
Mehr möcht' haben von mir, und möchte mich Ganzen
Ganz erküssen, und fressen, und was sie könnte!

Das schließt für einen aufregenden Moment an die ersten drei Verse an, besitzt, wie jene, den unerhörten Klang der neuen Sprache, die Goethe in diesen Jahren aus der Begegnung mit Shakespeare und Hamann und Herder gewinnt. Der Widerspruch, der sich zwischen dieser poetischen Wucht und dem dünnen Motiv der gesprungenen Lippe ergibt, wird jedoch gelöst, wenn man die Novemberkälte als Metapher für die spröde Abwehr der umworbenen Charlotte liest. Das überraschende doppelte »ganz« – »und möchte mich Ganzen / Ganz erküssen, und fressen, und was sie könnte« – verweist jetzt auf das, was der geliebten Frau fehlt, das, worin sie, im betonten Unterschied zum liebenden Mann, eben nicht ganz ist.

Die Zahl der Küsse

Bei diesem Johannes Secundus erscheint nun auch ein Motiv, das für unser Thema von besonderer Bedeutung ist: die Zahl der getauschten Küsse. Secundus übernimmt den Gedanken aus der Tradition der antiken Liebeslyrik. Die Verliebten versuchen, die Intensität ihrer Gefühle in die Zahl der gewünschten oder versprochenen Küsse zu übersetzen. So beginnt Secundus das *Basium VI* mit der Feststellung, seine Freundin und er hätten sich auf zweitausend Küsse verschworen, und tatsächlich, tausend Küsse habe er gegeben, und tausend Küsse habe er empfangen – in lateinischer Knappheit: »basia mille dedi, basia mille tuli«. Doch jetzt zeige es sich, dass man die Liebe niemals mit Zahlen ergründen könne. Eine welterschütternde Erkenntnis ist das nicht, aber sie gehört seit Jahrtausenden zum Reden über ein welterschütterndes Gefühl.

Das *Basium VI* ist ein schlankes humanistisches Echo auf das schlechthin berühmteste Gedicht der Weltliteratur über die Zahl der Küsse, das Zählen der Küsse und den Umgang mit den gezählten Küssen, das fünfte *Carmen*[7] von Catull, dem römischen Erotiker, der fast so jung gestorben ist wie sein Nachfolger Secundus in der Renaissance. Der Auftakt formuliert, im Zuruf an die Geliebte Lesbia, die leidenschaftlichste Parole aller europäischen Lyrik: »Wir wollen leben und wir wollen lieben!« – »Vivamus atque amemus.« Denn der Tod komme rasch genug, und das Licht des Lebens sei kurz: »brevis lux«. Catull konnte nicht wissen, wie sehr das auf ihn selbst zutreffen sollte. Nach diesem Auftakt aber, der ebenso antik wie barock ist, entspringt aus dem Gedanken an den lauernden Tod ein Tumult der Zahlen, ein tobendes Über- und Durcheinander der Tausender und Hunderter und ihres Vielfachen, und alle Zahlen meinen Küsse, die Küsse, um die Catull seine Lesbia bestürmt. Aber, sagt er dann, niemand außer ihnen beiden dürfe die endgültige Zahl wissen. Eigenhändig müssten sie zuletzt die Rechnung wieder verwirren, denn es gebe Leute, die ihnen schaden könnten, aus Neid über das ungeheure Glück solchen Küssens. Man muss nicht Latein verstehen, um im Original das Zahlengeprassel der Wörter – *mille*, tausend, *milia*, Tausende, und *centum*, hundert – zu erleben:

Da mi basia mille, deinde centum,
dein mille altera, dein secunda centum,
deinde usque altera mille, deinde centum.
Dein, cum milia multa fecerimus,
conturbabimus illa, ne sciamus [...]

Wörtlich übersetzt: Gib mir tausend Küsse, dann hundert, dann nochmals tausend, dann ein zweites Mal hundert, dann nochmals tausend, dann hundert. Dann, wenn wir viele tausend gegeben haben, werden wir alles durcheinanderbringen, damit wir das Ergebnis selbst nicht mehr wissen.

Irritierend mutet uns heute an, dass Catull immer von tausend wieder auf hundert kommt. Sind wir es doch gewohnt, dass eine Steigerung umgekehrt verläuft, vom Hundertsten ins Tausendste, wie der Volksmund sagt. Das wäre eine Belanglosigkeit, wenn nicht eine magische Stimme der deutschen Literatur, Eduard Mörike, dieses Gedicht übertragen und dabei genau diese Irritation korrigiert hätte. Er macht aus hundert jedes Mal hunderttausend. Mörike war ein erprobter Lateiner und subtiler Übersetzer; vielleicht glaubte er sogar, philologische Gründe zu haben für seine Variante. Das mag entscheiden, wer dafür zuständig ist. Auf jeden Fall wurde Catulls Gedicht durch Mörikes Übersetzung zu einem Stück deutscher Literatur, und so darf es mit seinem ganzen Zahlentumult hier vollumfänglich anschließen:

Laß uns leben, mein Mädchen, und uns lieben,
Und der mürrischen Alten üble Reden
Auch nicht höher als einen Pfennig achten.
Sieh, die Sonne, sie geht und kehret wieder:

Wir nur, geht uns das kurze Licht des Lebens
Unter, schlafen dort *eine* lange Nacht durch.
Gib mir tausend und hunderttausend Küsse,
Noch ein Tausend und noch ein Hunderttausend,
Wieder tausend und aber hunderttausend!
Sind viel tausend geküßt, dann mischen wir sie
Durcheinander, daß keins die Zahl mehr wisse
Und kein Neider ein böses Stück uns spiele,
Wenn er weiß, wie der Küsse gar so viel sind.[8]

Ein Jahrhundert nach Catull versuchte sein Lyrikerkollege Martial, der beim Vorgänger viel gelernt hatte, diesen in Sachen Kusszahl zu übertreffen. Rein numerisch war das nicht möglich, es ging nur über Vergleiche und zudem, was raffinierter war, über eine grundsätzliche Kritik am Operieren mit Zahlen im Bereich dieser beliebten Tätigkeit. Martials Gedicht richtet sich an einen schönen Jüngling – eine Variante, die auch Catull kennt. Er bittet diesen um heiße Küsse und bekommt als Antwort die Frage: »Wie viele?« Worauf Martial hymnisch wird und erklärt, dazu müsste er ja die Wellen des Ozeans zählen können und die Muscheln am Strand und die schwärmenden Bienen und – eine kulturgeschichtliche Momentaufnahme – »die Stimmen und Hände, die im vollen Theater lärmen, wenn das Volk plötzlich Caesars Gesicht sieht«.[9] Dann aber kommt er direkt auf Catulls Kussgedicht zu sprechen, das offenbar jedermann kannte, selbst sein Jüngling: »Ich will nicht so viele Küsse, wie dem wohlklingenden Catull auf seine Bitte Lesbia schenkte.« Der Satz bedeutet aber nicht, dass Martial mit weniger zufrieden wäre, sondern im Gegenteil, Catulls Begehren sei dem seinen unterlegen, weil dieser überhaupt gezählt habe. Denn, so die Pointe: »Weniges nur begehrt, wer es zu zählen vermag.« Lateinisch lapidar: »Pauca cupit qui numerare potest.«[10] So kommunizieren die »lieben, heiligen, großen Küsser« über die Jahrhunderte hin miteinander.

Der singuläre Kuss

Das Wissen vom Glück, das die Menschen umtreibt, zwingt sie dazu, an das Maximum zu denken, dieses sich vorzustellen, sich nach diesem auf die Jagd zu machen. Das spiegelt sich in den Gedichten über die maximale Zahl der Küsse. Diese Steigerung aber bedroht nun selbst wieder, was sie doch anstrebt. Sie entwertet nämlich den einzelnen Kuss. Das ist zwar selten ein Problem für die Verliebten selbst, wohl aber ist es eines für die Literatur. Denn so wie diese das eine Mal die größtmögliche Zahl der Küsse zum Thema macht, macht sie ein anderes Mal den singulären Kuss zum Thema. Dieser muss dann als Ereignis alle mögliche Vielzahl überstrahlen.

Als symbolisch aufgeladene Szene ist der singuläre Kuss ein Geschehnis der Kunst, das auf seine Stellung und Funktion im jeweiligen Werk hin befragt werden muss. Der oft zitierte und Jean Paul zugeschriebene Satz »Zehn Küsse werden leichter vergessen als ein Kuss« macht zwar deutlich, dass der einmalig-einzigartige Kuss sehr wohl zur Lebens- und Liebeswirklichkeit der Menschen gehört – und um dies zu wissen, bedarf es auch gar keiner Dichterzitate –, dennoch kommt ihm in der Literatur, im delikaten Gefüge eines Romans, eines

Stücks, eines Films, ein besonderer Wert zu: Er ist ein spektakuläres Ereignis der Gestaltung.

Es verhält sich damit ähnlich wie mit der Todesszene. In der Lebenswirklichkeit wird genauso oft geboren wie gestorben. In der Literatur aber findet sich zwar gelegentlich die Schilderung einer Geburt, das Verhältnis der Geburts- zu den Todesszenen dürfte jedoch 1:10 000 übersteigen. Auch die Todesszene ist symbolisch immens aufgeladen. In ihr schießen vielfach alle Handlungsstränge und Problemstrukturen eines Werks zusammen. Sie kann den Drehpunkt oder das Finale einer Tragödie, eines Romans bilden, den Moment, wovon weg oder worauf zu alles läuft. In ihr verdichtet sich deshalb auch oft genug der höhere Sinn des erzählten oder gespielten Ganzen. Genauer gesagt: Wenn wir in einem erzählten oder gespielten Ganzen den höheren Sinn suchen, was wir ja reflexartig tun, setzen wir bei den Szenen an, die aus allem andern so hervortreten wie die Todesszenen. Das hängt damit zusammen, dass der Moment des Todes irreversibel ist. Erst mit ihm gewinnen die vorhergehenden Ereignisse den Charakter eines zwingenden Schicksals. Deshalb ist in der Todesszene das winzigste Detail aussagekräftig für das Ganze.

Diese Eigenschaften kommen nun auch dem singulären Kuss in der Literatur zu. Auch er erscheint im Handlungsgefüge so, dass danach alles anders ist als vorher, und zwar sowohl für die zwei Küssenden als auch für die Leserinnen und Leser. Das Ereignis greift tief in die Selbst- und Welterfahrung der Protagonisten ein. Deshalb stellt es für den Autor eine Aufgabe dar, die ihm alle erzählerischen Fähigkeiten abverlangt. Was vorher war und nachher sein wird, ist in dem kurzen Geschehen geisterhaft anwesend.

Dies erfordert eine poetische Arbeit, die ihrerseits, als handwerklicher Vollzug, studiert sein will. Erfindung, Form und Einfühlung scheinen eins zu werden und sollen es für die spontanen Leser auch sein. Deshalb kann die genaue Beobachtung hier zu neuen Aufschlüssen über die Geheimnisse des Erzählens führen.

II

DAS VERBORGENE JUWEL

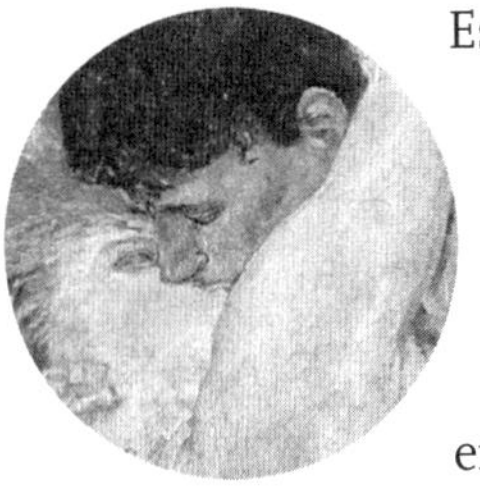

Es gibt Bücher, die ihren Rang erst im Verlauf vieler Jahrzehnte gewinnen. Man sieht zwar rasch, dass hier etwas Beachtliches vorliegt, aber in seiner Einzigartigkeit kann es vorerst noch nicht erkannt werden. Es müssen ein paar jener Abschnitte hinter uns liegen, in die wir die Jahrhunderte unterteilen – sei's nach historischen Zäsuren, sei's nach Umbrüchen der Kunst –, damit wir erkennen, dass diese Bücher wie Signallichter in der Kulturgeschichte stehen. Sie decken nicht nur die geheime Wahrheit ihrer eigenen Gegenwart auf, sondern sagen auch die Wahrheit der unsrigen voraus. Man bemerkt die eigentümliche Beschaffenheit dieser Bücher zunächst daran, dass man ihnen im öffentlichen Diskurs immer wieder begegnet und dass man selbst nicht umhinkann, sie im Gespräch zu erwähnen. Sie haben sich irgendwann im kulturellen Bewusstsein eingenistet; man bezieht sich auf sie, weil man weiß, dass man dabei verstanden wird und komplexe Zusammenhänge durch das bloße Nennen des Titels oder der Hauptfigur verdeutlichen kann. So geschah es zum Beispiel – sehr langsam – mit Melvilles *Bartleby*. Diese Erzählung erschien erstmals 1856 in den USA, zur ersten deutschen Übersetzung kam es 1946 in der Schweiz. Den Beruf, den Bartleby ausübt – Kopist in einem Büro neben anderen Kopisten –, gibt es längst nicht mehr, aber das ändert nichts an der Aktualität der Geschichte. Das Setting ist veraltet, die Figur erscheint so gegenwärtig, wie sie es hundert Jahre lang nicht war. Ihre symbolische Aufladung bewirkt, dass sie von einem Gegenstand der Betrachtung zu einem Element des Nachdenkens selbst geworden ist.

Das gilt nun auch von zwei Romanen, die beide im Jahr 1925 erschienen sind, der eine in England, der andere in den USA. Beide lagen drei Jahre später in deutscher Übersetzung vor, ohne allerdings besonderes Aufsehen zu erregen. Heute erhellen sie uns das europäische und amerikanische 20. Jahrhundert und auch noch manches an den anschließenden Jahrzehnten. Dies nicht, weil sie die Verwirrungen der Epoche auf geschliffene Formeln bringen würden, sondern, im Gegenteil, weil sie hinter einer bunten Oberfläche Blicke in eine Tiefe ermöglichen, die mehrdeutig ist, Nachdenken verlangt und uns zwingt, einzelne Stellen wieder und wieder zu lesen. Dann aber, wenn wir uns wirklich einlassen auf die Erzählspiele und Leserprovokationen, führen sie zu Einsichten, die anderswo schwer zu finden sind. Diese Einsichten sind an die Figuren und Szenen gebunden, an die Handlungen also, in denen die Literatur denkt, in denen sie argumentiert, polemisiert, verehrt und rühmt und verhöhnt und schließlich auch Beweise führt. In beiden Romanen gehört dazu prominent der singuläre Kuss. Hier wie dort ist er das Ereignis, über dem sich das Verständnis des Ganzen entscheidet. Dabei ist die erzählerische Aufbereitung keineswegs so beschaffen, dass die Bedeutung des Geschehens auf der Hand läge.

Der eine Roman ist *Mrs Dalloway* von Virginia Woolf, der andere *The Great Gatsby* von F. Scott Fitzgerald.

Wie man zwischen zwei Namen lebt

Virginia Woolf bereitet die Kuss-Szene planvoll vor, obwohl der Akt selbst plötzlich und wie von selbst geschieht. Zehn Seiten umfasst der Bericht, der auch als Initiation der Leser in die innersten Geheimnisse der Titelfigur betrachtet werden kann. Diese heißt Clarissa und ist Mrs. Dalloway, und dass der Roman selbst *Mrs Dalloway* lautet (auf Deutsch mit einem Punkt nach Mrs, im Englischen ohne Punkt), ist von Bedeutung. Eigentlich gibt es wohl keinen banaleren Titel. Schon *Clarissa* als Überschrift hätte mehr Atmosphäre, würde das Versprechen einer Person, eines Schicksals mit sich führen, und der Verzicht auf den Nachnamen würde diese Person behutsam intimisieren. Mrs. Dalloway hingegen könnte auch die Gemüsehändlerin um die Ecke heißen.

Clarissa als Titel wäre im Englischen allerdings besetzt, seit der Mitte des 18. Jahrhunderts. Damals legte Samuel Richardson mit *Clarissa* einen der Grundsteine des englischen Romans und überspülte das lesende Europa mit einer Flutwelle verzehrender Gefühle. Der Name Clarissa wurde zum Synonym für das uferlose Innenleben einer liebenden und verführten und verratenen Frau. Niemand wusste das besser als Virginia Woolf. Dass der Name literarisch riskant war, stand für sie also fest, etwa so riskant, wie wenn ein Autor den Helden seines neuen Kriminalromans Sherlock nennen wollte.

Im Romantext heißt die Titelfigur bei der ersten Erwähnung Mrs. Dalloway (was zugleich die ersten zwei Wörter des Romans sind), bei der zweiten Erwähnung Clarissa Dalloway, bei der dritten Clarissa. Man sieht, hier wird erzählstrategisch operiert. Der befrachtete Vorname muss entschärft, seine sentimentale Brisanz gedämpft werden, ohne dass sich die Erinnerung daran gänzlich verflüchtigt.

Genau besehen benennt die Differenz zwischen »Mrs. Dalloway« und »Clarissa« die Grundspannung des Romans. Die Frau, die beide Namen trägt, verliert sich zwar zeitweilig in ihren Phantasien, ist daneben aber von bestechendem Scharfsinn. Sie ist einundfünfzigjährig, schon leicht ergraut, gehört zur englischen Oberschicht und wohnt in einem der besten Quartiere Londons. Sie weiß, dass sich an ihrem Leben nicht mehr viel ändern wird. Was bleibt, ist – und jetzt kommen wieder die Namen, kommt sogar noch eine Erweiterung –, was bleibt, ist »dieses Mrs.-Dalloway-Sein; nicht einmal mehr Clarissa; dieses Mrs.-Richard-Dalloway-Sein«.[11] Der gesellschaftliche Sprachgebrauch hat sogar ihren Vornamen mit dem des angetrauten Mannes vertauscht. Ist das eine Entmündigung? So wie die Namenreihe daherkommt, ist die Vermutung schwer zu widerlegen. Auch die auffällige Wortbildung mit »Sein«, die ihre ganze Existenz ins Auge fasst – »dieses Mrs.-Richard-Dalloway-Sein«, im Original: »this being Mrs Richard Dalloway« –, spricht dafür. Erkennt sich hier eine Frau als Unterdrückte? Kündigt sich sogar ein Aufstand an, ein Kampf um die Grundrechte des weiblichen Geschlechts? Das wäre tatsächlich ein mögliches Schema für den Romanverlauf, ein einfacher, aber wirkungsvoller Plot. Auch der moralische Grundriss wäre damit gezogen: Opfer und Täter stünden fest. Romane nach diesem Schema gibt es inzwischen viele, nur gehört derjenige von Virginia Woolf nicht dazu. Er wirft zwar diese Fragen auf den Tisch, lässt auch keinen Zweifel darüber aufkommen, wo die Sympathien der Autorin liegen, und doch gerät er nie zu einer geschlechterpolitischen Kampfschrift. Warum nicht? Weil er große Literatur ist. Ist das nicht eine Floskel? Nein, es besagt ganz einfach, dass dieser Roman in Handlungen denkt, in Handlungen von Personen. Diese Personen sind schwierige, verwickelte Wesen mit widersprüchlichen Wünschen und Genüssen. Sie genießen, was sie nicht unbedingt wünschen, und wünschen, was sie doch lieber nicht genießen möchten. Die Widersprüche sind weder logisch noch sozialpsychologisch aufzulösen. Nur im Handeln der Figuren, zu dem auch ihr Denken und Erinnern gehört, sind alle Widersprüche aufgehoben. Sie sind unmittelbarer Lebensvollzug.

Und so erleben wir denn auch Mrs. Dalloway, die immerzu fluktuiert zwischen dem Clarissa-Sein und dem Mrs.-Richard-Dalloway-Sein. Sie genießt nämlich beides, so wie sie auch an beidem leidet. Ihr Scharfblick kann die High Society, zu der sie selbst gehört, unversehens in eine Parade der grotesken Lemuren verwandeln, wie sie auf den Stichen von William Hogarth nicht böser gezeichnet sind, und doch geht sie ganz und gar, süchtig beinahe, in dem Geschäft auf, diese Society zu großen Abendgesellschaften zu empfangen. Der Roman spielt denn auch an einem Tag dieser Art, vom frühen Morgen, als sie in die Stadt geht, um an der vornehmen Bond Street die nötigen Blumen zu kaufen, bis in den tiefen Abend hinein, als fast alle Geladenen das Haus schon wieder verlassen haben.

Das ist ein Handlungsrahmen von demonstrativer Banalität, woran auch die Tatsache nichts ändert, dass der Premierminister persönlich dem Hause Dalloway die Ehre seines Besuches abstattet. Denn im aufblitzenden bösen Blick der Erzählung wird der Premierminister zu einer Person, bei der bürgerliche Biederkeit und dekorierte Rolle nebeneinander hergehen wie ein Komikerpaar. Sein Gang durch die festlichen Räume der Dalloways verwandelt alle Anwesenden ebenfalls in Rollenspieler, die sein wollen, was sie mimen, und sich gegenseitig versichern, dass dies tatsächlich der Fall sei:

> Man konnte über ihn nicht lachen. Er sah so gewöhnlich aus. Man hätte ihn hinter eine Ladentheke stellen und Gebäck bei ihm kaufen können – der arme Kerl, ganz mit Goldtressen behängt. Und um gerecht zu sein, als er die Runde machte, zuerst in Begleitung Clarissas, dann Richards, machte er seine Sache sehr gut. Er bemühte sich, bedeutend auszusehen. Es war unterhaltsam, das zu beobachten. Niemand drehte sich nach ihm um. Sie redeten einfach weiter, aber es lag auf der Hand, dass alle wussten, es bis ins Mark spürten, wie diese Majestät vorüberschritt; dieses Symbol für das, wofür sie alle standen, die englische Gesellschaft.[12]

Und wie sehr Clarissa – oder müssen wir jetzt sagen: Mrs. Richard Dalloway? – hier dazugehört, zeigt sich in einer Passage, die wenig später folgt:

> Und nun begleitete Clarissa ihren Premierminister ins Zimmer; schritt stolz neben ihm her; glänzte in der Pracht ihres grauen Haars. Sie trug Ohrringe und ein silbergrünes Meerjungfernkleid. Sie schien auf den Wogen zu schaukeln

> und ihre Locken zu flechten, denn diese Gabe besaß sie noch immer; zu sein; da zu sein; in dem Augenblick, in dem sie vorüberging, alles zusammenzufassen; [...] mit vollendeter Unbefangenheit und der Miene eines Geschöpfes, das in seinem Element schwimmt.[13]

Der Mann, aus dessen Blick diese Szene erzählt wird, hat zwar vor Jahren um Clarissa geworben, und noch immer ist sie ihm nicht gleichgültig. Dies scheint im Bild von der Meerjungfrau auf, die, wie die Loreley, ihre Locken flicht. Ein emotional Unbeteiligter würde schwerlich auf den Vergleich kommen. Aber das romantische Signal kann in keiner Weise verdecken, wie beschwingt Clarissa in ihrem Mrs.-Richard-Dalloway-Sein aufgeht. Das besagt nicht, dass ihre andere Seite, für die der Vorname steht, sich jetzt verflüchtigt hätte. Sie ist immer da, mit ihrem anderen, ihrem größeren Gewicht. Trotzdem spielt Clarissa ihre Rolle der perfekten Gastgeberin souverän, im Einklang mit ihrem Mann, Richard, der Mitglied des englischen Parlaments ist (wenn er auch, was mehrfach mit Untertönen bemerkt wird, nicht im Kabinett sitzt, es also nicht bis zum Minister gebracht hat). Eine Frau wie Clarissa könnte ihre Rolle in der Gesellschaft auch als verfluchte Pflicht empfinden. Sie könnte sie, mit gleicher Perfektion, auch unter heimlichen Qualen spielen, ja, nach allem, was wir von ihr wissen, wäre dies sogar zu erwarten. Aber so ist es nicht. Sie spielt, ganz ohne Zweifel spielt sie, was sie für die meisten Anwesenden durch und durch ist, und sie genießt die Makellosigkeit ihres Spiels.

Das gipfelt in ihrer Fähigkeit zu bezwingender Präsenz. Man käme wohl kaum auf diese Feststellung, wenn nicht mehrmals im Roman davon mit auffälligem Nachdruck die Rede wäre. Im obigen Zitat wird auf ihre Gabe hingewiesen, »zu sein; da zu sein«. Das mutet etwas verschwommen an; erst die Wiederholung zwingt uns, den Charakterzug ernst zu nehmen. So vernehmen wir anderswo, erneut aus dem Blickwinkel ihres einstigen Verehrers (der übrigens Peter Walsh heißt):

> Sie trat in ein Zimmer; sie stand, wie er es oft gesehen hatte, in einer Tür, von vielen Menschen umringt. Aber es war Clarissa, an die man sich erinnerte. Nicht, dass sie bemerkenswert gewesen wäre; überhaupt nicht schön; es war nichts Malerisches an ihr; nie gab sie etwas besonders Kluges von sich; dennoch, da war sie; da war sie.[14]

Dieses merkwürdige Phänomen einer Magie der reinen Präsenz, eines Gegenwärtigseins, das alle in Bann schlägt, wird von der Autorin, die in Sachen Psychologie – und zwar bei beiden Geschlechtern – weiß Gott beschlagen ist, nie so weit analysiert, dass man es zu seinem eigenen Vorrat an Kenntnissen menschlicher Eigenschaften schlagen könnte. Es bleibt ganz und gar an Clarissas Handeln gebunden, genauer: an ihr erzähltes Handeln. Deshalb kann seine Bedeutung auch nur durch Strategien des Erzählens vermittelt werden. Das gipfelt im letzten Satz des Romans.

Wer das Buch nicht mehr als einmal gelesen hat, wird den Satz seltsam finden, zumal an so exponierter Stelle. Nur wenn man erkennt, dass hier eine Kette von Beobachtungen an ihr Ende kommt, mit einem Dröhnen, möchte man fast sagen, obwohl alles lautlos bleibt, leuchtet der Romanschluss unmittelbar ein. Es ist wieder Peter Walsh, der den Vorgang erlebt. Er hat in einem Nebenraum mit Sally geplaudert, die in jungen Jahren mit ihm wie auch mit Clarissa befreundet war. Sally verabschiedet sich, Peter will auch gehen. Jetzt aber erlebt er im Bruchteil einer Sekunde eine geisterhafte Ausdehnung der Zeit. Er wird von Gefühlen überrannt, von Schrecken und Verzückung zugleich, und weiß nicht, warum. Die Gefühle lodern in ihm auf, bevor ihm bewusst wird, was seine Augen sehen. Und so lautet das Ende von Virginia Woolfs Roman:

> »Ich komme mit«, sagte Peter, aber er blieb noch einen Augenblick sitzen. Was ist dieser Schrecken?, was ist diese Verzückung?, dachte er bei sich. Was ist es, das mich mit solch sonderbarer Erregung erfüllt?
>
> Es ist Clarissa, sagte er.
>
> Denn da war sie.[15]

Es gehört zu den Kühnheiten dieses Romans, dass ein psychischer Vorgang, der sich außerhalb dessen abspielt, was wir normal nennen, an so exponierter Stelle in so brüskierender Knappheit erzählt wird. Zugleich wird damit das unerklärte Phänomen der Magie von Clarissas reiner Präsenz – das, wie mehrmals deutlich gemacht wird, keineswegs die Magie einer ungewöhnlichen Schönheit ist – endgültig bekräftigt. Da nun nichts weiter mehr kommt und also alles zu Sagende gesagt ist, bleibt auch das Rätsel dieser Ausstrahlungskraft auf immer ungelöst.

Liegt die Lösung anderswo? – Annäherung an den Kuss

Es sei denn, die Lösung wäre anderswo versteckt. Die Frage nach dem singulären Kuss, der hier so nachdrücklich angekündigt wurde, drängt sich immer dringlicher auf. Wer hat da wen geküsst? Um gleich eine erste Klarheit zu schaffen: Trotz des erotischen Flammenwurfs im zitierten Finale ist es nicht Peter Walsh, der in diesem Roman irgendwann Clarissa küsst oder von ihr geküsst wird.

Verwickelt in den Vorgang ist er allerdings schon. Er ist der Mann, der das extreme Glück dieses Kusses stört, obwohl er ihn nicht mit angesehen hat. Er muss, in Clarissa verliebt, etwas gewittert haben, als er, kurz nach dem Ereignis, das für Clarissa der »köstlichste Augenblick ihres ganzen Lebens«[16] ist, mit einer ungehobelten Bemerkung auf sie zutritt und sie aus einer maßlosen Seligkeit reißt:

> Es war, als stoße man in der Dunkelheit mit dem Gesicht gegen eine Granitmauer! Es war schockierend; es war entsetzlich![17]

Das geschieht viele Jahre vor dem Tag, an dem Mrs. Dalloway ihre Abendgesellschaft empfängt. Aber in einem bestimmten Moment dieses Tages taucht die Erinnerung an jenes äußerste Glück in ihr wieder auf. Sie hat Blumen gekauft in der Stadt, ist zurückgekehrt in ihr Haus in Westminster, das in etwa gleicher Entfernung von den Houses of Parliament liegt, wo der Premierminister wirkt, und dem Buckingham Palast, wo der König residiert. Beim Telefon in der Eingangshalle hat sie eine

Nachricht gefunden, die sie verletzt hat: Ihr Mann, Mr. Dalloway, wird zu Mittag bei einer Bekannten speisen, die es nicht nötig gefunden hat, auch Mrs. Dalloway einzuladen. Das gibt ihr einen Stich. Weniger der Clarissa, die ohnehin keine Lust auf diesen Lunch gehabt hätte, als der Mrs. Richard Dalloway, die sich in ihrem sozialen Ansehen gekränkt fühlt. Sie steigt in ihr Zimmer hoch, um sich umzuziehen. Der Ärger hat sie verschattet: Sie »fühlte sich plötzlich geschrumpft, gealtert, ohne Brüste«.[18] Sie zieht die Nadel aus dem gelben Federhut und sticht energisch in das Nadelkissen – ein symbolischer Racheakt an der Frau, die sie verletzt hat. Und jetzt, in den wenigen Augenblicken, da sie sich umzieht, wird ihr bewusst, dass sie eigentlich nonnenhaft neben ihrem Mann dahinlebt, in einem eigenen kleinen Zimmer mit schmalem Bett schläft. Sie versteht sich mit ihm bestens, obschon ohne Leidenschaft, hat sich ihm auch oft aus einer gewissen inneren Kälte heraus entzogen. Nebenbei fällt der Hinweis, dass Richard Dalloway meistens mit einer Wärmflasche zu Bett geht.

Und während sie über diese Ehe nachdenkt, wird ihr klar, dass es doch zuzeiten Momente einer gewaltig aufsteigenden inneren Wärme gibt, auch in der Begegnung mit Frauen, nicht zuletzt in der Begegnung mit Frauen, und dass das eigentlich etwas ganz anderes ist als die eben diagnostizierte kühle Nonnenhaftigkeit. Ob es dann nicht, wenn auch für kurze Zeit, echte, wahrhaftige Liebe ist? Dabei muss sie insbesondere an Sally denken, die fröhliche Sally, die unbekümmerte Sally, die einst im Sommerhaus von Clarissas Vater in Bourton auftauchte, Aufsehen und auch Ärgernis erregte unter Tanten und Bekannten und Clarissas Freundin wurde. Nächtelang diskutierten sie damals und lasen Bücher. Eine Gesellschaft zur Abschaffung des Privateigentums wollten sie gründen. An Sally erlebte Clarissa eine Freiheit, die ihr selbst abging. Sally verstieß lachend gegen die gesellschaftlichen Regeln, rauchte Zigarren, fuhr mit dem Fahrrad auf der Brüstung der Terrasse und rannte eines Morgens nackt über den Flur, weil sie einen Schwamm vergessen hatte. Die schönste Charakterisierung dieser Sally gelingt in der folgenden Passage, in der es nicht um Moral und weibliche Verhaltensnormen geht, sondern um einen Regelverstoß scheinbar harmloser und doch wieder spektakulärer Art.

> Da war zum Beispiel ihre Art, mit Blumen umzugehen. In Bourton hatten sie den ganzen Tisch hinunter immer steife, kleine Vasen stehen gehabt. Sally ging hinaus, pflückte Stockrosen, Dahlien – alle möglichen Blumen, die man nie zuvor zusammen gesehen hatte –, schnitt ihre Köpfe ab und ließ diese in Schalen auf der Wasseroberfläche schwimmen. Die Wirkung war außerordentlich – wenn man bei Sonnenuntergang zum Dinner hereinkam. (Natürlich empfand Tante Helena es als Frevel, Blumen so zu behandeln.)[19]

Dass soziale Regelbrüche einen feinen Einschlag von Gewalt haben, schwingt in der Wendung mit: »schnitt ihre Köpfe ab«. Dem Mut, der zu diesem Akt in der geordneten Welt von Clarissas Familie erforderlich ist, entspricht der Gewinn, den er erbringt. Eine unerwartete Schönheit gelangt so ins Haus. Virginia Woolf fixiert sogar den Moment, in dem dieser Effekt am stärksten eintritt: »wenn man bei Sonnenuntergang zum Dinner hereinkam«.

Die Episode ist im Kontext der zwei Frauen symbolisch aufgeladen. Clarissa erlebt in Sallys Gegenwart Glücksgefühle, die sie staunend zur Kenntnis nimmt. Daran denkt Mrs. Dalloway zurück, während sie das Kleid wechselt. So wie die Blumen in Sallys Schalen ganz anders erscheinen als in der gewohnten Reihe der »steifen, kleinen Vasen«, entwickeln sich in Clarissa in Sallys Gegenwart ganz neue Empfindungen. Zwei Gestalten des Liebens spiegeln sich damit in den zwei Weisen, die Blumen zu arrangieren. Das führt noch jetzt, nach vielen Jahren, zur überscharfen Erinnerung an einen Augenblick: »wie sie mit der Heißwasserkanne in der Hand in ihrem Schlafzimmer im obersten Stockwerk des Hauses gestanden und laut gesagt hatte: ›Sie ist unter diesem Dach [...] Sie ist unter diesem Dach!‹«[20]

Anatomie des akuten Glücks

Dieser Moment gehört zur Anatomie des akuten Glücks, als welche die Kuss-Szene als Ganzes begriffen werden kann. Die junge Clarissa hat nie gedacht: Ich liebe Sally. Sie hat ihre Gefühle nicht nach den Konventionen und der Terminologie der Verliebtheit benannt, sie hat einfach erlebt, dass sie sich der Freundin nahe fühlte und sie beschützen wollte bei ihrem unbekümmert-riskanten Treiben. Diese fürsorgliche Zuneigung steigert sich eines Abends vor dem Dinner, als sie sich in ihrem Zimmer zurechtmacht, zu einer Glückswelle allein schon beim Gedanken, dass Sally hier ist, unter diesem Dach. Hic et nunc – hier und jetzt. Die Sehnsucht ist immer auf eine Ferne in der Zukunft ausgerichtet, das akute Glück aber fällt zusammen mit einem heftigen Gefühl der Gegenwart an diesem Ort.

Raum und Zeit sind eins. Hier und Jetzt werden Jubelwörter. Clarissa denkt nicht an Umarmungen, sie ist in der Fülle der Zeit, um auf einen theologischen Begriff anzuspielen; mit einem griechischen Schicksalswort: im Kairós. Das archaische Denken der Literatur beschwört allerdings keine heiligen Wörter, sondern lässt die gewöhnlichsten Dinge aufstrahlen: »mit der Heißwasserkanne in der Hand«. Clarissa frisiert sich »in einer Art Verzückung«, zieht ein weißes Kleid an und geht die Treppe hinunter zum Dinner. Dabei bleibt sie ganz im Gefühl des erfüllten Hier und Jetzt. Sie hat dafür keine Vergleiche, aber es schießt ihr ein Shakespeare-Satz durch den Sinn, nicht als Bildungszitat, sondern weil dieser Satz die kürzestmögliche Formulierung ist für das, was sie erlebt, und weil auch hier vom Jetzt die Rede ist, dem extremen Jetzt. Dieses kann nur durch sein Gegenteil annähernd ins Wort geholt werden: »if it were now to die / 'twere now to be most happy«.[21] Othello sagt das, als er auf Zypern seine Desdemona wiedertrifft, von der ihn ein schwerer Sturm getrennt hat: Wenn's jetzt ans Sterben ginge, jetzt wär's das größte Glück. Für die höchste denkbare Seligkeit wirft man gerne das Leben hin, besagt das, oder auch: Im Moment der höchsten denkbaren Seligkeit ist der Tod belanglos, denn was jetzt erreicht ist, wiegt alles auf, was im Leben noch kommen könnte.

Dieser Gedanke rückt in den Reflexionen über die Glückserfahrung nicht selten in den Vordergrund. Es scheint, als ob man sie nicht anders benennen, nicht anders beweisen könne. In manchen Fällen mag die Beschwörung des Todes ein rhetorisches Klischee sein, es kann sich darin aber auch eine gefährliche Radikalität aussprechen. Dann ist es die unheimlichste Konsequenz jenes Wissens vom Glück, das den Menschen von allen andern Lebewesen unterscheidet und das er wie ein Messer in der Brust trägt. Eine gewaltige Formulierung dafür hat Friedrich Hölderlin gefunden, als er die Götter um einen einzigen Sommer bat, in dem ihm der vollkommene Gesang gelingen würde. Dann, meinte er, würde er gerne zu den Toten im Orkus niedersteigen, denn: »Einmal lebt ich, wie Götter, und mehr bedarfs nicht.«[22] Zu leben wie die Götter ist eine genaue Formulierung für die Summe des möglichen Glücks. Das »Einmal« aber benennt die zeitliche Dimension, das Jetzt dieser Erfahrung, das alle langen Jahre eines durchschnittlichen Menschenlebens aufwiegt. Angeblich. Man muss sagen: angeblich, denn in der Konsequenz ist diese radikale Glücksideologie, obschon man ihr eine geheime Bewunderung nicht versagen kann, inhuman. Wir sind nun einmal keine Götter.

Als Othello sagt, jetzt zu sterben wäre das größte Glück, hat das einen Einschlag von großartiger Rhetorik, wie sie auch sonst durch sein Reden vibriert. Sie ist ein Symptom jener Neigung zu Selbst- und Fremdstilisierung, die Jago benutzt, um ihn zu zerstören. Gleichzeitig legt ihm Shakespeare damit eine Prophezeiung in den Mund, von der er keine Ahnung hat. Das Glück dieses Augenblicks ist nämlich in der Tat sein letztes; von genau dieser Stunde an wird er Stufe um Stufe in ein immer schwärzeres Unheil geraten, bis er sich am Ende selbst tötet.

Wenn Clarissa Othellos Satz zitiert, besagt das etwas völlig anderes. Sie wird von einer Erfahrung überwältigt, die sie nicht einordnen kann, für die ihr die genauen Worte fehlen. So schießt ihr das Zitat unwillkürlich durch den Kopf, aus dem unbewussten Vorrat von Satzfetzen, wie wir ihn alle mit uns herumtragen. Für die junge Frau gilt es, den stürmischen Moment durch irgendein Benennen zu bewältigen. Aber dass es gerade dieser Satz ist, beweist: Jetzt, da sie zum Dinner auf den Raum zugeht, in dem Sally wartet und wo deren Blumen auf dem Tisch stehen, lebt sie – mit Hölderlin zu reden – »wie Götter«.

The Most Exquisite Moment Of Her Whole Life

Und das dauert fort an diesem Abend und findet seinen Höhepunkt im Kuss – »the most exquisite moment of her whole life«.[23] Als nach dem Essen alle plaudernd herumstehen, macht Sally den Vorschlag, auf die große Terrasse hinauszutreten, in die schöne Nacht. Dort geht man auf und ab, in unterschiedlichen Gruppierungen. Und es heißt:

> Sie und Sally blieben ein wenig zurück. Dann kam der köstlichste Augenblick ihres ganzen Lebens, als sie an einer steinernen Urne mit Blumen vorübergingen. Sally blieb stehen, pflückte eine Blume, küsste sie auf den Mund. Die ganze Welt hätte kopfstehen können! Die anderen verschwanden; da war sie, allein mit Sally. Und sie fühlte, dass ihr ein Geschenk gemacht worden war, eingewickelt, dass ihr gesagt worden war, sie möge es behalten, es nicht ansehen – ein Diamant, irgendetwas unendlich Kostbares, das sie, während sie weitergingen (auf und ab, auf und ab), auswickelte, oder sein Glanz glühte durch alles hindurch, die Offenbarung, das religiöse Gefühl! – als ihnen plötzlich der alte Joseph und Peter gegenüberstanden:

> »Sterngucken?«, fragte Peter.
>
> Es war, als stoße man in der Dunkelheit mit dem Gesicht gegen eine Granitmauer! Es war schockierend; es war entsetzlich![24]

Am Ende steht das Entsetzliche (»it was horrible«) dem Wunderbarsten (»the most exquisite moment of her whole life«) gegenüber, so wie der Stein der Urne der Blume gegenübersteht und die Granitmauer dem Gesicht. Sally küsst Clarissa rasch und wortlos, aus dem Augenblick heraus, in jener furchtlosen Freiheit, die sie sich jederzeit nimmt. Da geht kein Bekenntnis voraus, und es folgt auch keines nach. Clarissa erlebt es als die herrliche Konsequenz dieses erregten Tages; wie Sally es erlebt, wissen wir nicht. Wir erfahren auch nicht, ob die beiden jungen Frauen darüber irgendwann sprechen. Unheimlich rasch ist alles vorbei.

Und doch ist es geschehen, und jetzt besitzt sie diesen Augenblick, diese Begegnung der Lippen in heiterer Freiheit. Das Bild vom glühenden Diamanten hebt den Gegensatz von Stein und Leben auf. Es veranschaulicht die Dauer dieser aufzuckenden Sekunde, ihre unzerstörbare Wirklichkeit. Tatsächlich liegt ja die Nacht, an die Clarissa sich erinnert, mehr als dreißig Jahre zurück, und Sally lebt jetzt in der Nähe von Manchester, ist Gattin eines Unternehmers und Mutter von fünf strammen Söhnen. Diese zeitliche Distanz zum Ereignis muss man bedenken, wenn in Clarissas Erinnerung der Kuss eingewickelt ist, »wrapped up«, aber durch alle Hüllen hindurchstrahlt.

Es ist dies ein seltsames Bild, unerwartet, und obwohl deutlich gemacht wird, dass Clarissa es damals schon so erlebt hat, steckt darin doch auch die Aussage, dass der Kuss ihr zur Aufbewahrung geschenkt wurde, als ein Lebensjuwel, das nicht nur Lust und sinnliche Freude meint, sondern auch Dauer gewinnt als geheimes Wissen. Denn der lange Satz, der mit »Und sie fühlte [...]« beginnt und beim Auftauchen der zwei Störenfriede abgebrochen wird, entwickelt nicht nur die Metapher vom unzerstörbaren Edelstein im Innern der Frau, sondern läuft fast stammelnd über in zwei grammatisch unverbundene Begriffe, die nicht mehr zum Bildfeld der kostbaren Dinge gehören. Sie greifen vielmehr aus in einen ganz andern Raum: »the revelation, the religious feeling!«[25] – »die Offenbarung, das religiöse Gefühl!«.

Der Kuss ist also auch Erkenntnis, und zwar nicht im Sinne einer Information – zum Beispiel: So ist es, wenn eine Frau dich küsst –, sondern tiefer greifend, bis in die Fundamente der Person, sodass die glaubensferne Virginia Woolf zu theologischen Ausdrücken greifen muss. Diese meinen jenseitige Botschaften, die der Gläubige empfängt, wenn er sich dem Göttlichen öffnet. »The religious feeling« kann nichts anderes bedeuten als die Bereitschaft zu solcher Kommunikation, und »the revelation« ist das genaue Wort für die entsprechende Botschaft, »die Offenbarung«.

Aber was vernimmt sie denn, was gewinnt sie denn? Die Erzählung teilt es uns nicht im Klartext mit. Es bleibt alles einbeschlossen in den zwei unerwarteten Begriffen: »the revelation«, »the religious feeling«. Die strenge Folgerichtigkeit, die den ganzen Roman regiert, führt indessen auch zur Antwort auf die Frage, was der Inhalt der Offenbarung sei. Nicht einmal zwei Seiten nach der Kuss-Szene, und ohne dass dabei von dieser nochmals die Rede wäre, erscheint nämlich die Metapher vom Diamanten erneut. Das ist eine gezielte Setzung.

Die Frau vor dem Spiegel

Man darf nicht vergessen: Alle diese Erinnerungen steigen in Clarissa hoch, als sie am Tag der großen Party, heimgekehrt vom Blumenkaufen, in ihrem Zimmer steht, vor dem offenen Kleiderschrank und in der Nähe des Spiegels. Die Erinnerung an den Kuss konfrontiert sie brutal mit der verstrichenen Zeit, drei Jahrzehnte, und mit den Zeichen des Alters, die sie an sich erkennt. Das ist gefährlich; es könnte sie um ihre Selbstgewissheit bringen, könnte ihr zentriertes Ich auflösen. Die Dissoziation des autonomen Subjekts ist ja ein zentrales Thema jener radikalen Moderne, zu der das Werk von Virginia Woolf beispielhaft gehört. Und so wird denn, was jetzt geschieht, auch zu einem beispielhaften Text für die Möglichkeit, sich aus dieser existentiellen Krise, die die Frau tatsächlich streift, zu retten. Sie tritt zum Spiegel und stellt sich ihrem Gesicht. Sie tut es wissentlich und willentlich, um die Frau, die sie da vor sich sieht, tatsächlich zu sein. »Sie sah«, heißt es, »das zarte, rosige Gesicht der Frau, die an diesem Abend eine Gesellschaft geben würde; Clarissa Dalloways; ihres.«[26] Dieser Satz könnte auseinanderbrechen, wenn sie »die Frau, die an diesem Abend eine Gesellschaft geben würde«, zu einer Fremden, einer anderen erklärte, wie es die grammatische Struktur des Satzes nahelegt (es heißt ja nicht: »Sie sah ihr zartes, rosiges Gesicht«). Der Riss droht auch noch beim Genitiv »Clarissa Dalloways«, bei dem spürbar die Folgerung in der Luft liegt: Das ist das Gesicht Clarissa Dalloways, aber nicht meines. Dann aber wird die Gefahr mit einem Willensakt aus der Welt geschafft. Er wird im Schluss des Satzes fassbar, mit dem sie sich zu ihrem Gesicht bekennt: »ihres«. Im englischen Original wird der Vorgang noch deutlicher: »seeing the delicate pink face of the woman who was that very night to give a party; of Clarissa Dalloway; of herself.«[27] Sie erkennt zuerst klar die Distanz, in der sie zur Mrs.-Richard-Dalloway-Rolle lebt – und tritt dann entschlossen in diese Rolle ein!

Der Ablauf wird umgehend nochmals erzählt, als fürchtete die Autorin, man könnte ihn überlesen. Und wieder beginnt die Prozedur der Selbstversicherung vor dem Spiegel. Sie macht wahrhaftig mit ihrem Gesicht, was sie anschließend mit ihrer sozialen Person macht. Sie präpariert ihre Physiognomie, deren Ausdruck, damit sie dem Rollen-Ich entspricht:

> Wenn sie in den Spiegel blickte, spitzte sie die Lippen. Es geschah, um ihrem Gesicht eine Pointe zu geben. Das war ihr Selbst – pointiert; pfeilgleich; eindeutig.

Diese Zurichtung ihres Gesichts geschieht nicht jedes Mal, wenn sie vor den Spiegel tritt; es geschieht nur, wenn sie in der Gesellschaft auftreten muss; dann aber macht sie es perfekt:

> Das war ihr Selbst, wenn eine Anstrengung, eine Aufforderung an sie, sie selbst zu sein, die Teile zusammenfügte, sie allein wusste, wie unterschiedlich, wie unvereinbar und nur für die Welt gemacht das war, zusammengezogen zu einem einzigen Mittelpunkt, einem einzigen Diamanten, einer einzigen Frau, die in einem Salon saß und einen Ort der Begegnung daraus machte [...][28]

Das ist eine Schlüsselstelle für das Erzählen des ganzen 20. Jahrhunderts, in dem das souveräne Ich sich so oft aufzulösen droht, verfolgt und gepeinigt von der Frage des Königs Lear: »Who is it that can tell me, who I am?«[29] Die Frage wird auch hier laut, nur ist sie jetzt nicht, wie bei Lear, eine rhetorische Frage, auf die es keine Antwort gibt, sondern Clarissa beantwortet sie selbst mit dem stolzen Entschluss, die zu sein, die sie vor der Gesellschaft sein will.

Daraus entspringt die Magie ihrer reinen Präsenz, jenes »da war sie; da war sie«, das ihre Gäste empfinden, wenn sie unter der Tür erscheint.

Und diese Mitte, die Clarissa in sich selbst erschafft, dieses energische soziale Ich, wird nun also im obigen Zitat zum Diamanten erklärt, mit der wörtlich gleichen Metapher, die vorher für den singulären Kuss stand. Nur war bei diesem nichts gespielt. Dort war alles leidenschaftlich gelebte Wahrheit, hingerissen empfangene und bewahrte Offenbarung. Aber dieses Urgeschehen, das ihre personale Mitte prägt, als wäre sie in eine neue Welt getreten – denn nichts anderes kann der merkwürdige Satz bedeuten, der dort nach dem Kuss als erstes zu lesen ist: »The whole world might have turned upside down!« – »Die ganze Welt hätte kopfstehen können!« –, dieses Urgeschehen ist das »Einmal lebt ich, wie Götter« Hölderlins, eine transzendente Erfahrung und also außerhalb der Zeit. Es ist ein flüchtiger Moment erotischer Erfüllung und die Genese eines dauerhaften Wissens von sich selbst. Die Härte und das Licht des Diamanten werden aufgeboten, um dies den Lesern im Bild und Gleichnis mitzuteilen. Von jetzt an kann Clarissa ihr soziales Leben regieren und sogar genießen, wenn auch nicht als ein Leben »wie Götter«. Und sie kann ihre gesellschaftliche Identität willentlich erschaffen wie einen zweiten, einen synthetischen Diamanten. So verhält sich die Kuss-Szene zur Szene vor dem Spiegel.

Und noch einmal wird den Lesern die Herstellung des Diamanten vor Augen gerückt. Dieser Erzählakt beschließt den durchkomponierten Romanteil, der damit beginnt, dass Clarissa, schmerzlich verletzt von der Dame, die sie nicht eingeladen hat, in ihr Zimmer hochsteigt, um sich umzuziehen, und, vor dem Kleiderschrank stehend, in ein langes Nachsinnen gerät, aus dem ihr wie eine leuchtende Insel jenes Liebesglück mit Sally wieder vor Augen steigt. Schließlich nimmt sie ein grünes Kleid aus dem Schrank. Sie will es am Abend tragen, als Gastgeberin. Es muss aber daran noch etwas geflickt werden. Nur nebenbei erfährt man, dass das Kleid einst von Sally angefertigt wurde. Es wird einem mitgeteilt, als sei es belanglos, und man weiß sofort, das kann nicht belanglos sein. Mit dem grünen Ding über dem Arm steigt sie die Treppe hinunter zu den großen Räumen. Dabei hält sie auf einem Treppenabsatz inne, denkt kurz über ihre Funktion als Hausherrin nach, und nur in einem Nebensatz wird beschrieben, wie sie noch einmal die Operation mit dem Diamanten vornimmt: »[...] als sie auf dem Treppenabsatz innehielt und diese Diamantgestalt, diese einheitliche Person zusammenfügte [...]«[30] – »[...] assembling that diamond shape, that single person [...]«[31] Diese einheitliche Person, wie ein Diamant in genauen Facetten zurechtgeschliffen, ist sie selbst, und sie selbst, Clarissa, vollzieht den Schliff zur Mrs. Richard Dalloway.

Alle Schrecken leben weiter

Jedes Buch hat seinen historischen Moment, aus dem es entspringt und der in ihm auf geisterhafte Weise anwesend ist. Es arbeitet aber meistens nicht mit den Mitteln des Historikers, sondern mit den witternden Antennen des Künstlers, der die Spannungen und Widersprüche seiner Gegenwart auffängt und in Bilder und Zeichen übersetzt. Im Roman *Mrs Dalloway*, der an einem Tag im Juni 1923 spielt, ist der Weltkrieg noch immer gegenwärtig, in tausend Spuren und Signalen. Er wird aber nie abschließend reflektiert. Er ist da wie ein Fluidum, das alles durchdringt. Das offizielle England hat ihn mit Denkmälern und Erinnerungsstätten ad acta gelegt. Diese kommen im Roman vor, wirken aber wie hilflose Beschwörungsversuche gegenüber einem Kontinent der Trauer um die geliebten Toten, Toten, Toten. Scheinbar läuft alles wieder rund in diesem London mit seinen politischen und gesellschaftlichen Ritualen. Eines davon ist eben die große Party im Hause Dalloway. An ihr zeigt sich, dass die schweren Störungen des Krieges vorbei sind. Nichts kann den Ablauf des eleganten Abends durcheinanderbringen. Er wird zu einem Erfolg für die Dame des Hauses, wie man es nicht anders erwartet hat. Auch ein Weltkrieg vermag dieses England nicht zu erschüttern, müsste man daraus schließen – wäre da nur nicht die Differenz zwischen Clarissa und Mrs. Richard Dalloway.

Während Mrs. Dalloway dem Abend seine Form gibt, alles überwacht und steuert und für jedermann als *that diamond shape* erscheint, *that single person*, bleibt sie zu diesem Meisterwerk der Selbstinszenierung in der Distanz des Marionettenspielers zu seiner Marionette. Das verwandelt auch ihre Gäste in bewegte Puppen. Clarissa betrachtet sie mit sezierendem Blick. Nichts entgeht ihr, kaum einer kann vor ihr bestehen. Sie weiß zwar, dass zwei der wichtigsten Menschen ihres Lebens anwesend sind, Sally Seton und Peter Walsh, aber ihnen wird sie sich erst widmen können, wenn sie alle sozialen Pirouetten gedreht hat. Dies geschieht genau nach dem letzten Satz des Romans, dem berühmten: »Denn da war sie.« Die Leserinnen und Leser haben also einiges weiterzusinnen, wenn das Buch zu Ende ist.

Vorher aber sieht die Herrin des Abends jedes Detail. So betritt sie einmal ein Nebenzimmer, in das sie den Premierminister mit Lady Bruton (der Dame, von der sie nicht eingeladen wurde) einige Zeit vorher hat eintreten sehen. Das Zimmer ist leer, aber es heißt:

> Die Sessel bewahrten noch den Abdruck des Premierministers und Lady Brutons, sie ihm ehrerbietig zugewandt, er breitbeinig dasitzend, gebieterisch.[32]

Im Abdruck der Kissen also sind die zwei vornehmen Persönlichkeiten noch anwesend, kenntlich bis in die Körperhaltung hinein. Die Charaktere erscheinen im Negativ ihrer Sitzflächen. Die symbolische Aufladung der Dinge dient im Erzählen der Virginia Woolf also auch der Satire und kann haarscharf an den Rand des Zulässigen gehen.

Neben die Satire tritt bruchlos der Schrecken. Denn im Smalltalk der Party erfährt Clarissa von einem jungen Mann, der sich am selben Tag nicht weit von Westminster auf eine entsetzliche Art umgebracht hat. Sie erlebt das sofort als ein Ereignis, das sie unmittelbar angeht, mit dem sie insgeheim verknüpft ist. Sie weiß in *einer* blitzerhellten Sekunde, mitten in der Party, dass der Mann getan hat, was auch sie hätte tun können, was auch sie vielleicht eines Tages tun würde. Und sie muss sogar an den Moment ihres höchsten Glücks denken, an den Tag jenes Kusses, als ihr der Satzfetzen aus dem *Othello* durch den Kopf schoss: »Gält es, jetzt zu sterben, / Jetzt wär mirs höchste Wonne.«[33] Damals war das Glück so ungeheuer wirklich, dass der Tod nicht als sein Gegenteil erschien, wie die Logik des Alltags glaubt, sondern als seine letzte Steigerung: »Einmal lebt ich, wie Götter, und mehr bedarfs nicht.« In diesem Hölderlinschen »mehr bedarfs nicht« steckt die Verlockung, das höchste Glück an den Tod zu knüpfen. Oder umgekehrt! Denn genau die Umkehrung dieser Erfahrung streift Clarissa, als sie auf dem Höhepunkt ihres glanzvollen Gesellschaftsabends vom Selbstmord des jungen Mannes erfährt. Sie glaubt plötzlich zu wissen, dass er im Entschluss zu seinem Tod seine innerste Wahrheit gefunden hat, und das muss ein immenses Glück gewesen sein.

Zugegeben, man kann das nicht so beschreiben, dass es plausibel würde. Und man muss sich auch zwingen, nicht schon beim bloßen Bericht über Clarissas Reaktion auf den Tod des jungen Mannes gegen ihre Verklärung des Suizids zu protestieren. Eine stringente Theorie ist es ja, genau gelesen, nicht. Es ist mehr der stammelnde Versuch, ein plötzliches Wissen zu erklären; der Charakter einer unwiderlegbaren Evidenz geht der Argumentation ab. Die Coincidentia oppositorum von Tod und Glück, die hier statuiert wird, bleibt an die Person, an die Existenzerfahrung dieser einen Frau, Clarissas, gebunden. Der letzte Satz des Abschnitts ist deshalb weniger ein philosophisches als ein poetisches Ereignis: »There was an embrace in death.«[34] – »Im Tod war Umarmung.« So lautet die ganze Passage:

> Es gab da etwas, das wichtig war; ein Etwas, umwunden von Geschwätz, entstellt, in ihrem eigenen Leben verdunkelt, jeden Tag fallen gelassen in Verdorbenheit, Lügen, Geschwätz. Dieses Etwas hatte er sich bewahrt. Der Tod war ein Akt des Widerstands. Der Tod war ein Versuch, sich zu verständigen, denn die Menschen empfanden die Unmöglichkeit, zum innersten Kern vorzudringen, der sich ihnen, mystisch, entzog; Nähe entfremdete; Verzückung wurde schal; man war allein. Im Tod war Umarmung.[35]

Das ist 1925 geschrieben, zwei Jahre vor Erscheinen von *Sein und Zeit*. Was Virginia Woolf dem Denker aus dem Schwarzwald voraushat, ist die Verknüpfung des »innersten Kerns« im Menschen, der von »Lügen und Geschwätz« verstellt ist, nicht nur mit der Unwiderlegbarkeit des Todes, sondern auch mit der Unwiderlegbarkeit der Liebe: there was an embrace in death.

In der Komposition des Romans begleitet der Bericht über den jungen Mann, der Selbstmord begeht, den Bericht über den Tag der Titelheldin vom frühen Morgen an wie ein Kontrapunkt. Der Mann, Septimus, hat mit dreißig Jahren bereits alle fünf Kriegsjahre durchlebt und ist mit einem schweren Trauma aus den Schlachten zurückgekehrt. Die seelische Zerrüttung steht in groteskem Gegensatz zu den vielen Auszeichnungen, die er für seine Tapferkeit erhalten hat. Was ihn ins Mark traf, war der Tod seines besten Freundes an der Front in Italien. Seither begleitet ihn eine zweite Wirklichkeit, die er hört und sieht und auf die er redend und schreibend antwortet. Seine Frau betreut ihn, aber die Ärzte wissen es besser. Sie haben beschlossen, ihn mit Gewalt in eine höchst fortschrittliche Anstalt einzuweisen, und als sie kommen, um ihn abzuholen, wirft er sich aus dem Fenster in die eisernen Spitzen des Gartenzauns. Das Gerücht von dem Ereignis erreicht am vorgerückten Abend auch die Party der Dalloways.

Virginia Woolfs Roman fängt die englische Nachkriegsgesellschaft an einem einzigen Tag des Juni 1923 ein, und in dieser Nachkriegsgesellschaft verkörpert der qualvoll verrückte Septimus das Fortleben des Krieges hinter den gepflegten Fassaden. Sein Trauma ist auch das der ganzen Gesellschaft, von dem diese aber nichts wissen will. Sein Tod steht für die Tatsache, dass das Sterben in den Schützengräben gar nie aufgehört hat. Deshalb ist die ganze feine Gesellschaft so falsch. In ihren Zeremonien versteckt sie sich vor sich selbst. Die das weiß, ist Clarissa, weil sie wissentlich spielt, was die andern unwissentlich treiben. Das Wissen hat sie an jenem Tag des absoluten Glücks gewonnen, der im Kuss der zwei jungen Frauen gipfelte. Seither trägt sie die Wahrheit als Offenbarung in ihrem Innersten: »the revelation, the religious feeling!« Glück und Tod sind darin ungetrennt, auch wenn sie dies niemandem erklären könnte. Auch sich selbst kann sie es ja nur plausibel machen durch das *Othello*-Zitat: »if it were now to die / 'twere now to be most happy.« Aber kraft dieses Wissens hat sie den Horrorbericht über den Tod des jungen Septimus sofort ganz anders verstanden als alle andern.

In der Komposition des Romans sind Septimus und Clarissa von Anfang an aufeinander bezogen, aber das wissen nur die Leser und die Autorin. Die heutigen Leser wissen allerdings noch mehr, dass nämlich die Autorin, die Schriftstellerin Virginia Woolf, die als dreiundvierzigjährige Frau die einundfünfzigjährige Clarissa geschaffen hat, in dieser zwar kein Selbstporträt verfertigte (Clarissa ist keine Künstlerin), dass sie ihrem Geschöpf aber doch einen existentiellen Zug der eignen Person verliehen hat. Und dieser betrifft nun genau die Verbundenheit von Septimus und Clarissa im Wissen von Glück und Tod. Sechzehn Jahre nach Erscheinen des Romans, 1941, wird Virginia Woolf in einem Flüsschen in Sussex ihren Tod suchen, den Mantel mit Steinen beschwert. Im Roman empfindet Clarissa, dass Septimus an ihrer Stelle gestorben sei, dass einer von ihnen beiden es habe tun müssen. Die zwei Sätze, die das benennen, haben einen skandalösen Einschlag, aber nur, wenn man der Meinung ist, sie ganz zu verstehen. Sie lauten:

> Irgendwie fühlte sie sich ihm verwandt – dem jungen Mann, der sich umgebracht hatte. Sie war froh, dass er es getan hatte; es weggeworfen hatte, während sie weiterlebten.[36]

»She felt somehow very like him« – so beginnt der Satz im Original.[37] Das ist noch offener als die Übersetzung und bindet Clarissa doch enger an den Kriegsversehrten. Und wenn man an die Autorin denkt, als sie dies schrieb, kann man die Vermutung nicht unterdrücken, dass sie selbst hier das Empfinden hatte, noch einmal ein Stück Leben geschenkt erhalten zu haben, bevor auch für sie die Stunde kommen würde, sich von ihm zu befreien.

III

DER TOTENTANZ DER ROARING TWENTIES

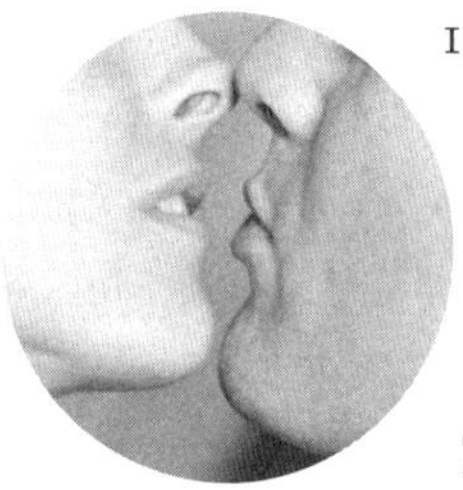

1925 – noch bevölkern die Verstümmelten die Straßen der europäischen Großstädte, aber aus den Salons und Nachtlokalen tönt amerikanische Musik. Saxophone. Jazz. Wie nach dem Zweiten Weltkrieg ist die Kultur der europäischen Städte schon nach dem Ersten durch einen mächtigen Einstrom aus den USA geprägt. Dort nennt man die Gegenwart *The Roaring Twenties,* in Deutschland spricht man von den *Goldenen Zwanzigern.* Otto Dix malt in Dresden sein Triptychon *Großstadt,* das das neue Treiben, die neuen Frauen, die neuen Tänze einfängt, in schrillen Farben. An den dunklen Rändern hocken die Kriegsinvaliden, frierende Huren dazwischen. Die Inflation hat die alten Vermögen in Deutschland vernichtet, die soziale Ordnung über den Haufen geworfen. Nach 1923 beginnt mit dem neuen Geld ein neuer Boom mit neuem Reichtum. Das endet im Oktober 1929, als der Börsencrash in New York die jahrelange Weltwirtschaftskrise auslöst. Sie trägt in Deutschland Hitler an die Macht. Zwölf Jahre herrscht er als Diktator, überzieht die Welt mit einem neuen Krieg und beginnt, alle Menschen jüdischer Herkunft in Europa zu töten. Erst als Berlin in Trümmern liegt, erschießt er sich selbst.

Wer erklärt uns dieses Jahrhundert? Die Historiker tun es, die Philosophen, die Soziologen, die Psychologen, ohne dass sie sich je einig würden. Es gibt kein Labor, in dem die Weltgeschichte experimentell nachgespielt werden kann, um das Ineinandergreifen aller Ursachen zu klären. Deshalb steht die Literatur ihren jüngeren Geschwistern, den Wissenschaften, weiterhin gleichberechtigt zur Seite. Sie rückt uns dieses Jahrhundert auf ihre Weise vor Augen. Die Malerei, der Film, die Musik begleiten sie dabei. Im Blick aufeinander begreifen die Künste sich selbst besser, erkennen sie die eigenen Resultate schärfer. Deshalb heben sich von der unabsehbaren Menge der Romane, die ein Jahrhundert hervorbringt, jene einzelnen Werke mit der Zeit immer deutlicher ab, in denen die Epoche lesbar wird. Sie lassen das Ganze im Winzigen aufblitzen. Sie hören das Dröhnen der Weltgeschichte im Aufprall der Wespe am Fensterglas.

So geschieht es in den zwei Romanen, die 1925 erstmals erschienen sind, diesseits und jenseits des Atlantiks, *Mrs Dalloway* und *The Great Gatsby*. In beiden liegt der große Krieg von 1914–1918 einige Jahre zurück; er ist vergangen und abgetan und ist doch weiterhin gegenwärtig in tausend Spuren. Im Roman *Mrs Dalloway*, der 1923 spielt, inszeniert die englische Oberklasse sich selbst als eine intakte Gesellschaft, die nach eingespielten Regeln funktioniert – nichts hat der Weltkrieg ihr antun können, nichts kann ihr Imperium erschüttern –, aber der Roman zeigt das unheimliche Netz der Haarrisse, das die Fassaden bereits überzieht. Wenn die Symptome deutlicher werden, wie im verstörten Kriegsheimkehrer Septimus, eliminiert man sie rasch und diskret aus der kontrollierten Öffentlichkeit. Im Roman aber bleiben sie sichtbar wie eine offene Wunde, hörbar wie ein langer Schrei. So trägt die perfekte Gastgeberin und vorbildliche Gattin Mrs. Dalloway den Glücksmoment ihrer Liebe zur wilden Freundin Sally als absolutes Maß immer in der Seele; um seinetwillen kann sie die Fassadenexistenz jederzeit ablegen – »[...] und mehr bedarfs nicht«.

Der Krieg lebt weiter im Verbrechen

Ganz anders und ganz ähnlich zugleich zeigt F. Scott Fitzgeralds Roman *The Great Gatsby*, der 1922 spielt, die Gesellschaft der amerikanischen Ostküste, das reiche New York. Fünfmal wurde der Roman bis heute bereits verfilmt, als hätte man die bedrängende Wahrheit seiner Geschichtsschreibung mit Hilfe der Leinwand auf Distanz bringen müssen. Auch Gatsby, der Held der Geschichte, kommt aus dem Krieg zurück, dekoriert wie Woolfs Septimus, aber nicht, wie dieser, verrückt geworden durch den Tod eines geliebten Freundes. Er geht die Nachkriegszeit vielmehr planungssicher an, sodass man den ungeheuerlichen Wahn, von dem er besessen ist, erst langsam erkennt und nie bis ins Letzte begreift. Auch Gatsby lebt ausgerastet in einer Welt, die ihre eigenen Regeln hat, wobei sich diese Gesellschaft allerdings, im Unterschied zum Londoner Westminster-Bezirk, keine Mühe gibt, das Fundament von Gewalt, auf dem sie aufruht, zu verstecken.

In beiden Romanen gibt es die Erinnerung an eine intakte Welt, die noch das Richtige und das Falsche unterscheiden konnte. Sie hat sich an das eine gehalten und hat das andere gemieden und war sich im Klaren darüber, was das Ganze zusammenhielt. Genau dieses Wissen aber ist jetzt ins Gleiten gekommen. Im März 1917 haben die USA Deutschland den Krieg erklärt und Truppen nach Europa geschickt. Als diese zurückkehren, siegreich, scheint die Brutalität des Tötens auf den Schlachtfeldern weiterzuleben im Kleinkrieg des organisierten Verbrechens in den amerikanischen Großstädten. Es war F. Scott Fitzgerald, der Autor des *Great Gatsby*, der dieser Epoche den Namen *Jazz Age* gab, und er beschrieb in seinem Roman auf exemplarische Weise die Verbindung von Glamour und Brutalität, Verschwendung und Mord, welche die Roaring Twenties zu einem Jahrhundertspektakel machte. Literatur als Geschichtsschreibung, aber nicht wie in einem Schulbuch, sondern für Leser, die bereit sind, allen Scharfsinn, alle Beobachtungskapazität aufzubieten, um der gefährlich lockenden, flimmernd verspiegelten Erzählung beizukommen.

Während die wissenschaftliche Geschichtsschreibung alle Fakten so klar wie möglich vor die Leser stellen muss, kann die Geschichtsschreibung der Literatur die Verzerrung des Blicks zu einem Element ihres eigenen Erzählens machen. Damit zwingt sie den Leser zu einem dauernden Zweifel an allem, was ihm mitgeteilt wird. Genau dies aber entpuppt sich mit der Zeit als ein schöpferischer Zustand, der hundert winzige Signale aufnimmt, als wären es Botschaften, und im belanglosen Detail plötzlich eine zwingende Wahrheit erkennt.

Ein zweifelhafter Augenzeuge

Die Geschichte Gatsbys wird erzählt von einem Augenzeugen namens Nick, ein Jahr nachdem alles passiert ist, im Rückblick also, im Überblick, wie es scheint, aber wir wissen nie genau, was in seiner Erinnerung gesichert ist und wo seine eigene Phantasie an den Tatsachen mitstrickt. Er hat eine etwas zufällige literarische Bildung und eine Neigung zu lyrischen Aufschwüngen, die immer wieder in seinen Bericht durchschlagen.

Komplexe Helden durch die Augen eines Begleiters von schlichtem Gemüt zu schildern, ist ein bewährtes und höchst attraktives Verfahren. Es zahlt sich für die Leser immer aus, ob ihnen nun der wackere Dr. Watson das Genie von Sherlock Holmes vorführt, Serenus Zeitblom den tragischen Komponisten Adrian Leverkühn oder Ishmael den fanatischen Waljäger Ahab. Die einfache Seele dieser Erzähler gibt dem Leser Sicherheit und zugleich ein angenehmes Überlegenheitsgefühl, wenn er merkt, dass sie der Dämonie des beobachteten Helden nicht gewachsen sind, während er, der Leser, sich hierfür im Besitze eines angemessenen Organs fühlt.

Diese solide Erzählstruktur wird allerdings dann vertrackt, wenn wir nicht mehr sicher sind, ob wir dem Erzähler, durch den wir alles vernehmen, wirklich trauen können. Er kann sich widersprechen, wir können ihn beim Lügen ertappen, er kann Leidenschaften haben, die seinen Blick verzerren oder ihn blind machen für Offenkundiges. Als literaturwissenschaftlicher Begriff ist der *unzuverlässige Erzähler* erstaunlich jung; erst 1961 hat ihn der amerikanische Literaturwissenschaftler Wayne C. Booth geprägt: *the unreliable narrator.*[38] Seine Kollegen an den Universitäten haben dieses Konzept, wie üblich, umgehend zerpflückt und als völlig ungenügend hingestellt; der Terminus gehört trotzdem zu den nützlichsten Schöpfungen der neueren Literaturwissenschaft.

Der Erzähler des Gatsby-Romans schildert die rätselhafte Hauptfigur einerseits chronologisch von der ersten Begegnung bis zum letzten Abschied, andererseits aber weiß er schon am Anfang des Romans eine Menge über ihn, da er ja den Bericht erst viele Monate nach den dramatischen Ereignissen niederschreibt. Er besitzt auch viele Informationen aus Gesprächen mit Gatsby, die er nur nebenhin erwähnt, also nicht in ausgeführten Szenen vergegenwärtigt. Wenn er bei spektakulären Vorgängen schwärmerisch wird, ist oft unklar, ob nun Gatsbys Erleben geschildert wird, oder ob der Erzähler dieses nach seinem persönlichen Mitempfinden orchestriert. Denn was Gatsby selbst in direkter Rede äußert, ist durchweg knapp und trocken. Sein wahnhaftes Innenleben wird nur sichtbar in dem, was er tut, konkret: in dem ungeheuren Spektakel des Reichtums und der Verschwendung, das er in seiner Villa am Meer auf Long Island inszeniert. Alle Welt fährt von New York aus dorthin, in den schnellen Wagen und flatternden Kleidern jener Jahre. Die Feste rauschen und tosen bis in die frühen Morgenstunden. Gatsby selbst bewegt sich wortkarg und fast teilnahmslos durch das Flirren.

Der Erzähler hat durch einen Zufall in einer schäbigen Behausung unweit des skandalösen Palastes Unterkunft gefunden. Er ist ein unscheinbarer Nachbar, hat wenig Interesse am Treiben in der Villa und wird gerade deshalb nach einiger Zeit zu einem diskreten Vertrauten des merkwürdigen Gatsby. Darüber berichtet er, und dieser Bericht ist schließlich der Roman.

Wie einer einer reichen Frau verfällt

Die Kernstory ist einfach. Jay Gatsby, eigentlich Jimmy Gatz, ist mausarm aufgewachsen, treibt sich als Jugendlicher in diversen Jobs herum und kommt zufällig an einen reichen Privatmann, mit dem er um die Welt segelt. Erstmals erlebt er den Reichtum als Augenzeuge. Der Gönner stirbt oder wird ermordet, eher letzteres; zur gleichen Zeit beginnt der Krieg gegen Deutschland. Gatsby wird in die Armee aufgeboten. Während der Ausbildung verliebt er sich in die reiche Daisy, eine Schönheit aus der glitzernden Gesellschaft, die Gatsby durch seinen Gönner kennengelernt hat. Daisy liebt den jungen Mann in der eleganten Uniform auch. Fünf Jahre sehen sie einander nicht mehr. Irgendwann in dieser Zeit heiratet Daisy standesgemäß. Gatsby aber, und das ist nun der Drehpunkt des Romans – Gatsby aber ist Daisy verfallen geblieben, ihrer Person, ihrer Schönheit, ihrem Reichtum, ihrem sozialen Status. Das alles ist schwer auseinanderzuhalten. Auch der Erzähler blickt da nicht durch. Sicher ist nur eines: Nach dem Krieg will Gatsby reich werden, reich wie Daisy, und so, als reicher Mann, will er die Frau zurückholen. Dass es da inzwischen noch einen andern gibt, kümmert ihn nicht.

Die Verfallenheit dieses Mannes an diese Frau ist das zentrale Faktum des Werks. Man mag es für unsinnig halten oder einleuchtend, es ist so. Punktum.

Um ihretwillen wird Gatsby in wenigen Jahren maßlos reich. Das tönt märchenhaft, nach schlechter Literatur, es hat aber ein böses Fundament. Eine Schlüsselfigur des New Yorker Untergrunds, Meyer Wolfshiem, protegiert ihn nämlich, zeigt ihm die krummen Wege zum großen Geld und wie man sich dabei die Polizei vom Halse hält. Wolfshiem (von der zweiten Auflage des Romans an »Wolfsheim« geschrieben) ist ein Porträt des führenden Kopfs der jüdischen Mafia im New York der zwanziger Jahre, Arnold Rothstein. Fitzgerald zeichnet ihn mit antisemitischen Untertönen. Dass der unheimliche Kriminelle gezielt auf Erkennbarkeit angelegt ist, geht aus der Aussage hervor, er habe die Baseball-Meisterschaft von 1919 manipuliert[39], ein skandalöser Vorgang, der damals zwingend mit Rothstein verbunden wurde. Dass Wolfshiem Manschettenknöpfe aus menschlichen Backenzähnen trägt[40], ist ein aggressiver Akt des Autors, der die Erkennbarkeit damit zur gezielten Polemik macht. Denn der historische Rothstein stand beim Erscheinen des Romans noch auf der Höhe seiner Macht; erst 1928 wurde er bei einem Geschäftsessen im Park Central Hotel in Manhattan erschossen.

Hier soll Geschichte geschrieben werden – wirklich?

Für die historiographische Dimension des Romans ist dies wichtig, ein Signal, dass Fitzgerald durchaus Geschichte schreiben will und sein Buch auch dokumentarisch versteht. Man könnte das nun einfach mit Interesse zur Kenntnis nehmen, wenn die Gestalt Gatsbys dadurch nicht noch vertrackter würde. Soll man denn auch ihn dokumentarisch lesen? Dieser Besessene der Liebe, halb Don Quijote, halb Romeo, allem Anschein nach ein Krimineller, den man aber mit ebenso guten Gründen für eine Anima candida halten kann – soll er wirklich wie Wolfshiem, wie das ganze übrige Personal des Romans das aussagekräftige Element eines soziologisch messerscharfen Epochenporträts sein? Gatsbys wahnwitziges Unterfangen, an einer Meeresbucht in fernem Gegenüber zur Villa der Geliebten einen riesigen Lockkäfig zu bauen, leuchtend und tönend wie ein moderner Venusberg, sollen wir auch das für angewandte Geschichtsschreibung halten?

Es ist genau dieser ungeklärte Bruch im realistisch-analytischen Erzählen, der bewirkt, dass man als Leser, mehr noch: dass die ganze lesende Welt von diesem Roman nicht loskommt. Schon der Stummfilm hat versucht, das Rätsel mit den Mitteln einer verwandten Kunst zu klären, 1926, ein Jahr nur nach dem Erstdruck des Romans, und der Tonfilm hat das Unternehmen weitergeführt bis heute: 1949, 1974, 2000 und letztmals 2013 mit dem Epochenstar Leonardo DiCaprio. Wenn man Gatsby mit eigenen Augen sieht und mit eigenen Ohren hört, so dürfte die Überlegung der Filmemacher gelaufen sein, muss er einem so vertraut und bekannt werden wie der Nachbar, mit dem man über den Zaun hinweg vom Wetter redet. Es kann sein, dass einzelne Filme dies erreichten; das Buch selbst aber hat den Sphinx-Charakter behalten. Man reibt sich beim Lesen dauernd die Augen und sieht doch nicht schärfer.

Die mythische Rede als Erkenntnismittel

Gatsbys Wahn hat etwas zu tun mit der Verfassung jener Seeleute bei Homer, die an der Insel der Sirenen vorbeifahren, diese singen hören und nicht mehr anders können, als zu ihnen hinzurudern, sehnsuchtsgequält, um dort von den scharfen Krallen der Vogelfrauen zerrissen zu werden. Es gehört zur List Fitzgeralds – oder seines Erzählers Nick? –, dass Daisy von Anfang an als die Frau mit der magischen, der unwiderstehlich bannenden Stimme erscheint, dass man diese Stimme mit Gatsbys Wahn in Verbindung bringen muss, dass jeder Leser früher oder später an die Sirenen denkt, dass aber dieses Wort nie fällt. Dabei flicht Nick ganz gern sein Bildungswissen in den Diskurs ein, vergleicht zum Beispiel einmal die ausschweifenden Festmahle in Gatsbys Villa mit jenen des Römers Trimalchio, von denen Petronius zur Zeit des Kaisers Nero im Roman *Satyricon* berichtet.[41] Der Erzähler setzt diesen Trimalchio ohne Zögern bei den Lesern als bekannt voraus. Das ist indessen keine Bildungsprahlerei, sondern ein Signal: Achtet auf die Anklänge an kulturgeschichtliche Archetypen! Auch mit Parzival auf der Gralssuche vergleicht er seinen Helden einmal.[42] Die dominante Anspielung dieser Art aber ist das Sirenenmotiv.

Solches Operieren mit mythologischen Mustern erinnert an *Ulysses* von James Joyce, den Roman, der drei Jahre früher erschienen war, 1922, im gleichen Jahr wie T. S. Eliots Jahrhundertgedicht *The Waste Land*. In beiden Werken erscheinen Figuren, Bilder, Klänge aus der Kultur- und Poesiegeschichte. Es ist nicht ausgeschlossen, dass Fitzgerald von Eliots Zwanzig-Seiten-Poem und Joyces Tausend-Seiten-Roman angeregt wurde. Zwar gab es seit dem Symbolismus der Jahrhundertwende eine breite Kultur derartiger Evokationen in Literatur und bildender Kunst, aber bei Joyce und Eliot wird damit auf neue Weise gearbeitet. Joyce kultiviert eine hochkomödiantische Ironie; Eliot eine extreme Fragmentierung.

Fitzgerald braucht offensichtlich das Aufklingen einer mythischen Rede, braucht den Sirenengesang, um Gatsbys Verfallenheit an die Frau zu begründen. Zugleich aber zeigt er damit, wie eine Gesellschaft, die ihre alten, angestammten Werte verloren hat, irrationalen Impulsen gegenüber wehrlos geworden ist. Die dreißiger Jahre sollten dafür in Europa den katastrophischen Beweis erbringen. Die Voraussetzung dazu aber lag in den Roaring Twenties, ihrem Tanz auf schwankendem Boden: Hitlers *Mein Kampf* erschien im gleichen Jahr wie die Dalloway- und Gatsby-Romane.

Damit erklärt sich die berühmte Szene, in der Gatsby in der Nacht zum Meer geht und die Arme ausstreckt nach dem einsamen grünen Licht am andern Ufer. Es ist das Licht vor Daisys Villa. Wahrscheinlich glaubt er, ihre Stimme zu hören.

So aber wird diese Stimme gleich zu Beginn des Romans eingeführt:

> Es war eine Stimme, deren Auf und Ab das Ohr folgt, als wäre jede ihrer Äußerungen eine kleine Komposition, die niemals wieder so gespielt werden würde [an arrangement of notes that will never be played again]. Daisy hatte ein trauriges, hübsches Gesicht, in dem es leuchtete – leuchtende Augen und einen leuchtenden, sinnlichen Mund; in ihrer Stimme aber schwang eine Erregung mit, die jeder Mann, dem sie einmal etwas bedeutet hatte, schwer zu vergessen fand: ein singendes Drängen, ein gehauchtes »Hör doch«, ein Raunen, dass sie gerade erst schöne, aufregende Dinge erlebt hatte [a singing compulsion, a whispered ›Listen‹, a promise that she had done gay, exciting things just a while since] und bald noch mehr schöne, aufregende Dinge auf sie warteten.[43]

Die Sirenen sind ein vielfaches Thema der literarischen Moderne. Sie greift damit auf ein Schlüsselmotiv der Romantik zurück. Dort erschienen die Sirenen als singende Wasserfrauen und Loreleys; sie verkörperten die Verlockung der Natur, welche eine höhere Wirklichkeit ist als Vernunft und Arbeit und der man, um des höchstens Glücks willen, gerne zum Opfer fällt – »einmal lebt ich wie Götter«. Es sind in jüngerer Zeit viele Studien zu den Sirenen in der Literatur erschienen, meistens im Zusammenhang mit Kafkas berühmtem Text, aber man scheint nicht zur Kenntnis genommen zu haben, dass die schlechthin exemplarische Beschreibung einer weiblichen Sirenenstimme im *Gatsby* zu finden ist.

Allerdings erscheint das Sirenenkapitel im *Ulysses*, das Kapitel 11, so monumental, dass es vieles, was ihm verwandt ist, verdeckt. Die verlockende Stimme wird dort nicht, wie bei Fitzgerald, von einem Beobachter beschrieben, sondern die Erzählrede selbst verwandelt sich in ein Gebilde aus verwirrend lüsternen Tönen; das Kapitel wird Musik – Klangwellen und getrommelte Rhythmen. Es beginnt mit der berühmten Zeile, die auch im *Bateau ivre* von Rimbaud stehen könnte: »Bronze by gold heard the hoofirons steelyrining [...]«[44]

Einmal singt Daisy tatsächlich, und wieder zieht der Erzähler alle stilistischen Register:

> Daisy begann in einem rauhen, rhythmischen Flüsterton zu der Musik zu singen und entlockte jedem Wort eine Bedeutung, die es nie zuvor gehabt hatte und nie wieder haben würde. Wenn die Melodie anstieg, brach sich ihre Stimme und wurde so zart, wie nur Altstimmen es sein

> können, und mit jeder neuen Note verströmte sie ein wenig von ihrem warmen Zauber in der Luft.[45]

Und als fürchtete der Erzähler, den Lesern könnte die Bedeutung dieser Stimme schließlich doch entgehen, stellt er apodiktisch fest:

> I think that voice held him most, with its fluctuating, feverish warmth, because it couldn't be over-dreamed – that voice was a deathless song.[46]

Man kann hier keine Übersetzung zitieren. »Over-dreamed« und »deathless song« lassen sich im Deutschen nur ungefähr einfangen. Die Stimme dieser Frau, meint der Abschnitt, habe Gatsby stärker als alles andere in Bann geschlagen, wegen ihrer immerzu bewegten, fieberigen Wärme. Die erlebte Wirklichkeit dieser Intonation habe von keiner geträumten Klangfolge übertroffen werden können; sie sei ein Gesang gewesen über allen Tod hinaus – etwas Höheres also, muss man schließen, als die sterbliche Frau selbst.

Der Kuss als tödlicher Bann

Und dann beschreibt der Roman den Augenblick, in dem Gatsbys tödliche Fixierung einst besiegelt wurde. Es ist ein singulärer Kuss, und wie bei Clarissas höchstem Glücksmoment kann das Ereignis nicht anders beschrieben werden als mit Schlüsselworten aus dem Raum der Religion. Dort war es »Offenbarung« (»revelation«) im theologischen Sinn, eine Mitteilung der Wahrheit durch eine göttliche Instanz. Hier ist es »Inkarnation« (»incarnation«), das Wort für die Menschwerdung Gottes, in wörtlicher Übersetzung dessen Fleischwerdung. *Gatsby* und *Mrs Dalloway* sind beides keine christlichen Romane, sind nicht von gläubigen Menschen geschrieben, und doch verlangt, was in der Sekunde der Grenzerfahrung geschieht, hier wie dort den Rückgriff auf die verschollene Welt, die das Heilige kannte als eine zweite Wirklichkeit hinter den Erscheinungen.

In diesem Kuss gipfeln nun aber auch alle Zweideutigkeiten des Erzählens, die den Roman so schwierig machen. Nick berichtet, was ihm Gatsby einmal erzählt habe, und er deklariert es unverblümt als »schauerliche Sentimentalität«, »appalling sentimentality«.[47] Das Ereignis liegt fünf Jahre zurück, kurz bevor Gatsby in den Krieg ziehen musste. Einerseits erfahren wir, was der Kuss damals für ihn bedeutete, andererseits kommt ihm in der aktuellen Romanhandlung eine neue, dramatische Funktion zu. Gatsby will nämlich das, was einmal war zwischen Daisy und ihm, genauso wiederherstellen, als wäre seither keine Zeit verstrichen, und das, was einmal war, ist das Ereignis jenes Kusses. Deshalb spricht er davon zu Nick, erzählt er es Nick, nachdem es ihm mit dessen Hilfe gelungen ist, die Sirene in den Lockkäfig zu holen. Er ist Daisy wiederbegegnet, hat ihr in einem beklemmend grotesken Intermezzo die verrückte Villa gezeigt, und jetzt soll alles, was in den fünf Jahren passiert ist, ganz einfach nie geschehen sein. Als hätten sich ihre Lippen erst vor zehn Sekunden getrennt.

Und so hat sich das fünf Jahre zuvor abgespielt: Daisy und Gatsby sind miteinander im Freien, in einer Mondnacht. Die

Sterne scheinen zu leben – »and there was a stir and bustle among the stars«. Gatsby erfährt einen schwebenden Einklang mit dem All, glaubt, er könne mit dem Kosmos kommunizieren. Die Begriffe, in denen er davon erzählt (laut Nick), sind verblasen. Er hat keine ordnenden Kategorien für seine entfesselten Gefühle. Aber, und da wird die diffuse Schwärmerei unerwartet packend, er weiß plötzlich, dass diese Frau mit ihrer jenseitigen Stimme ihn aus allem Taumel holen und zu einem neuen Menschen machen wird. Der Nobody aus dem sozialen Abseits, der in zufälligen Kurven durch sein Leben trieb, wird hier und jetzt, Mund auf Mund, zu einem neuen Menschen:

> Sein Herz klopfte schneller und schneller, als Daisys weißes Gesicht sich dem seinen näherte. Wenn er sie jetzt küsste und seine unaussprechlichen Visionen für immer mit ihrem vergänglichen Atem mischte, würde sein Geist nie wieder solch göttliche Kapriolen schlagen [his mind would never romp again like the mind of God], das wusste er. Also wartete er und lauschte noch einen Moment länger auf die Stimmgabel, die eben an einen Stern gerührt hatte [to the tuning-fork that had been struck upon a star]. Dann küsste er sie. Als seine Lippen auf ihre trafen, erblühte sie für ihn wie eine Blume, und die Inkarnation war vollkommen. [At his lips' touch she blossomed for him like a flower and the incarnation was complete.]

Damit ist er geworden, was er von nun an sein wird, und sie gehört zu ihm mit dem Zwang einer Naturgewalt. Alles, was er nach dem Krieg unternimmt, zielt auf die Wiederherstellung dieser Vereinigung. Obwohl die Art, wie er zu seinem riesigen Vermögen kommt, nie ganz aufgeklärt wird – es schwirren tausend Gerüchte darüber durch die Luft –, ist am kriminellen Einschlag des Unternehmens nicht zu zweifeln. Schon wegen seines schauerlichen Mentors Wolfshiem. Aber er betreibt das alles so, wie ein Auserwählter seiner Sendung gerecht wird. Es ist für ihn keine Frage der Moral, es ist die schlichte Folgerichtigkeit seiner Existenz.

Vor diesem singulären Kuss ertönt die Sirenenstimme der Geliebten als ein kosmisches Ereignis – das Bild von der Stimmgabel, die an einen Stern schlägt, kann nichts anderes meinen –, im Kuss selbst aber, der über die sexuellen Konnotationen des letzten Satzes auch die körperliche Liebe vorwegnimmt, erlöschen die phantastischen Schwärmereien. Nun ist er der Mann dieser Frau und hat mit ihr seine existentielle Mitte gewonnen. Der Krieg treibt ihn weit ab, aber als er zurückkehrt, will er wieder hin, wo er hingehört. Die ganze Romanhandlung um die Villa mit ihrem schleudernden Luxus ist ein einziges Spektakel der Rückeroberung. Die kühle Unerschütterlichkeit, mit der Gatsby sein Unterfangen betreibt, beruht auf der besiegelten »Inkarnation«, dem Ereignis, das für ihn so irreversibel ist wie eine Taufe oder ein *Rite de passage*. Die Liebe verknüpft sich in diesem schicksalhaften Kuss nicht mit der Religion als einem gegebenen Glauben, der das Irdische an das Jenseitige bindet, sondern sie tritt als einzige noch mögliche Erfahrung der Transzendenz an deren Stelle. Würde diese unbedingte, alle Ordnungen sprengende Bindung für beide gelten, die Frau und den Mann, das Paar als den Beginn einer neuen Welt, wie es in den großen Liebesgeschichten der Weltliteratur so oft der Fall ist – und wofür das

Paar von den Vertretern der geltenden Ordnung so oft verfolgt und vernichtet wird –, dann könnte man diese zwei, Daisy und Gatsby, in den Zodiakus der unsterblichen Liebespaare einfügen, der sich über die Jahrtausende spannt: Hero und Leander, Tristan und Isolde, Paolo und Francesca, Romeo und Julia ... Aber Daisy begreift nicht, was mit diesem Gatsby da wirklich passiert. Sie war zwar einmal verliebt in ihn und ist es jetzt auch wieder ein bisschen, aber ihr Leben in wohligem Luxus und Langeweile möchte sie um seinetwillen denn doch nicht aufgeben. Ihre Sirenenstimme ist nicht der Ausdruck einer abgründigen Person, sondern ein zufälliger erotischer Effekt. Sie setzt sich denn auch rasch und wortlos von Gatsby ab, als im dramatischen Finale des Romans die Dinge außer Kontrolle geraten.

Im Wahn sind keine neuen Werte

Der Gesellschaft der Roaring Twenties, die die schweren Traumata des Krieges energisch verdrängt (um später umso ungeschützter wieder von ihnen eingeholt zu werden), wird in diesem Jay Gatsby und seiner ekstatischen Liebeserfahrung kein Modell einer neuen Bindung an ein Absolutes mitten im Ausverkauf der alten Werte vor Augen gerückt. Seine »Inkarnation«, wie radikal und prägend er sie auch erfährt, bleibt wahnhaft. Seine Geliebte mit der Stimme, die »a deathless song« sein soll und ein kosmischer Klang, ist nichts weiter als eine elegante Gans, die gelegentlich von irritierenden Ahnungen anderer Dinge gestreift wird. Wenn ihr Mann, in dessen Reichtum sie träge schaukelt, mit einer Nebenbemerkung bewirkt, dass Gatsby zuletzt erschossen wird, ist das nicht das erschütternde Finale einer Tragödie, sondern halb Zufall, halb Tücke, ein Ermordeter mehr, wie sie im New York dieser Jahre überall anfallen.

Bei Joyce und Eliot haben die Bilder und Figuren aus den hohen Gesängen und mythischen Überlieferungen der Menschheit die Funktion, einer partikularisierten Welt, die keine übergreifende Sinnstiftung mehr kennt (höchstens hohle Parolen), die Umrisse uralter Ordnungen entgegenzuhalten. Auch diese werden zwar nur in Scherben sichtbar oder in schriller Verzerrung, aber es sind immerhin Perspektiven, die im Staubgewölk der modernen Atomisierung kurz aufleuchten. Sie erinnern an die Erzählungen von den ersten und letzten Dingen, in denen sich die Menschen einst geborgen fühlten. Sie können diese nicht wieder zu Leben und Wirkung erwecken, doch die Ahnung des verlorenen Ganzen weht einen aus den Bruchstücken an. Losgelöst aus ihrem einstigen Zusammenhang, nehmen sie sich wie Orakelsprüche aus, die ein Archäologe im Schutt eines Tempels auf Ziegelstücken findet. Beispielhaft dafür ist die Schluss-Strophe von Eliots *The Waste Land,* in der Zitate aus gänzlich verschiedenen Texten Vers für Vers aufeinanderfolgen.[48] Ein englisches Kinderlied klingt da auf, das die unaufhaltsame Zerstörung der prächtigen Bauwerke Londons evoziert – »London bridge is falling down falling down falling down« –, gleich darauf, im Original zitiert, der letzte Vers aus dem 26. Gesang von Dantes *Purgatorio*: »Poi s'ascose nel foco che gli affina«. Zu Deutsch: »Und er versank im Feuer, das sie reinigt.«[49] Die Rede ist dabei von einem provenzalischen Dichter, der in den Flammen des Fegefeuers steckt und dort mit Dante gesprochen hat. Es bleibt dem Leser überlassen, wie er sich diese und weitere Trümmer zurechtlegt, aber dass sie getragen sind von einem furchtbaren Ernst, unterliegt keinem Zweifel. Denn fast am Schluss steht eine Zeile, die kein Zitat ist, sondern die Poetologie des Ganzen benennt: »Those fragments I have shored against my ruins« – Diese Scherben habe ich an den Strand gebracht, um meine Ruinen zu stützen.[50] Das besagt, dass das Ganze der verzweifelte Versuch eines neuen Sinngewinns ist, im Wissen um das Scheitern.

Davon kann nun in *The Great Gatsby* keine Rede sein. Die mythologischen Anspielungen geben der Welt des Romans keine Tiefendimension. Gatsby ist kein Parzival und Daisy kein heiliger Gral. Das Liebespaar im Zauberpalast markiert nicht die Gegenwirklichkeit zur verkommenen, von Luxus, Lust und Tücke geprägten Gesellschaft. Die magische Attraktion, die von dem Roman bis heute ausgeht, ist die Erscheinung des undurchschaubaren Mannes in seiner maßlosen Villa, die alles verkörpert, was die Roaring Twenties ausmacht: Reichtum, Glamour, Hysterie und Verbrechen. Dieses Haus ist das mächtigste Symbol des Werks, aussagekräftig in allen Einzelheiten. Pracht und Falschheit fallen in ihm mit einer poetischen Wucht zusammen, die alles mythologisierende Drum und Dran weit übertrifft. Diese Villa in ihrer synthetischen Pracht ist das Abbild der Epoche, ist Geschichtsschreibung, wie sie der Literatur in ihren besten Momenten glückt. Die Absurditäten ihrer Einrichtung sind von einer ebenso bedrängenden Aussagekraft wie der Mord, der hier geschieht, wie der erschossene Gatsby, der zuletzt in seinem Swimmingpool auf der Luftmatratze leise schaukelt. Der Mord hätte nicht sein müssen, der Täter war ein Halbverrückter, und die Hinrichtung ist ohne sittliche Bedeutung. Darin besteht das illusionslose Fazit des Ganzen.

Der stereotype Kommentar zu diesem Roman, hundertfach wiederholt und immer neu mit Überzeugung vorgetragen, lautet, hier scheitere beispielhaft der Amerikanische Traum – the American Dream. Das ist ein Irrtum, so populär die Aussage auch ist. Dieser Irrtum ist aber sehr praktisch, denn er überdeckt mit einer plakativen Geste die Irritationen, die von dem Roman ausgehen, die Deutungsfallen, die er stellt. Plötzlich hat man eine handfeste Lehre in der Hand, um derentwillen das Buch geschrieben worden sei und woraufhin man es also zu lesen habe.

Die Grundidee dessen, was man zu Recht den Amerikanischen Traum nennt, war schon in der Aufklärung weithin verbreitet. Sie bestand in der Überzeugung, in einer freien, politisch wie wirtschaftlich liberalen Gesellschaft könne jeder kluge und tatkräftige Mensch seinen Aufstieg zu Reichtum und Ansehen schaffen. Das deckt sich mit dem berühmten Satz aus napoleonischer Zeit, dass jeder Soldat in der französischen Armee den Marschallstab im Tornister trage, und es ist auch das Axiom, das unausgesprochen hinter den bürgerlichen Erziehungsromanen in Deutschland steht, propagandistisch schlicht, aber effektvoll etwa in Gustav Freytags Erfolgsbuch *Soll und Haben* von 1855. Bei Balzac verkörpert Rastignac dieses Modell, die Figur, die wie ein Kehrreim in zahlreichen Werken des Autors auftritt, zum ersten Mal, und hier breit ausgeführt, in *Le Père Goriot*.

Jay Gatsby aber liegt weitab von diesem Muster. Seine Träume sind zwanghaft, allein auf Daisy ausgerichtet. Seinen Reichtum erlangt er mit Hilfe des Kriminellen Wolfshiem und dessen Organisation. Und die Gesellschaft an der amerikanischen Ostküste ist längst nicht mehr so beschaffen, dass es die guten und tüchtigen Menschen sind, die darin prosperieren. Vielmehr scheint hier, wie durch zerrissene Kleider, überall die nackte Gewalt durch. Der Einzige im Roman, der Züge jener wackeren Jünglinge trägt, an die man beim American Dream denkt, ist Nick, der Erzähler. Aber seine Erklärungen und Deutungen sind so widersprüchlich, seine Beschreibungen gleiten so rasch ins lyrisch Verwaschene ab, dass man ihn schließlich doch nicht für die moralische Instanz nehmen kann, nach der man sich beim Lesen des *Great Gatsby* immer heftiger sehnt.

IV

EIN TRAUMSPIEL DES BÜRGERLICHEN ERZÄHLENS

Zwei Frauen küssen einander, wobei die eine der andern einen Mann vorspielt, aber weil sie als Frau weiß, wie eine Frau von einem Mann geküsst werden möchte, übersteigt das zärtliche Ereignis für die andere alle Erfahrungen, die sie in dieser Hinsicht bisher gemacht hat. Dabei ist die Küssende die Jungfrau Maria, nach kirchlicher Lehre also ohne einschlägige Vorkenntnisse, und die Geküsste ist eine Witwe, die ihren abscheulichen Ehemann vor einiger Zeit mit Hilfe ebendieser Jungfrau Maria losgeworden ist. Für Theologen, insbesondere für die katholische Abteilung der Zunft, dürften sich hier einige schwierige Fragen stellen; sie wurden allerdings, soweit bekannt, bisher nie systematisch diskutiert. Der Mann, der diese wundersame Geschichte geschrieben hat, hatte seinerseits den christlichen Glauben längst abgelegt, ohne jedoch deswegen ein knochendürrer Atheist zu werden. Aufgewachsen unter bilderfeindlichen Kanzeln, faszinierte ihn in späteren Jahren die farbige Pracht der naiven Heiligen- und Wundergeschichten. Er erkannte darin ein urtümliches Erzählen mit prächtigen Kontrasten zwischen nachtschwarzen Sündern und lichtvollen Gottverschworenen und mit einem höchst kurzweiligen Verkehr zwischen der Bevölkerung des Jenseits und des Diesseits. Er war gewiss nicht der erste, der das poetische Potential des Teufels und der wunderwirkenden Heiligen erkannte, aber er wagte es, in einer Zeit darauf zurückzugreifen, die solches als Verstoß gegen die aufgeklärte Zivilisation betrachtete. Als Schriftsteller fühlte er sich von der herrschenden Ästhetik eingeengt, seine anarchische Phantasie von einer doktrinären Kritik und ebensolchen Lehrstühlen zurückgebunden. So gab er sich dem Vergnügen hin, mit seiner in frommen Kreisen berüchtigten Feder eine Reihe von überlieferten christlichen Legenden auf seine Weise und nach eigenem Wohlgefallen neu zu erzählen.

Das kleinfingerdünne Prosawerk, das er dreizehn Jahre nicht in Druck gab, erregte 1872 Ärgernis und Entzücken zugleich. Es wurde ein durchschlagender Erfolg, was der Autor noch nie erlebt hatte. Sein heute berühmter erster Roman und seine erste Novellensammlung, beide siebzehn Jahre zuvor in kleiner Auflage erschienen, waren damals immer noch nicht ausverkauft.

Sieben Legenden hieß das Buch. Es begründete, wie in einem zusätzlichen Wunder nach all den Mirakeln, die es enthielt, Gottfried Kellers Ruhm in Deutschland und erweckte die beinahe abgestorbene Autorschaft des ewigen Zögerers und Zweiflers zu neuem Leben. Es ist eines der exquisitesten Prosaereignisse deutscher Sprache aus der zweiten Hälfte des 19. Jahrhunderts, darin, wie auch im Verhältnis von Umfang und dichterischer Leistung, den *Trois Contes* von Gustave Flaubert verwandt. Dennoch war das schmale Werk auch auf höchster Ebene umstritten: Fontane fand es abscheulich, weil es die natürliche Schlichtheit der Legendenform verderbe, Mörike, ein Mann von artistischem Instinkt, war hingerissen.[51]

Glück als Leitwort – in welchem Sinn?

Jener Kuss, von dem die Rede war, findet sich in der Legende *Die Jungfrau als Ritter* und ist einerseits ein Ereignis der Liebe, andererseits ein Test auf das richtige oder falsche Leben. »Glück«, das auffällige Leitwort der Erzählung, meint hier ganz entschieden beides zusammen: Glücklich-Sein als der Jubel der Seele und Sein-Glück-Machen als das Erreichen einer wohlausgestatteten Stellung in der Gesellschaft. Im bürgerlichen Denken des 18. und 19. Jahrhunderts waren die beiden Zustände aufs engste miteinander verknüpft, desgleichen in der von diesem Denken geprägten Literatur. Schon im Gründungsdokument des bürgerlichen Liberalismus, der amerikanischen *Declaration of Independence* von 1776, wird dies unmissverständlich ausgesprochen, wenn es um die drei grundlegenden Menschenrechte geht:

> We hold these truths to be self-evident, that all men are created equal, that they are endowed by their Creator with certain unalienable Rights, that among these are Life, Liberty and the pursuit of Happiness.

Der Schöpfer selbst also hat dem Menschen das unveräußerliche Recht verliehen, nach dem Glück zu streben oder, treffender gesagt, sein Glück auf eigene Faust zu verfolgen. Glück als Seelenjubel und Glück als erfolgreiche Karriere sind in der

Wendung *the pursuit of Happiness* nicht zu trennen, sind förmlich miteinander verschmolzen. Für das exemplarische Erzählen im bürgerlichen Zeitalter ist diese Verschmelzung insofern wichtig, als die Liebe und das Liebesglück nie ganz außerhalb einer erfolgreichen Karriere gedacht werden können. Indem die erfolgreiche Karriere aber Tatkraft und zielbewusstes Handeln voraussetzt, ist letztlich auch die Liebe an diese Eigenschaften gebunden. Der Bürger im politisch liberalen Sinne ist der Mann, der sich selbst macht, der Selbstverfertiger. Der Staat muss ihm die Freiheit dazu zunächst schaffen, dann aber lassen. Wenn er sie nicht nutzt, ist er eben ein Gescheiterter, hat er sein Leben vertan – so wie bei Balzac Lucien de Rubempré (eigentlich ein kleinbürgerlicher Lucien Chardon) exemplarisch scheitert, während Rastignac exemplarisch reüssiert.

Das tönt einfach, ist aber viel komplizierter, weil die Liebe, die in diesem Modell integraler Teil der Karriere ist, kraft ihrer anarchischen Beschaffenheit diese Karriere auch sabotieren kann. Die bürgerlichen Erzähler mittleren Kalibers lösen das Problem gerne so, dass sie ihren Helden zuerst auf eine oder zwei falsche Frauen stoßen lassen (die eine ist zu wild, die andere zu brav), worauf die Begegnung mit der richtigen Frau folgt, an deren Seite und über deren Mitgift schließlich auch die Karriere des männlichen Helden an ihr Ziel kommt.

Gottfried Keller ist in diesen Zusammenhängen nun insofern interessant, als er die Kategorien des richtigen und des verfehlten Lebens in sein Erzählen emphatisch einbringt, gleichzeitig aber, von seinem eigenen Lebensgang her, ein bis zum Äußersten erfahrener Kenner aller denkbaren Formen des Scheiterns und der damit verbundenen Schuldzuweisungen an sich selbst ist. Denn dass der Lebenserfolg durch Tatkraft und zielbewusstes Handeln die moralische Pflicht des Einzelnen sei, daran hält Keller, bürgerlicher Schriftsteller durchaus, entschieden fest, und diese Lehre zu vermitteln ist ein Hauptziel seiner Lebensarbeit. Das könnte nun dieser Lebensarbeit eine heute schwer erträgliche Betulichkeit und pädagogische Penetranz verleihen, wenn der Autor nicht von einer so unberechenbaren Schöpferkraft gewesen wäre, dass sich das Erziehen und Belehren, dem er sich grundsätzlich verpflichtet fühlte, fortlaufend auf die kurioseste Weise in Tumulte bald der Komik, bald der Verzweiflung verwandelt. Dies ist auch in der Legende der Fall, wo die Gottesmutter Maria in Gestalt eines schönen Mannes eine schöne Frau so küsst, dass diese unter allen Umständen diesen schönen Mann in ihr Ehebett ziehen will.

Wenn man jetzt denkt, dass wohl auch hier eine bürgerliche Karriere im Sinne des 19. Jahrhunderts ihre reguläre erotische Krönung finde, denkt man völlig richtig. Nur wird der ideologische Einschlag belanglos gegenüber einem der unerschrockensten Erzähler seiner Zeit und einem poetischen Charme, für den es in ebendieser Zeit keinen Vergleich gibt.

Die lauernde Gefahr des verfehlten Lebens

Das Gesamtgeschehen wird in zwei Legenden abgehandelt, die in der Sammlung aufeinanderfolgen. Vor der *Jungfrau als Ritter* steht noch *Die Jungfrau und der Teufel*. Das novellistische Diptychon berichtet, wie es der schönen Bertrade mit den Männern ergeht und wie schlimm alles gekommen wäre, hätte nicht die Jungfrau Maria mehrmals helfend eingegriffen. Das verfehlte Leben, im Sinne des beschriebenen Glücksmodells, ist beide Male ein Hauptthema. Alles beginnt mit einem von Kellers unerwarteten Kunstgriffen: Er erzählt zunächst Bertrades Ehegeschichte, eine trostlos scheiternde Verbindung, und erst im Anschluss daran die Geschichte ihres Werbens und Umworbenseins und ihres schließlichen Zusammenfindens mit dem endgültigen Lebensmann. Schon der erste Satz demonstriert die Umkehrung der üblichen Erzähllogik; denn so, wie hier begonnen wird, enden sonst die Geschichten vom erfolgreichen *pursuit of Happiness*:

> Es war ein Graf Gebizo, der besaß eine wunderschöne Frau, eine prächtige Burg samt Stadt und so viele ansehnliche Güter, daß er für einen der reichsten und glücklichsten Herren im Lande galt.[52]

Hier ist alles beisammen: der finanzielle und der erotische Erfolg und das »Glück« als die Besiegelung des Lebensziels. Denn wenn die Sache auch unter Edelleuten im Mittelalter spielt, zielt sie doch ganz und gar auf die gesellschaftliche Gegenwart des Autors, die zwar nicht mehr vollumfänglich die unsrige ist, aber auch nicht in jeder Hinsicht eine andere. Der Satzbau zeigt, dass die »wunderschöne Frau« ein Stück Besitz darstellt wie die Burg oder die Stadt oder die einzelnen Güter. Hier wirkt bereits die Charakterisierungsstrategie des Erzählers, denn genau dies, dass Gebizo seine Frau als einen Sachwert betrachtet, mit dem man Handel treiben kann, wird ihm zuletzt das Genick brechen.

Was dem Auftakt folgt, ist ein beispielhafter Fall von Verpfuschung des eignen Lebens. Dabei greifen, wie es die Epoche verlangt, ökonomisches und moralisches Fehlverhalten ineinander. Gebizo hat ein katholisches Laster, womit Keller wohl auch seine reformierten Zürcher Mitbürger im Voraus ein bisschen beruhigen wollte. Sie haben ihn dann allerdings trotzdem katholisierender Tendenzen bezichtigt. Kaum war das Buch erschienen, wurden ihm überall Erklärungen abgefordert. Das scheint ihm zunächst sogar die Freude an dem schlanken Ding verdorben zu haben. An Friedrich Theodor Vischer schrieb er jedenfalls schon am 19. Mai 1872: »Mündlich muß ich diese unglücklichen 7 Geschichtchen auf alle mögliche Art commentiren u erklären.«[53] Zehn Tage später erfuhr er aber vom Verleger, dass die erste Auflage bereits ausverkauft sei, nur zwei Monate nach Erscheinen. Das dürfte ihn wieder in ein vergnügteres Verhältnis zu seinem Geschöpf gesetzt haben, und tatsächlich war und blieb er von diesem Tage an, kurz vor seinem dreiundfünfzigsten Geburtstag, ein erfolgreicher Autor im ganzen deutschen Sprachraum.

Gebizos katholisches Laster ist die Werkgerechtigkeit. Der theologische Begriff meint das Vollbringen guter Taten in der Absicht, durch sie dereinst einen angenehmen Aufenthalt im Jenseits zu erlangen. Luther hat diese Vorstellung streng bekämpft; selig werde man einzig durch die Gnade Gottes, gute Werke hin oder her. Demgegenüber treten an den Festspielen im katholischen Salzburg, in Hofmannsthals *Jedermann*, alljährlich die »Guten Werke« in Gestalt einer anmutigen Frau leibhaftig auf die Bühne und helfen mit, die Seele des liederlichen Jedermann zu retten. So viel zur Differenz der Konfessionen.

Gottfried Keller zeigt nun in Gebizo einen eigentlichen

Lüstling der Werkgerechtigkeit. Er tut so ausschweifend Gutes, verteilt das Geld in solchen Mengen an Bedürftige, Spitäler und Klöster, dass er eines Tages mittellos und selbst von den Bettlern verspottet dasteht – »nur Eines blieb sich immer gleich, die Schönheit seiner Frau Bertrade«.[54] Da er aber diese, wie aus dem ersten Satz der Legende ersichtlich wurde, als ein Stück Eigentum unter andern betrachtet, dauert es nicht lange, bis er auch sie seiner geistlichen Unzucht opfert.

Nur gerät er dabei an einen riskanten Handelspartner, den Teufel persönlich, mehr noch, den höchsten aller bösen Geister, Luzifer, der einst der schönste Engel vor Gottes Angesicht war. Dann hat er sich gegen seinen Herrn vergangen und wurde in die tiefste Hölle gestürzt. Nun sucht er die Menschen zu verführen, um ihrer Seelen habhaft zu werden.

Gebizo, der den eigenen Ruin mit so absurder Tatkraft betrieben hat, schlägt sich in tiefem Gram in die finsteren Wälder. Es ist jener Zustand bitterster Verzweiflung, den die vielen Gescheiterten bei Keller so gut kennen, weil der Autor selbst der Erfahrenste von allen war. Und so knapp die Legenden sonst auch erzählt sind, an solchen Stellen geschehen dann die eigentlichen Prosawunder. Die Bitternis übersetzt sich in eine Landschaft von schauerlicher Schönheit; Arnold Böcklin, Kellers Freund, könnte sie gemalt haben:

> Bergauf und ab lief er, bis er in eine uralte Wildnis kam, wo ungeheure bärtige Tannenbäume einen See umschlossen, dessen Tiefe die nächtigen Tannen ihrer ganzen Länge nach wiederspiegelte, so daß alles düster und schwarz erschien. Die Erde um den See war dicht bedeckt mit abenteuerlichem langfransigem Moose, in welchem kein Tritt zu hören war.[55]

Und plötzlich ist da ein Kahn auf dem See, darin ein düsterer Fährmann, der nach Gebizos Kummer fragt. Dieser gibt Auskunft, und es folgt der kürzeste Teufelspakt der deutschen Literatur:

> »Wenn ich Dein Weib hätte, so wollte ich nach allen Reichtümern, Kirchen und Klöstern und nach allen Bettelleuten der Welt nichts fragen!« »Gieb mir diese Dinge wieder und Du kannst wohl mein Weib dafür haben!«[56]

Nun braucht der Teufel nur noch zu rufen: »Es gilt!«, was er denn auch tut. Und er vermittelt dem begierigen Gebizo einen finanziellen Fundus, auf den auch wieder einzig dieser Autor kommen konnte. Er liegt unter dem Kopfkissen der begehrten Frau und ist ein unscheinbares Buch, aus dem, wenn man darin blättert, die Goldstücke herausklirren.

Wie in einem Traumprozess verwandelt sich hier die Frau im Ehebett in eine Geldquelle im wörtlichen Sinn. Darin spiegelt sich einerseits Gebizos Niedertracht, andererseits ist es von einer höheren Merkwürdigkeit, dass diese verblüffende Erfindung gerade in dem Buch erscheint, das den Anstoß gab zum dauerhaften ökonomischen Erfolg seines Verfassers.

Am Abend vor dem Tag der heiligen Walpurgis, also in der Walpurgisnacht, soll Gebizo die schöne Bertrade am Waldsee dem Teufel übergeben. Er befiehlt sie schroff aufs Pferd und reitet mit ihr los; sie aber, der es unheimlich wird, will auf dem Ritt noch rasch in eine kleine Marienkapelle eintreten. Hier schläft sie mitten im Beten ein, und die Jungfrau Maria, die als Standbild über dem Altar steht, steigt herunter, nimmt Bertrades Gestalt und Kleidung an und reitet mit Gebizo dem Höllenfürsten entgegen.

Es kommt zum Kampf zwischen Teufel und Jungfrau, und das wird erzählt in einer wie in Trance geschriebenen Prosa. Man traut seinen Augen und Ohren nicht, so leuchtet und strahlt und tönt und schallt das alles. Die versunkenen Klänge Brentanos wachen wieder auf und die kommenden des Symbolismus sind bereits vorweggenommen. Die Jungfrau siegt – haarscharf, muss man klopfenden Herzens sagen –, und der elende Gebizo stürzt am Ende in eine Schlucht. Bertrade schläft derweil immer noch in der Kapelle. Als sie erwacht, steht Maria wie zuvor über dem Altar, und da der Ehemann nicht mehr zu sehen ist, reitet die Frau zurück in ihr Schloss, das ja nun wieder reich ausgestattet ist. Gebizo hat gut geblättert.

So weit die Vorgeschichte zu der zweiten Legende, in der die Jungfrau erneut vom Sockel steigt, diesmal als junger Ritter, und in der Folge Bertrade öffentlich und innig küsst.

Weil aber im Werk des geheimnisreichen Gottfried Keller alles voller Anspielungen steckt, muss noch auf eine Stelle verwiesen werden, die man leicht überliest. In beiden Jungfrau-Legenden ist die kleine Kapelle mit der Marienfigur der eigentliche Ort des Wunders; beide Male steigt die Göttliche dort hernieder und nimmt eine andere Gestalt an, um ins verworrene Treiben der Menschen einzugreifen. In der Teufelsgeschichte wird nun, obwohl es die Motivierung der Geschehnisse gar nicht erfordert, auch noch erzählt, wie jene Marienfigur einst entstanden sei. Es handelt sich um eine in die Legende eingelegte Mikrolegende, in der – was allerdings nicht beweisbar ist – Gottfried Keller selbst für einen Augenblick erscheint. Der Einschub lautet so:

> Als sie [d. h. Gebizo und Bertrade auf dem Ritt zum Teufel] ungefähr die Hälfte des Weges zurückgelegt, kamen sie zu einem Kirchlein, das Bertrade in früheren Tagen so nebenbei einst gebaut und der Mutter Gottes gewidmet hatte. Es war einem armen Meister zu Gefallen geschehen, welchem wegen seiner mürrischen und unlieblichen Person niemand etwas zu tun gab, so daß auch Gebizo, dem jeder mit gefälligem und ehrerbietigem Wesen nahen mußte, ihn nicht leiden mochte und bei allen seinen Werken leer ausgehen ließ. Heimlich hatte sie das Kirchlein bauen lassen, und der verachtete Meister hatte gleichsam als Feierabendarbeit zum Dank noch ein gar eigentümlich anmutiges Marienbild selbst gearbeitet und auf den Altar gestellt.[57]

Der erfolglose Meister, der niemandem schmeichelt, mürrisch ist und eine »unliebliche Person«, erinnert auffällig an Keller selbst, dessen Schroffheiten weitherum gefürchtet waren und der, mit imponierendem Haupt bei recht kurzen Beinen, eine mehr irritierende als einnehmende Erscheinung war. Und so wie jener Meister ein »gar eigentümlich anmutiges Marienbild« schafft, tut es ihm Keller selbst nach, indem er dieses Marienbild als Dichter zu ergreifendem Leben erweckt. Dass es dann im Gegenzug den »armen Meister« reich und den »verachteten« hochangesehen macht, konnte der Autor, als er das schrieb, noch nicht wissen. Wer aber an der Verachtung zweifelt, die Keller vor dem Erfolg von 1872 erleben musste, möge sein Porträt in Richard Wagners Autobiographie nachlesen.

Der Tatgehemmte – ein Männerporträt

In der Legende *Die Jungfrau und der Teufel* zerstört Gebizo sein Karriere- und Liebesglück durch maßlose Wohltäterei; in der anschließenden Legende *Die Jungfrau als Ritter* tut die Hauptfigur Zendelwald alles, um sein eigenes Karriere- und Liebesglück zu verhindern. Zwei Männer leben falsch. Sie verstoßen gegen das vorhandene Wissen vom richtigen Handeln zum richtigen Glück. Nur ist Gebizo überdies ein schlechter Mensch, und der junge Zendelwald ist herzlich gut. Daher hat die Jungfrau Maria allen Grund, den Schlechten an der bösesten denkbaren Tat, dem Verschachern der eigenen Frau, zu hindern, dem Guten aber zu ebendieser schönen Frau und damit auch zu Gebizos verwaistem Reichtum zu verhelfen. Die zielsichere Tatkraft, die der erfolgreiche Mann nach bürgerlicher Überzeugung für sein Karriereglück braucht, wird dem jungen Zendelwald also von höchster weiblicher Hand verliehen.

Keller bestätigt damit die offizielle Lehre, wonach jeder Mann seines eigenen Glückes Schmied sei, und sabotiert sie im gleichen Zug. Er bestätigt mit den zwei exemplarischen Männergeschichten das patriarchale Denken seiner Zeit und relativiert es wieder drastisch, indem er die weiblichen Mächte insgeheim die Strippen ziehen lässt und so die Überlegenheit des Männlichen grundsätzlich in Frage stellt. Diesen tief eingelagerten Paradoxien verdankt sich die Unberechenbarkeit seines Erzählens und die poetische Gewalt, die immer wieder in dieses einschießt.

Auf denselben Voraussetzungen beruht auch das hinreißende Männerporträt, in dem Zendelwald vorgestellt wird. Es ist eine der subtilsten Varianten des Hamlet-Modells, das für die deutsche Literatur ja wichtiger war als jedes andere Grundmuster aus der Weltliteratur. Auch Zendelwald ist ein »John-a-dreams«[58], wie Hamlet sich in seiner Selbstbeschimpfung am Ende des zweiten Aktes nennt, ein Tagträumer, der an seiner mangelnden Tatkraft leidet und sie doch wieder selbstquälerisch genießt. Die komplexe Psychologie dieser Diagnose widerspricht einmal mehr der traditionellen Simplizität einer Legende und zeigt einmal mehr, welche Wirkung Keller mit solchen Stilbrüchen erzielt. Dass in der genauen Mitte der Passage die Schlüsselbegriffe »etwas erreichen« und »Glück« fallen, macht deutlich, wie sehr es hier um einen Paradefall des zeitgenössischen Männerkonzeptes geht.

> Überdies war er träg in Handlungen und Worten. Wenn sein Geist und sein Herz sich eines Dinges bemächtigt hatten, was immer vollständig und mit Feuer geschah, so brachte es Zendelwald nicht über sich, den ersten Schritt zu einer Verwirklichung zu tun, da die Sache für ihn abgemacht schien, wenn er inwendig damit im reinen war. Obgleich er sich gern unterhielt, wo es nicht etwa galt, etwas zu erreichen, redete er doch nie ein Wort zur rechten Zeit, welches ihm Glück gebracht hätte. Aber nicht nur seinem Munde, auch seiner Hand waren seine Gedanken so voraus, daß er im Kampfe von seinen Feinden öfters beinahe besiegt wurde, weil er zögerte, den letzten Streich zu tun, den Gegner schon im voraus zu seinen Füßen sehend. Deshalb erregte seine Kampfweise auf allen Turnieren Verwunderung, indem er stets zuerst sich kaum rührte und nur in der größten Not mit einem tüchtigen Ruck obsiegte.[59]

Das könnte der Grundriss einer klassischen Komödienfigur sein, und man denkt sich leicht eine Reihe von komischen Szenen aus, in denen dieser Charakter in eine Patsche gerät und mit knapper Not wieder herausfindet. Tatsächlich ist die Legende ja auch, bei aller Kürze, eine glänzende Prosakomödie – nicht die einzige in dem schmalen Band. Dazu passt, dass der attraktive junge Mann mit der komplizierten Seele – ein »Schwieriger« wie Hans Karl in Hofmannsthals Stück – von gleich drei Frauen therapeutisch bearbeitet wird. Alle drei möchten ihm zu dem Glück verhelfen, dessen Schmied er eigentlich selbst sein sollte.

Die erste dieser Frauen ist seine Mutter, eine Täterin durchaus, Jägerin und im Waffengebrauch geschult, die aber das richtige Handeln genau spiegelverkehrt zu ihrem Sohn verpasst. In einem einzigen, atemlosen Satz lässt Gottfried Keller die langen Jahre ihres Lebens vor den lesenden Augen abschnurren: »In ihrer Jugend hatte sie so bald als möglich an den Mann zu kommen gesucht und mehrere Gelegenheiten so schnell und eifrig überhetzt, daß sie in der Eile gerade die schlechteste Wahl traf in der Person eines unbedachten und tollkühnen Gesellen, der sein Erbe durchjagte, einen frühzeitigen Tod fand und ihr nichts als ein langes Witwentum, Armut und einen Sohn hinterließ, der sich nicht rühren wollte, das Glück zu erhaschen.«[60] Deutsche Syntax als Ereignis. Gäbe es ein Lehrbuch zur Ästhetik der Prosa, dürfte dieser Satz darin seine Stelle finden.

Diese Frau will nun Zendelwald, ihren hauseigenen Hamlet, mit Drohen und Schimpfen zu seinem Glück zwingen, wobei ihr die zweite von den dreien zu Hilfe kommt. Es ist Bertrade, die inzwischen von der ganzen deutschen Ritterschaft umworben wird und bei einer zufälligen Begegnung ein Auge auf den unbeholfenen Zendelwald geworfen hat. Da sie die vielen Werber nicht länger abwehren kann, hat sie ein großes Turnier ausgeschrieben und ihre Hand dem Sieger versprochen. Weil die Jungfrau Maria ihr gegen den Teufel so zuverlässig geholfen hat, zweifelt sie nicht, dass diese dem richtigen Mann den Sieg zuhalten werde. Um aber gar kein Risiko einzugehen, schickt sie noch einen Boten aus, der Zendelwald und seiner Mutter im tiefen Wald, wo sie hausen, anonym und nebenbei vom angesagten Turnier berichten soll. Die Mutter, frauenerprobter als ihr Sohn, wittert sofort, wer hinter dem Boten steckt, und will, dass er auf der Stelle hinreite. Als dieser nur lacht über die absurde Idee, zieht sie vom Leder, dass auch der trotzigste Sohn kuschen würde:

> So höre denn! Meinen Fluch gebe ich Dir, wenn Du mir nicht gehorchst und Dich von Stund an auf den Weg machst, jenes Glück zu erwerben! Ohne dasselbe kehre nicht zurück, ich mag Dich dann nie wieder sehen! Oder wenn Du dennoch kommst, so nehme ich mein Schießzeug und gehe selbst fort, ein Grab zu suchen, wo ich von Deiner Dummheit unbelästigt bin![61]

Das tönt wie in einem Schwank und hat doch einen biblischen Nachhall. Zendelwald macht sich also mit Ross und Waffen auf den Weg. Und jetzt geschieht genau das, was im Porträt beschrieben wurde. Er stellt sich auf dem tagelangen Ritt alle Abenteuer vor, die ihm bevorstehen, haargenau und farbensatt, wie er kämpfen wird und siegen und wie er anschließend mit der lieblichen Bertrade zärtliche Gespräche führt und dabei so wirkungsvolle Worte findet, dass sie ihn immer verliebter anstrahlt – »alles dies in seinen Gedanken«.[62]

Die Phantasien gefallen ihm tatsächlich über die Maßen. Plötzlich aber erblickt er in der Ferne das Schloss und erschrickt. Die mütterliche Injektion von Tatkraft ist bereits verbraucht. Er schaut verzagt herum und bemerkt ein »zierliches Kirchlein«. Es ist, wie angekündigt, dasselbe, in dem Bertrade einst so tief und vorteilhaft geschlafen hat. Davon weiß Zendelwald nichts, hat aber ebenfalls das Bedürfnis nach einem Moment der stillen Betrachtung respektive des Kneifens vor der kühnen Tat. Und jetzt greift endlich auch die dritte Frau ein, die Jungfrau Maria. Als auch der Ritter an dem besinnlichen Ort einschläft, steigt sie wieder vom Altar, nimmt seine Gestalt und Rüstung an, schwingt sich auf sein Ross, reitet zum Turnier, besiegt souverän die zwei Rivalen, die eben den Schlusskampf austragen wollen, geht zu Bertrade hin, die dem vermeintlichen Zendelwald entgegenstrahlt, und beginnt mit ihr ein von Liebe knisterndes Gespräch. Alle finden den Ritter großartig, hätten es ihm aber nie zugetraut.

Der kostbare Moment als Herausforderung des Erzählers

Worauf der kostbare Moment folgt, der Kuss. Keller inszeniert ihn mit höchster Umsicht. Es sind ja drei Personen, die zu gleichen Teilen daran beteiligt sind, obwohl der Vorgang seiner Natur nach auf zwei Personen beschränkt ist. Das Ereignis wird daher zweimal erzählt, einmal als die Verstellungs- und Verführungsaktion der Jungfrau, das zweite Mal als die Beobachtung Zendelwalds, der aus der Ferne entgeistert sieht, wie er selbst die errötende Braut küsst. Maria ist ja wie in einer Poe- oder Hoffmann-Novelle sein perfekter Doppelgänger. Eine zusätzliche Schwierigkeit ergibt sich aus dem latenten Skandalon: Die Gottesmutter Maria küsst eine Frau auf verführerische Weise. Das ist anstößig einerseits für das Empfinden frommer Seelen, andererseits für die damalige Öffentlichkeit wegen der homoerotischen Implikationen. Keller will aber die vitale Sinnlichkeit unter keinen Umständen verschleiern. Das gehört zur diesseitigen Erdung, die er der jenseitssüchtigen Legendenform verpasst. Er betont daher mehrfach die erotische Dimension der Begegnung zwischen Maria (als Zendelwald) und Bertrade, verschleiert sie aber wieder dadurch, dass er das komödiantische Element der Verkleidungsintrige ausspielt. Und im Erzählerkommentar gibt er sich harmloser, als das Erzählte tatsächlich ist.

Als die Jungfrau nach ihrem Doppelsieg im Turnier, der ein burleskes Kunstwerk für sich ist, vom Kampfplatz zu Bertrade hochsteigt, grüßt sie die wartende Schöne »mit einem Blicke, dessen Wirkung auf ein Frauenherz sie wohl kannte«[63], und benimmt sich »als Liebhaber wie als Ritter« so, dass Bertrade ohne Zögern zu ihrem Versprechen steht, den Sieger des Tages zum Mann zu nehmen.

Im hochgelegenen Lindengarten richtet der Kaiser, der zu dem Spektakel eigens angereist ist, ein Bankett aus. Und nun wechselt der Erzähler auch grammatisch das Geschlecht der Jungfrau und spricht von diesem Zendelwald als »er«:

> […] dieser ließ seiner Braut nicht viel Zeit mit andern zu sprechen, so geschickt und zärtlich unterhielt er sie. Er sagte ihr augenscheinlich die feinsten Dinge, da sie einmal um das andere glückselig errötete.

Und darauf folgt ein Satz, der rasch berühmt und oft zitiert wurde, so zauberisch fängt er das irdische Glück ein:

> Heitere Wonne verbreitete sich über alle; in den grünen Laubgewölben in der Höhe sangen die Vögel um die Wette mit den Musikinstrumenten, ein Schmetterling setzte sich auf die goldene Krone des Kaisers, und die Weinpokale dufteten wie durch einen besonderen Segen gleich Veilchen und Reseda.[64]

Von höchstem Raffinement aber ist, wie Keller nun den Kuss selbst motiviert. Bertrade, die das allgemeine Glück am tiefsten erlebt, ist so bewegt, dass sie »in ihrem Herzen ihrer göttlichen Beschützerin gedachte und derselben ein heißes, stilles Dankgebet abstattete«. Das ist so ergreifend wie komisch, dankt sie doch der Gottesmutter für den prächtigen Mann, in dessen Gestalt diese selbst bei ihr sitzt und auch noch zärtlich ihre Hand hält. Hier geschieht ein Einklang von himmlischer und irdischer Liebe, diesen so oft in scharfen Gegensatz gestellten Mächten, wie er selten zu literarischer Gestalt gefunden hat. Die Jungfrau als Ritter aber kann nicht anders, als Bertrade dafür zu küssen:

> Die Jungfrau Maria [...] las dies Gebet in ihrem Herzen und war so erfreut über die fromme Dankbarkeit ihres Schützlings, daß sie Bertraden zärtlich umfing und einen Kuß auf ihre Lippen drückte, der begreiflicher Weise das holde Weib mit himmlischer Seligkeit erfüllte.[65]

Das ist wunderbar doppeldeutig, spiegelt einerseits eine geistliche Bewegtheit vor und macht doch klar, dass es hier um die körperliche Freude geht, die zwei Menschen aneinander haben.

Über den Nebensatz, den Keller hier noch angehängt hat, könnte man sich streiten. Er wird der Komplexität der Szene nicht gerecht, will vielmehr ebendiese Komplexität mit einem gar gutmütigen Humor verdecken: »[...] denn wenn die Himmlischen einmal Zuckerzeug backen, gerät es zur Süße.« Mit diesem Schlenker spielt Keller, der radikale Künstler, wieder den Volkserzähler, der er, genau besehen, überhaupt nie ist, vielleicht aber sogar vor sich selbst zu sein vorgeben muss, um sein leidenschaftlichstes Tun demokratisch zu rechtfertigen.

Schwierige Rückverwandlung eines Doppelgängers

Nun stellt sich ihm aber noch eine besonders heikle Aufgabe. Die himmlische Schauspielerin muss wieder gegen den wirklichen Zendelwald ausgewechselt werden, und zwar so, dass niemand bloßgestellt wird und alles wie die selbstverständlichste Sache von der Welt erscheint.

Dass das hinreichende Motivieren der Schlüsselereignisse nicht nur für die Dramatiker, sondern auch für die Novellisten und Romanciers zum Schwierigsten gehört, wird im öffentlichen Reden über die Literatur nur selten bedacht. Entsprechende Fehler bleiben in der Kritik meistens unerwähnt. Sie führen aber stets zu einem Unbehagen beim Lesen, was sich zuletzt doch auf das Gesamturteil auswirkt.

Keller muss auf plausible Weise zeigen, wie der echte Zendelwald wieder an die Stelle des gespielten tritt, ohne dass sich Bertrade als Düpierte vorkommt und – vor allem – ohne dass sie sich später nach jenem Mann zurücksehnt, der sie so kunstreich umworben und geküsst hat. Dieses Problem ist literarisch aus Kleists *Amphitryon* bekannt, wo Alkmene am Schluss zwischen ihrem Ehemann und Jupiter steht, dem Gott, der in der Gestalt dieses Gatten mit ihr geschlafen und ein Kind gezeugt hat.

Keller muss also den Männerwechsel so bewerkstelligen, dass Bertrade, als sie die Wahrheit erfährt, die vollumfängliche Gleichwertigkeit des naturwüchsigen Zendelwald mit dem von der Jungfrau gespielten bereits überzeugend erlebt hat. Zwar könnte man sagen, in einer Welt, in der laufend Wunder geschehen, könne auch dies kurzerhand durch ein Wunder abgetan werden. Dem ist aber nicht so. Das ästhetische Gebot der ausreichenden Motivierung gilt auch in Legenden und Zaubermärchen. Deshalb lohnt es sich, genau zu betrachten, wie Zendelwald die Rolle zurückgewinnt, die die Jungfrau eine Zeitlang für ihn gespielt hat.

Nach seinem Erwachen in der Kapelle ist der junge Mann in jenen tiefen Gram verfallen, den alle Versager bei Keller als die spezifische Hölle in der Welt des Autors erleben. Er weiß, dass er zum Kampf zu spät kommt, und möchte nur die verpasste Braut, das verpasste Lebensglück noch einmal von weitem sehen, »damit er stets wüßte, was er verscherzt habe«.[66] Zu sehen bekommt er aber sich selbst, seine leibhaftige Verdopplung, und zwar »Haupt an Haupt« mit der ersehnten Frau! Und mehr noch, er sieht sogar sich selbst diese Frau »umfangen und küssen«.[67] Das ist der singuläre Kuss in zweiter Ansicht.

Jetzt handelt Zendelwald tatsächlich, handelt wie in Trance, geht geradeaus durch alles Volk hindurch und hinauf zum Kaiser und zum Paar und tritt ganz nah hinter die beiden, »von seltsamer Eifersucht gepeinigt«.[68] Und was jetzt? Das jetzt:

> In demselben Augenblicke war sein Ebenbild von Bertrades Seite verschwunden, und diese sah sich erschrocken nach ihm um. Als sie aber Zendelwald hinter sich sah, lachte sie voll Freude und sagte: Wo willst du hin? Komm, bleibe fein bei mir! Und sie ergriff seine Hand und zog ihn an ihre Seite.[69]

Alles gut also? Keineswegs. Denn jetzt könnte für beide die Welt untergehen wie für Kleists Alkmene, die im Moment der Wahrheit ihre Sprache verliert. Beim ersten Wort, das die beiden wechseln, muss sich die Seligkeit Bertrades in einen grauen Wirrwarr verwandeln. Dann erfährt sie nämlich, dass sie nicht den geküsst hat, der jetzt da ist. Einander verliebt anschauen könnten die beiden wohl, aber reden? Nachdem die Jungfrau als Mann so betörend geflüstert hat?

Das ist das Motivationsproblem, vor dem der Erzähler steht,

als Bertrade ahnungslos weiterplaudern will. Er löst es mit einem Scharfsinn, der aufdeckt, welche planerische Arbeit in dem äußerlich kleinen Werk steckt:

> Allein Zendelwald wußte nicht, wie ihm geschah, als Bertrade ihm wohlbekannte Worte sprach, auf welche er einige Male, ohne sich zu besinnen, Worte erwiderte, die er auch schon irgendwo gesprochen hatte; ja, nach einiger Zeit merkte er, daß sein Vorgänger genau das nämliche Gespräch mit ihr geführt haben mußte, welches er während der Reisetage phantasierend ausgedacht hatte, und welches er jetzt bedächtig fortsetzte, um zu sehen, welches Ende das Spiel eigentlich nehmen wolle.[70]

Gewiss ist auch das ein Wunder. Aber ein Wunder, welches so vertrackte Motivierungsprobleme löst, will zuerst einmal von einem erfahrenen Erzähler erfunden sein. Die Jungfrau als Ritter hat also nicht nur Zendelwalds Gestalt und Rüstung übernommen, sondern auch seine ganze Tagträumerei, in der er sich die Begegnung mit Bertrade vorstellte. Alle die kosenden Worte, die diese von der Jungfrau gehört hat, stammten demnach von Zendelwald, und wenn diese Worte die schöne Frau verführt haben, dann war eben auch schon Zendelwald der Verführer. Nur der Kuss kam von der Jungfrau ganz allein. Deshalb steht für den Erzähler auch da noch eine Rechnung offen.

Für Bertrade kann es keine Enttäuschung mehr geben, als schließlich im Verlaufe des Gesprächs die volle Wahrheit an den Tag kommt, im Gegenteil:

> Jetzt erst [...] durfte sie den wackern Ritter keck als eine Himmelsgabe betrachten, und sie war dankbar genug, das handfeste Geschenk recht ans Herz zu drücken und demselben den süßen Kuß vollwichtig zurückzugeben, den sie vom Himmel selbst empfangen.[71]

Da ist er wieder, dieser Kuss, zum dritten Mal, ein anderer scheinbar und doch immer noch der gleiche. Maria hat Bertrade als Zendelwald geküsst, Zendelwald hat zugeschaut, und jetzt, als alles klargeworden ist, vollendet Bertrade aus freier Liebe diesen Kuss zu einem einzigen Ereignis. Die Tätigkeit der himmlischen Jungfrau ist damit nicht etwa daraus entfernt. Vielmehr sind Himmel und Erde hierdurch eins geworden, und Gottfried Kellers weltliche Theologie hat ihre Erfüllung gefunden. So hat er es schon im *Grünen Heinrich* ausgesprochen, an einer legendären Stelle, die er auch in der zweiten Fassung nicht verändert hat: »Denn Gott ist nicht geistlich, sondern ein weltlicher Geist, weil er die Welt ist und die Welt in ihm; Gott strahlt von Weltlichkeit.«[72]

Die letzte Crux: Die Mannwerdung des Träumers

Da dieser Autor aber in einer bürgerlichen Republik lebt – die sogar längere Zeit die einzige Republik auf europäischem Boden war –, ist er von seinen Zeitgenossen und Mitbürgern nicht als Theologe gefragt, sondern als Lehrmeister, dessen Bücher man jungen Leuten zur sittlichen Schulung und Stärkung in die Hand geben kann. Dafür genügt nun der Kuss nicht, in den Zendelwald endlich »vollwichtig«, wie es heißt, eingebunden wird. Vielmehr muss zuhanden der Leserinnen und Leser, die selbst ein tüchtiges Leben führen sollen, noch abgeklärt werden, wie es mit dem zwar sympathischen, aber tatgehemmten, dafür in Tagträumen überaus produktiven Zendelwald in Sachen Lebenspraxis weitergeht. Drei Frauen haben sich an seinem Charakter abgearbeitet und den jungen Mann zuletzt erfolgreich in ein wohlbestalltes Ehebett gebracht. Aber ist er damit auch das geworden, was man in der Epoche des selbstbewussten Bürgertums unter einem richtigen Mann versteht, einem Selbstverfertiger und zielsicheren Schmied seines Lebensglücks? Keller weiß, dass er diese Frage beantworten muss. Und nachdem man seine frappante Meisterschaft im Motivieren komplizierter Handlungsabläufe betrachtet und gefeiert hat, muss man bekennen, dass er genau hier, in dieser Schicksalsfrage bürgerlicher Moral, mit einem ebenso skandalösen wie fröhlichen Verstoß gegen das Gesetz der hinlänglichen Motivierung aufwartet. Gleich nach dem endgültigen Zusammenfinden des Liebespaars erklärt er nämlich kurzerhand:

> Von jetzt an verließ aber den Ritter Zendelwald alle seine Trägheit und träumerische Unentschlossenheit; er tat und redete alles zur rechten Zeit, vor der zärtlichen Bertrade sowohl, als vor der übrigen Welt, und wurde ein ganzer Mann im Reiche, so daß der Kaiser ebenso zufrieden mit ihm war, als seine Gemahlin.[73]

Das ist so krass, dass es wieder kunstreich ist. Keller demonstriert im Finale seine poetische Autonomie und ironisiert zugleich den obligaten guten Ausgang der bürgerlichen Coming-of-Age-Geschichten. Man könnte natürlich sagen, da habe die Jungfrau eben ein letztes Wunder gewirkt, und es wäre dem Erzähler auch ein Leichtes, diese Annahme mit einem entsprechenden Wink zu untermauern. Aber er will diese Motivierungslücke. Mit ihr führt er aller Welt vor Augen, dass die Wunderkraft eines Poeten an jene der Himmelsbewohner heranreicht, und macht zum Schluss die ritterliche Jungfrau zu seiner Kollegin.

V

EIN GOTTESNARR DER MUSIK

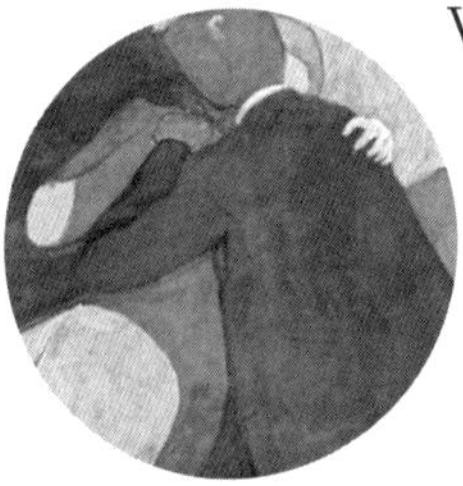

Vom volkstümlichen Reden über Glück und Unglück

Es ist seit ältesten Zeiten das Geschäft der Dichter, die Glücklichen ins Unglück zu stürzen und die Unglücklichen ins Glück zu heben. Oft geschieht dies im gleichen Werk sogar mehrmals nacheinander. Dass die Leserinnen und Leser den Weg einer sympathischen Person aus dem Jammer in die Seligkeit gerne verfolgen, leuchtet ein. Warum man aber auch den Weg aus dem Licht in die Finsternis mit gleicher Leselust begleitet, ist schwieriger zu erklären. Es sind daher, seit es Tragödien gibt (oder doch fast so lange), auch Tragödientheorien geschrieben worden, die diese Frage zu beantworten suchen. Das Problem ist dabei nur, dass uns diese Erklärungen vor neue Schwierigkeiten gleichen Ausmaßes stellen, was sich am nie endenden Disput über den aristotelischen Begriff der Katharsis ablesen lässt.

Zu den Schwierigkeiten und Vorzügen der Literatur gehört überdies, dass sie jederzeit in Kontakt steht sowohl mit dem Wissen der Wissenschaften als auch mit dem volkstümlichen Denken. Die wissenschaftlichen Erkenntnisse einer Epoche fließen auf bald diskrete, bald demonstrative Weise in die Literatur ein, aber ohne den Kontakt zum volkstümlichen Denken kann die Literatur doch nie jene Wirkung gewinnen, die sie von Natur aus anstrebt und von der ihre Nützlichkeit wie auch ihr Vergnügungspotential abhängen. So gibt es im volkstümlichen Reden über das Glück in allen Sprachen zwei gegensätzliche Begriffe, welche die Chancen der Menschen dem ersehnten Zustand gegenüber festhalten. Im Deutschen sind es *der Glückspilz* und *der Pechvogel.* Die Anschaulichkeit und der sinnliche Klang dieser Wörter bezeugen nicht nur ihre Beliebtheit, sondern auch ihren praktischen Nutzen im Umgang mit der schicksalhaften Polarität. Beide Begriffe haben überdies einen humoristischen Einschlag, was angesichts des gewaltigen Gewichts, das Glück und Unglück für die Menschen haben, überraschen mag. Es spiegelt sich darin aber der uralte Fatalismus der Menschheit gegenüber dem schlechthin Ersehnten und dem schlechthin Gefürchteten. Weder das Erreichen des Glücks noch das Verhindern des Unglücks kann mit Sicherheit geplant und verwirklicht werden. Bald scheinen sie vom Zufall abzuhängen, bald wieder von höheren Mächten. Man setzt, um auf sie einzuwirken, magische Mittel ein, einmal fromme, dann wieder abergläubische, und kaum einer wird sich, wenn er ehrlich ist, von einschlägigen Praktiken ganz frei erklären. Der humoristische Einschlag der zwei Begriffe gehört also in den Bereich des Galgenhumors – ein Wort, das selbst wieder die beschriebene Färbung aufweist.

Die Pechvögel sind die interessantere Spezies als die Glückspilze. Dies nicht zuletzt deshalb, weil der Verdacht nie ganz auszurotten ist, die Pechvögel seien an ihrem Schicksal auf irgendeine Weise selber schuld. So können etwa die Glückspilze in die konträre Gruppe hinüberwechseln, indem sie sich ihres Glücks zu sicher sind und lautstark damit prahlen. Der Ausruf »Gestehe, dass ich glücklich bin!« in Schillers Ballade *Der Ring des Polykrates* steht für eine solche Selbstüberhebung, die dann auch umgehend auf das schlimmste bestraft wird. Was als zwingender Vorgang allerdings der blanke Aberglaube ist. Es gibt genügend laute Prahler, die bis zu ihrem Tod in Saus und Braus leben. Dennoch geraten viele Leute in Angst, wenn ihnen ein großes Glück zustößt. Die Psychologen sprechen in solchen Fällen vom Polykrates-Syndrom.

Im volkstümlichen Umgang mit Glückspilzen und Pechvögeln wirken jahrhundertealte Lebenserfahrungen, Schicksalsglaube und Wunschdenken ineinander. Wenn im Märchen der jüngste Sohn, der Dümmling hinter dem Ofen, regelmäßig die reiche Braut gewinnt, während die gescheiten Brüder leer ausgehen, steckt dahinter die Macht unserer Wünsche. Diese generiert viele kurzweilige Geschichten, führt aber höchst selten zu reichen Bräuten.

Die Weisheit des Toren: Das christliche Paradox

Dass der Dumme dem Klugen überlegen sei, ist indessen nicht nur ein gutmütiges Erzählschema aus den Kinderstuben, es ist auch ein theologisches Konzept von eminentem Gewicht. Im frühsten Christentum wird es mit Nachhall installiert: »Ich preise dich, Vater, Herr des Himmels und der Erde, dass du dies vor Weisen und Klugen verborgen, es Einfältigen aber offenbart hast.« So Jesus selbst nach Matthäus 11,25.[74] Und der

Apostel Paulus macht daraus im ersten Korintherbrief das berühmte Axiom: »Die Weisheit dieser Welt ist Torheit vor Gott.« Was begleitet wird von der lebenspraktischen Anweisung: »Meint einer unter euch, weise zu sein in dieser Weltzeit, so werde er töricht, um weise zu werden.«[75] Das ist das zentrale christliche Paradox, das sich zuerst wohl gegen die griechische Philosophie richtete. Verdeutlicht wird es durch die Gleichsetzung der Einfältigen mit den Kindern. Die Kinder besitzen von Natur aus die gegensätzliche Beschaffenheit zu den Gescheiten. Sie sind daher das, was die weltklugen Erwachsenen wieder lernen sollten: »Wenn ihr nicht umkehrt und werdet wie die Kinder, werdet ihr nicht ins Himmelreich hineinkommen.«[76]

Wenn man das generalisiert und von der spezifisch christlichen Theologie abrückt, gewinnen wir das Grundmodell einer Gegennorm zum Wertesystem jeder bestehenden Gesellschaft. Dieses Modell kann sich ganz unterschiedlich verwirklichen. Ein Beispiel wäre das, was heute als alternative Lebensform bezeichnet und in bunten Varianten gelebt wird. Dabei konfrontiert man die technische Zivilisation, die so viele naturbedingte Zwänge, Gefahren und Krankheiten eliminiert und also über die Natur triumphiert hat, mit der Gestalt eines Lebens, das sich ganz nach den ursprünglichen Gesetzen und Prozessen der Natur richten will. Nicht in der Herrschaft über die Natur soll das Heil liegen, sondern in der Unterwerfung unter sie. Diese gläubige Unterwerfung steht in einer strukturellen Parallele zum »Werden wie die Kinder« in einer von der erwachsenen Rationalität bestimmten Gesellschaft. Dazu muss allerdings die tatsächliche Beschaffenheit der Natur als eines Universums des Fressens und Gefressenwerdens, des unabsehbaren Tötens, ausgeblendet werden. Es ist also ein Glaubensakt. Die magische Heilkraft, die von vielen Leuten allem zugesprochen wird, was »natürlich« ist oder sein soll, belegt die Existenz einer namenlosen Religion, die sich noch nicht als neue Glaubensgemeinschaft erkennt.

Die Klugen sind die Toren, und die Einfältigen sind die Weisen. Das Denkmuster erscheint in divergierenden Zusammenhängen. Stets aber ist es ein Symptom des Zweifels an der Gültigkeit des jeweils regierenden Denkens. Dieser Zweifel kann nicht zuletzt die Parolen der Aufklärung und ihrer Lebenspraxis betreffen. Der Mensch als liberaler Bürger, der es, nach Kants berühmter Formel, wagt, sich seines eigenen Verstandes zu bedienen, und, nach der ebenso berühmten Wendung aus der amerikanischen Unabhängigkeitserklärung, in Ausübung der Grundrechte *Life, Liberty and the pursuit of Happiness* sein Leben selbstverantwortlich führt, der sein Glück mit eigenen Händen schmiedet und es kraft seiner Intelligenz und Tatkraft »zu etwas bringt«, wie man mit sanftem Understatement zu sagen pflegt – für diesen Menschen ist der beschränkte Kopf das Ärgernis schlechthin. Die Dummen müssen aus der Welt des aufgeklärten Bürgers nach Möglichkeit weggerückt werden. Kindlichkeit bleibt auf das erste Lebensjahrzehnt begrenzt. Schon im zweiten kann sie nur noch als abschreckendes Beispiel dienen.

Damit wächst der Einfalt aber auch ein oppositionelles Potential zu, und es ist die Literatur, die das als erste erkennt. Sie kämpft im Dienst der Aufklärung gegen den Dummkopf und entdeckt dabei eines Tages dessen Doppelwertigkeit. Das christliche Paradox von der Weisheit der Einfältigen kann dabei wie eine ferne Erinnerung aufscheinen, es wird aber nicht selten wohlüberlegt eingesetzt. Dann ist der Narr das warnende Zeichen an der Wand.

Der Beschränkte als Zeichen an der Wand

Der Narr – allein schon dieses Wort macht bewusst, dass es hier auch ein Sprachproblem gibt. Innerhalb der aufgeklärten Gesellschaft, die den intelligenten und tatkräftigen Menschen als Norm und daher auch als Ziel der Erziehung versteht, finden sich viele Begriffe für jene, die diesem Anspruch nicht genügen, vom Dummkopf über den Idioten bis zum Trottel. Da gibt es noch kein Sprachproblem, eher einen terminologischen Überschuss. Dies hängt auch damit zusammen, dass wir die Leute, über die wir uns ärgern, mit Vorliebe der geistigen Beschränktheit bezichtigen. Auch die eigene Person gerät da oft genug in unser Zielfeld. Erstaunlich viele Schimpfwörter operieren mit dieser Bedeutung. Der Grund liegt darin, dass ich meinen Gegner, indem ich ihn zum Idioten erkläre, aus der Gemeinschaft der Vernünftigen ausgrenze. Das ist in der Tendenz eine soziale Vernichtung, die schwerste Beschädigung, die ich einem Menschen beibringen kann, ohne seine körperliche Integrität angreifen zu müssen. Die blühende Vielfalt der Wörter, die einen männlichen oder weiblichen Dummkopf bezeichnen – wobei auch Tiere wie der Esel und die Gans aufgeboten werden –, ist ein Spiegel der unabsehbaren Mikroaggressivität im Zusammenleben der Menschen.

Wirklich schwierig werden die Bezeichnungen für einen Menschen von intellektuellem Defizit erst dann, wenn dieser zum kritischen Gegenbild der geltenden Normalität wird. Es gibt im Deutschen kein Wort, welches diese Beschaffenheit unmittelbar ausdrücken würde. Das zeigt sich in der Literatur. Wenn ein Autor eine solche Gestalt schon im Titel benennen will, muss er trotzig das Schimpfwort setzen, im Wissen oder in der Hoffnung, die Umdeutung werde beim Lesen des Werks spontan geschehen. Der berühmteste Fall hierfür ist *Der Idiot* von Dostojewski.

Dass in diesem Fall ein russischer Erzähler zuerst genannt wird, ist kein Zufall. Der Dummkopf als polemischer Kontrast zu den Werten der als spezifisch westlich, also nichtrussisch, verstandenen, säkularisierten Gesellschaft ist nicht nur eine wiederkehrende Figur der russischen Literatur des 19. Jahrhunderts, er ist auch in den meisten Fällen verknüpft mit der religiösen Tradition der sogenannten Gottesnarren, auch Narren in Christo genannt. Diese ist historisch bezeugt. Noch von Tolstoi wird berichtet, dass er sich kurz vor seinem Tod entschlossen habe, den Rest seines Lebens als Gottesnarr zu verbringen, nach dem Vorbild jener vielen religiös entflammten Verrückten, Halbverrückten, Betrüger oder ernsthaft diese Rolle spielenden Frommen, die es in Russland bis in seine eigene Lebenszeit gab. In der Autobiographie schildert er eindringlich seine frühe Beobachtung eines pittoresken Falls.[77]

Eine Parallele zum Gottesnarren ist der Schlemihl aus der jüdischen Erzähltradition. Auch er kann Züge des Narren tragen, ist aber vor allem der ewige Pechvogel. Adelbert von Chamisso hat den Schlemihl in seiner berühmten Erzählung *Peter Schlemihls wundersame Geschichte* vom jüdischen Hintergrund gelöst. Die Informationen über die archetypische Figur hatte er aber von seinem Berliner Freund und Verleger Hitzig erhalten, einem emanzipierten Juden der ersten Generation. Heinrich Heine, der mit beiden bekannt war, hat sich bei ihnen über Gestalt und Geschichte Schlemihls und der Schlemihle informiert. Er beschreibt die Recherche in seinem späten Gedichtband *Romanzero*, in der Nummer IV des Erzählgedichts *Jehuda ben Halevy*. Danach geht der Name auf eine apokryphe Figur aus dem Alten Testament zurück. Dieser erste Schlemihl wurde schuldlos vom Speer getroffen, mit dem ein Wütender seinen Feind töten wollte. So entstand die Bezeichnung für die chronischen Pechvögel. Eine Geschichte wie *Gimpel the Fool* (Gimpel der Narr) von Isaac Bashevis Singer, ein winziger Klassiker des 20. Jahrhunderts, zeigt, wie sich diese Pechvogel-Tradition mit jener der russischen Gottesnarren überblenden kann. Gimpel ist ein manifester Dummkopf und zugleich ein ergreifend gläubiger Mensch; in beidem wird er den normalen Leuten, die sich über ihn lustig machen, demonstrativ entgegengestellt.[78]

Die Literatur bringt aber nicht nur in Russland und in den jüdischen Schtetln den Typus des Armen im Geiste als symbolische Leitfigur hervor; auch im westlichen Erzählen taucht er auf, und zwar bei Autoren von epochalem Rang. Allerdings ist in diesen Fällen die Distanz zu den religiösen Traditionen so groß, dass man nicht ohne weiteres auf den Vergleich mit den Schlemihlen und Gottesnarren kommt. Zu erwähnen sind hier vor allem die Erzählungen *Bartleby* von Herman Melville und *Der arme Spielmann* von Franz Grillparzer. Auch das Gedicht *Die beschränkte Frau* von Annette von Droste-Hülshoff gehört in diesen Zusammenhang.

Grillparzers Spielmann und Melvilles Bartleby

In Grillparzers Geschichte kommt es zu einem der seltsamsten singulären Küsse der deutschen Literatur. Sie zeigt den Beschränkten, der in gewisser Weise durchaus ein Narr ist (obwohl man vor dem Wort zurückschreckt, so ergreifend ist dieser Mann), als Liebenden. Aber auch in dieser Verfassung verfolgt ihn das chronische Unglück. Dennoch verschafft ihm der einzige Kuss, so merkwürdig er immer ist, einen absoluten Moment der Seligkeit. Noch Jahrzehnte später ist dieser Tag für ihn »der Glückstag meines Lebens«.[79]

Zu Grillparzers Spielmann wie zu Melvilles Bartleby sagt man Narr und nimmt das Wort zurück, sagt Dummkopf und nimmt das Wort zurück, sagt Verrückter und nimmt das Wort zurück, sagt Randständiger, Außenseiter, Asozialer und nimmt alle Wörter zurück. Keines trifft wirklich zu, aber zu sagen, dass diese Wörter auf diese Gestalten nicht zutreffen, scheint zuletzt der einzige Weg zu deren näherer Bestimmung zu sein. Das zeigt sich in den beiden Erzählungen auch darin, dass solche Bezeichnungen aus dem Munde von Leuten, die mit den Betreffenden zu tun haben, reichlich fallen, der Erzähler selbst aber sich von diesem Reden jeweils klar distanziert. Es sind die ihrerseits Unverständigen, die so reden.

Damit ist ein erzähltechnisches Verfahren beschrieben, das charakteristisch ist für Geschichten, in denen der Beschränkte als exemplarische Gegenfigur zu den regierenden Normen erscheint. Nicht nur Wörter zu finden für diese Art Helden ist also schwierig, sondern das Erzählen von ihnen selbst scheint an die Autoren ungewöhnlich hohe Anforderungen zu stellen.

Melville wie Grillparzer treffen umständliche Maßnahmen, um von Bartleby und Jakob – so heißt der Spielmann – überhaupt berichten zu können. Sie müssen als Autoren die Erzählerfigur innerhalb der Geschichte zuerst langsam aufbauen. Dieser Erzähler ist in beiden Fällen der Einzige, der die Hauptfigur in ihrer wahren Beschaffenheit wenigstens annähernd versteht. Er nimmt deren Verrücktheit als eine schwierige Aufgabe wahr, nicht als etwas, wofür es ein paar landläufige Gassenwörter gibt. Beide Erzähler, und das ist das wahrhaft Aufregende dieser Texte, begegnen ihren Helden in einer nahezu wissenschaftlichen Haltung. Sie studieren sie mit dem Blick von Forschern, wobei das Resultat bei Melville nicht in einer klaren Formulierung besteht, sondern in einem enigmatischen Ausruf ganz am Schluss, dem berühmten: »Ah, Bartleby! Ah, humanity!«[80]

Bei Grillparzer wiederum, wo der Autor selbst als Erzähler auftritt, besteht das Resultat einerseits aus den Schilderungen dieses Erzählers über seine Expeditionen in die Wiener Vorstädte, andererseits aus dem langen Lebensbericht des Spielmanns, den der Erzähler aufzeichnet. Grillparzer stellt sich selbst gleich zu Beginn als leidenschaftlichen Menschenforscher vor. Er spricht von seinem »anthropologischen Heißhunger«[81], der ihn jedes Jahr zwinge, sich unter die Menschenmassen der Wiener Volksfeste zu mischen, und der ihn nun auch dazu drängt, dem seltsamen Spielmann nach der ersten zufälligen Begegnung auf den Fersen zu bleiben.

Dieser erzählerische Aufwand um zwei Figuren, von denen man denken könnte, sie ließen sich auch in einer Anekdote von zwanzig Zeilen abhandeln, beseitigt jede Möglichkeit, sie auf einen bekannten Typus von Randständigkeit zu reduzieren. Beide sind sie je ein singuläres Ereignis, nicht gänzlich zu ergründen, und als solches eine Mahnung gegenüber den kollektiven Überzeugungen ihrer – und auch unserer – Zeit. Dass es gut und gerne hundert Jahre ging, bis *Bartleby* in seiner Brisanz weltweit erkannt wurde, zeigt, wie die jeweilige Gegenwart mit solchen Warnungen umzugehen pflegt. Und der *Arme Spielmann* wäre wohl noch lange als ein Stück gutmütiges Biedermeier gehandelt worden, hätte sich nicht Franz Kafka mit diesem Text in unheimlicher Weise identifiziert.

Kafka rezitiert den *Armen Spielmann*

Kafka schenkte diese Erzählung regelmäßig den Frauen, zu denen er in Beziehung trat, Grete Bloch ebenso wie Milena Jesenská, und studierte deren Reaktion darauf, weil er aus dieser wiederum auf das Verhältnis der Frauen zu ihm selbst schließen wollte. Auch las er den *Spielmann* vor, öffentlich und privat. An Grete Bloch schreibt er am 15. März 1914 von einer solchen Lesung; man kann daraus auf das Ausmaß seiner Identifizierung mit dem Text, dem Autor und der Titelfigur schließen:

> Der »arme Spielmann« ist schön, nicht wahr? Ich erinnere mich, ihn einmal meiner jüngsten Schwester vorgelesen zu haben, wie ich niemals etwas vorgelesen habe. Ich war so davon ausgefüllt, daß für keinen Irrtum der Betonung, des Atems, des Klangs, des Mitgefühls, des Verständnisses Platz in mir gewesen wäre, es brach wirklich mit einer

unmenschlichen Selbstverständlichkeit aus mir hervor, ich war über jedes Wort glücklich, das ich aussprach.[82]

Die Aussage, dass »kein Irrtum der Betonung, des Atems, des Klangs« vorgekommen sei, betrifft die künstlerische Leistung des Vortrags. Das mag überraschen, aber Kafka fasste sein Vorlesen durchaus als Kunst auf und sich selbst in dessen Vollzug als Künstler im Rampenlicht. Dass er diese Rolle suchte und genoss, mit durchaus triumphalen Gefühlen, deckt sich nicht mit dem zirkulierenden Kafka-Bild. Dieses ist aber ohnehin einseitig; es leitet sich nicht von Kafka selbst ab, sondern von seinen Figuren, in denen man den Autor zu erkennen glaubt. Dass zum wahren Kafka das ekstatische Glücksgefühl beim Schreiben gehörte, ein Zustand höchster Erfüllung, für den er alles andere hinzugeben bereit war, jederzeit, hat im zirkulierenden Kafka-Bild keinen Platz. Sie schreiben eben nicht, seine bedrängten kleinen Angestellten und möblierten Herren – woraus man eigentlich die Differenz zum Verfasser ohne weiteres ablesen könnte. Und sie treten auch nicht als Rezitatoren auf, während Kafka seine eigenen Auftritte im Brief an Felice vom 4./5. Dezember 1912 so darstellt:

> Liebste, ich lese nämlich höllisch gerne vor, in vorbereitete und aufmerksame Ohren der Zuhörer zu brüllen, tut dem armen Herzen so wohl. Ich habe sie aber auch tüchtig angebrüllt und die Musik, die von den Nebensälen her mir die Mühe des Vorlesens abnehmen wollte, habe ich einfach fortgeblasen. Weißt Du, Menschen kommandieren oder wenigstens an sein Kommando zu glauben – es gibt kein größeres Wohlbehagen für den Körper. Als Kind – vor ein paar

> Jahren war ich es noch – träumte ich gern davon, in einem großen mit Menschen angefüllten Saal [...] die ganze »Éducation sentimentale« ohne Unterbrechung so viele Tage und Nächte lang, als sich für notwendig ergeben würde, [...] vorzulesen und die Wände sollten widerhallen.[83]

Kafka, der die Opfer der Macht, der anonymen wie der offiziellen, so unheimlich genau zu schildern versteht, kannte offenbar sehr wohl das beschwingende Gefühl des Kommandierens und empfand es als körperliches Wohlbehagen. Was er beim Vorlesen erlebte und bis zur absurden Vision, einen vierhundertseitigen Flaubert-Roman ohne Pause zu rezitieren, steigerte, war die existentielle Verwandlung seiner Person in die künstlerisch geformte Sprache. Dies aber war nahe verwandt mit seiner vielfach bezeugten Selbsterfahrung beim Schreiben.

Deshalb ist die Beschreibung, wie er den *Spielmann* vorliest, so wichtig. Nicht nur, weil er dabei die schauspielerische Vollkommenheit seines Rezitierens erlebt, sondern weit mehr noch deshalb, weil es dabei keinen »Irrtum des Verständnisses« geben konnte. Er hat also im Akt des Vortragens Grillparzers Erzählung bis in deren Innerstes erkannt. Sie ist zu einem Teil seiner selbst geworden, seinem Körper inkarniert, sodass es denn auch – die Wendung könnte von keinem andern stammen – »mit einer unmenschlichen Selbstverständlichkeit« aus ihm hervorbricht.

Damit ist nun aber der Spielmann, der Verrückte, der beispielhaft andere gegenüber dem, was den richtigen Menschen seiner Zeit ausmacht, damit ist dieser österreichische Bruder der russischen Gottesnarren genau das, was Kafka in seinem

Verhältnis zur eigenen Gegenwart erlebt. Und also ist die Erzählung Grillparzers in dem Maße ein Text unserer Zeit, in dem wir auch Kafkas Werk so verstehen.

Wie gestört ist der Spielmann?

Was aber macht die Verrücktheit des Spielmanns aus? Wenn wir dieses Wort gebrauchen, immer unter den erwähnten Vorbehalten, müssen wir es aus dem umgangssprachlichen Wortsinn eines Spinners und Gestörten zurückverschieben in die ursprüngliche Bedeutung. Diese meint ein räumliches Verhältnis: Einer rückt weg, gerät in einen Abstand, der ihn von den andern trennt. Als der Erzähler den siebzigjährigen Musikanten, der ihm später seine Lebensgeschichte erzählt, zum ersten Mal sieht, ist es genau dieses ver-rückte Verhalten, das ihn aufmerken lässt und den Mann zu seinem Studienobjekt macht.

Der seltsame Alte ist Straßenmusikant, spielt die Geige, aber nicht auswendig wie alle andern, die an belebten Plätzen dieses Gewerbe treiben, sondern nach den Noten, die er auf einem leichten Ständer vor den Augen liegen hat. Er spielt mit höchster Konzentration, sein ganzer Körper bewegt sich im Takt der gelesenen Zeichen. Aber – und jetzt kommt der Riss, kommt die Kluft, die ihn von allen andern scheidet – eine rhythmische Form ist in seiner Musik nicht auszumachen. »Was er spielte«, heißt es, »schien eine unzusammenhängende Folge von Tönen ohne Zeitmaß und Melodie.«[84] Seinem Spiel völlig hingegeben, produziert er Klangfolgen, die entsetzlich sind, kaum zu ertragen, und ihm den Spott der

Gassenjungen eintragen. Die Erwachsenen gehen schulterzuckend vorbei und lassen den Hut, den der Spieler vor sich hingelegt hat, leer.

Der Erzähler kommt mit dem Spielmann ins Gespräch und merkt bald, dass dieser von der Beschaffenheit und Wirkung seines Spiels keine Ahnung hat. Er erlebt seine Musik ganz anders als seine Zuhörer. Sie erfüllt ihn völlig und ist ihm die tägliche Erfahrung einer jenseitigen Vollkommenheit. Denn, wie er dem Erzähler berichtet, hat er seinen Tag nach klarer Ordnung eingeteilt: Die drei ersten Stunden gelten dem Üben, die Mitte des Tages dem Broterwerb, also dem öffentlichen Auftritt, und der Abend dem freien Spiel zu seiner eigenen Beglückung. »Da spiele ich dann«, meint er, »aus der Einbildung, so für mich ohne Noten. Phantasieren, glaub ich, heißt es in den Musikbüchern.«[85] Was den Erzähler in das blanke Staunen versetzt. Er weiß nicht, was er davon halten soll, »den Mann von den höchsten Stufen der Musik sprechen zu hören, der nicht imstande war, den leichtesten Walzer faßbar wiederzugeben«.[86]

Die krasse Differenz zwischen der Wirklichkeit seines Spiels und der Art, wie der Geiger dieses innerlich erlebt, ist, wenn wir von der geläufigen Novellentheorie ausgehen, das einzigartige Ereignis, die »unerhörte Begebenheit«, die nach Goethes bekannter Bestimmung den Kern einer Novelle ausmacht. Der Erzähler bemüht sich, diese Sachlage so präzis wie möglich zu beschreiben, als hätte er lauter Leser vor sich, die bereits gegen deren Absurdität und Unmöglichkeit protestieren. Er beschreibt das Notenbuch des Spielmanns, in dem dieser »mit sorgfältiger, aber widerlich steifer Schrift ungeheuer schwierige Kompositionen alter berühmter Meister, ganz schwarz von Passagen und Doppelgriffen«[87], aufgezeichnet hat. Damit, sagt der Spielmann, wolle er zur »Veredelung des Geschmackes und Herzens der ohnehin von so vielen Seiten gestörten und irregeleiteten Zuhörerschaft«[88] beitragen.

In der anschließenden Nacht sucht der Erzähler, von Irritation und Neugier getrieben, die Gasse am Stadtrand von Wien, wo der Spielmann in einem kleinen Haus oben unter dem Dach wohnt. Und tatsächlich hört er den Alten jetzt so spielen, wie es ihm ohne beruflichen Zwang, ganz zum eigenen Wohlgefallen und als seine innigste Musikerfahrung, gegeben ist, in freiem Phantasieren. Die Beschreibung ist ein Jahrhundertmoment im deutschsprachigen Erzählen:

> Ein leiser, aber bestimmt gegriffener Ton schwoll bis zur Heftigkeit, senkte sich, verklang, um gleich darauf wieder bis zum lautesten Gellen emporzusteigen, und zwar immer derselbe Ton mit einer Art genußreichem Daraufberuhen wiederholt. Endlich kam ein Intervall. Es war die Quarte. Hatte der Spieler sich vorher an dem Klange des einzelnen Tones geweidet, so war nun das gleichsam wollüstige Schmecken dieses harmonischen Verhältnisses noch ungleich fühlbarer. Sprungweise gegriffen, zugleich gestrichen, durch die dazwischen liegende Stufenreihe höchst holperig verbunden, die Terz markiert, wiederholt. Die Quinte daran gefügt, einmal mit zitterndem Klang, wie ein stilles Weinen, ausgehalten, verhallend, dann in wirbelnder Schnelligkeit ewig wiederholt, immer dieselben Verhältnisse, die nämlichen Töne. – Und das nannte der Mann Phantasieren![89]

Dieser Spieler bricht alle damals geltenden Gesetze des Taktes, der Harmonie, der geordneten Komposition. Er macht den einzelnen Ton zum Ereignis, gibt ihm willkürlich Raum, als würde er nicht erst durch seine Stellung in der Komposition seine Bestimmung finden. Dabei erkennt der Hörer unten auf der Straße, dass der Spielmann diese aus der Ordnung gelösten Töne genießt, sie süchtig wiederholt, die Lautstärke nach Belieben steigernd und senkend. Desgleichen zelebriert er die Grundschritte einer Tonfolge, die Quart, die Quint, hebt sogar die Terz besonders hervor (»markiert«). Spürbar gegen seinen Willen muss der Erzähler zuletzt einzelnen Momenten dieses quälenden Solos emotionale Qualitäten zusprechen: »die Quinte [...], einmal mit zitterndem Klang, wie ein stilles Weinen [...]«

Nehmen pathologische Symptome die Avantgarden vorweg?

Man muss hier an die Musik der Avantgarde des 20. Jahrhunderts denken, obwohl es naiv wäre, diese Orgie der Misstöne mit deren kalkulierten Kompositionen zu vergleichen. Aber eine seltsame Analogie gibt es doch. Alle Avantgarden haben sich aufgelehnt gegen die vorgegebenen Ordnungssysteme in den Künsten. Die Futuristen forderten leidenschaftlich die Freiheit der Wörter gegenüber der Syntax. Dass Wörter nur in Sprachgebilden vorkommen durften, die nach der Satzlehre der Schulgrammatik konstruiert waren, erklärten sie für eine Form der geistigen Unterdrückung, blanke Tyrannei. Sie forderten lautstark *Parole in libertà* – die Freiheit der Wörter, der

Silben, der Buchstaben. Diese Urelemente der menschlichen Sprache sollten sich frei auf der Fläche des Papiers verteilen können und zueinander in die willkürlichsten Beziehungen treten, in ein bisher unbekanntes Spiel der entfesselten Zeichen. Was die Dadaisten dann weiterführten in ihren rezitierten Lautgedichten, bei denen die einzelnen Vokale und Konsonanten der menschlichen Sprache sich zu schallenden, summenden und zischenden Klangereignissen fügten, frei vom Zwang zu Bedeutung und Tiefsinn.

Die Art, wie Grillparzer die nächtliche Kunst des Spielmanns beschreibt, nimmt sich von daher anders aus als in der Optik des Erzählers und seiner Zeit. Der alte Geiger bewegt sich in einer ver-rückten Art außerhalb der offiziellen Grammatik seiner Kunst. Man kann das pathologisch nennen, wenn man glaubt, damit etwas gewonnen zu haben; man kann es aber auch als die packende Versinnlichung der Tatsache sehen, dass er sich in seinem ganzen Leben gegen seinen Willen, allein durch sein Wesen, außerhalb der sozialen Grammatik seiner Zeit gestellt sieht.

Falls es aber berechtigt sein sollte, die zitierte Beschreibung des nächtlichen Geigenspiels in einen Bezug zu stellen zur reflektierten Ästhetik der Avantgarden des 20. Jahrhunderts, dann würde diese Passage neben die Beschreibung des großen Bildes treten, das der Held von Gottfried Kellers Roman *Der grüne Heinrich* in seinem tiefsten Gram und Elend malt, in einer Verfassung, die man gleichfalls pathologisch nennen kann, wenn man glaubt, damit etwas gewonnen zu haben. Heinrich malt das erste abstrakte Bild der Kunstgeschichte, auch wenn es nicht erhalten, nur als Bericht überliefert ist. Die Schilderung des seltsamen Werks findet sich in der ersten Fassung des *Grünen Heinrichs,* im fünfzehnten Kapitel des dritten Bandes, welches den Titel trägt: *Der Grillenfang.*[90] In der zweiten Fassung steht sie im ersten Kapitel des vierten Bandes.[91] Das Gemälde wird als das Symptom einer schweren Depression beschrieben, gleichzeitig aber mit spürbarem Respekt vor einem wochenlangen Fleiß und einem erstaunlichen Erfindungsreichtum in dem frei über eine große Fläche gespannten Netz von winzigen Strichen und Linien:

> An eine gedankenlose Kritzelei, welche Heinrich in einer Ecke angebracht, um die Feder zu proben, hatte sich nach und nach ein unendliches Gewebe von Federstrichen angesetzt, welches er jeden Tag und fast jede Stunde in zerstreutem Hinbrüten weiter spann, so daß es nun den größten Teil des Rahmens bedeckte. Betrachtete man das Wirrsal noch genauer, so entdeckte man den bewundernswerthesten Zusammenhang, den löblichsten Fleiß darin, indem es in einem fortgesetzten Zuge von Federstrichen und Krümmungen, welche vielleicht Tausende von Ellen ausmachten, ein Labyrinth bildete, das vom Anfangspunkte bis zum Ende zu verfolgen war. Zuweilen zeigte sich eine neue Manier, gewissermaßen eine neue Epoche der Arbeit, neue Muster und Motive, oft sehr zart und anmuthig, tauchten auf, und wenn die Summe der Aufmerksamkeit, Zweckmäßigkeit und Beharrlichkeit, welche zu diesem unsinnigen Mosaik erforderlich war, verbunden mit Heinrich's gesammeltem Talente, auf eine wirkliche Arbeit verwendet worden wäre, so hätte er ein Meisterwerk liefern müssen.[92]

Nun mag man den Bezug dieses Bildes zur abstrakten Malerei des darauffolgenden Jahrhunderts, von Kandinsky und Mondrian bis zu Jackson Pollock und Cy Twombly, gesucht finden. Man wird in dieser Meinung aber widerlegt durch die Art und Weise, wie ein Malerfreund Heinrichs, der das Ganze für baren Unsinn hält, das Werk kommentiert. Die zwei Sätze sind schwer ironisch gemeint und wollen diese Malerei endgültig ad absurdum führen. Heute aber klingen sie wie die sachliche Würdigung einer bedeutenden abstrakten Arbeit; es fällt sogar das Schlüsselwort »Abstraction«:

> Wohlan! Du hast Dich kurz entschlossen und alles Gegenständliche hinausgeworfen! Diese fleißigen Schraffierungen sind Schraffierungen an sich, in der vollkommensten Freiheit des Schönen schwebend, dies ist der Fleiß, die Zweckmäßigkeit, die Klarheit an sich, in der holdesten, reizendsten Abstraction![93]

Dass Formen und Konzepte der radikalen Moderne in Schilderungen Verrückter, Wahnsinniger oder sonst wie Gestörter vorweggenommen werden, beginnt im 19. Jahrhundert schon viel früher, insbesondere bei E. T. A. Hoffmann. Dort kommt zum Beispiel ein alter Maler vor, der die vollkommen leere Leinwand zum fertigen Werk erklärt. Täglich sitzt er vor einer solchen Leinwand und malt, bewegt aber keine Hand. Er malt nur in seiner erregten Phantasie, dennoch sieht er das Werk bis ins Detail vor sich und kann es einem Gast erläutern.[94] Balzac, ein leidenschaftlicher Hoffmann-Leser, hat diese Szene vermutlich als Anregung genommen für seine bekannte Erzählung *Le Chef-d'œuvre inconnu*. Bei Hoffmann ist der Vorgang allerdings mehr als nur ein pathologisches Symptom. Für ihn ist die Kunst wesentlich das innerlich Geschaute; die Verwirklichung auf der Leinwand kann daher ebenso gut ausbleiben. Dies berührt sich, über mehr als ein Jahrhundert hinweg, mit Positionen der modernen Konzeptkunst (Conceptual Art), etwa bei Sol LeWitt, aber auch schon bei Marcel Duchamp.

Grillparzers Spielmann ist kein Vorläufer der Neuen Musik. Er glaubt, die schwierigen Werke, die er für sich abgeschrieben hat, kunstgerecht zu spielen, nur die Zuhörer vernehmen ein grausliches Tongemisch. Übrigens findet sich auch dieses Motiv von einem hingegebenen Musiker, der keine Ahnung hat, wie grauenvoll sein Spiel für alle andern Ohren tönt, bereits bei E. T. A. Hoffmann. Die betreffende Geschichte, eine Anekdote eher, steht ebenfalls in den *Serapionsbrüdern*. Sie erscheint dort ohne Titel, wird aber, nach der Hauptfigur, meistens *Der Baron von B.* genannt.[95] Hoffmann skizziert damit eine komödiantisch-groteske Variante seiner Ästhetik des inneren »Schauens« – so sein Hauptbegriff –, wobei der betreffende Baron aber gleichzeitig einer der berühmtesten Musikkenner ist, ein Fachmann für alle Raffinessen des Geigenspiels, von dessen Ratschlägen selbst anerkannte Virtuosen noch profitieren. Im 20. Jahrhundert finden sich Spuren dieses Motivzusammenhangs noch bei Thomas Bernhard, etwa im Stück *Die Macht der Gewohnheit*.

Ein Sohn wird verstoßen

Der Erzähler, der dem alten Straßenmusikanten hartnäckig nachforscht, bekommt von diesem endlich sein Leben erzählt. Es ist die Geschichte einer schrittweisen sozialen Verstoßung, einer großen Liebe und, in unmittelbarer Verbindung damit, einer Wesensverwandlung durch einen einzigen Ton.

Als Kind hat Jakob, der spätere Spielmann, seinen Vater erlebt wie das Weltgericht. Der Unerbittliche zögert nicht, seinen Sohn bei jedem Versagen ein Stück weiter aus seiner Gegenwart zu verbannen. Dieser Vater ist kein Adliger, aber hochgestellt, politisch einflussreich, mächtig wie ein Minister, dazu ehrgeizig und stets in politische Schachzüge verwickelt. Was er denkt und fühlt, ist Gesetz. Entschlüsse nimmt er nie zurück. Jakobs Brüder sind Draufgänger, heftig und rasch; das gefällt dem Vater. Er aber ist langsam. Dies wird in merkwürdiger Lapidarität ausgesprochen: »Mich nannte man einen langsamen Kopf; und ich war langsam.«

Das ist die erste Differenz zur geforderten Norm. Er könnte vieles lernen, braucht aber seine eigene Zeit dafür und seine eigene Ordnung. Bei jedem Fehler muss er wieder von vorn anfangen können. Das wird ihm verweigert. Und es führt zum nächsten Schritt der Ausgrenzung. In einem öffentlichen Examen – der Vater ist anwesend – muss er ein lateinisches Gedicht vortragen. Ein einzelnes seltenes Wort fällt ihm nicht mehr ein. Er könnte es in einer ruhigen Wiederholung des Textes ohne weiteres finden, in seiner eigenen Zeit und Denkordnung. Man lässt es nicht zu, und in wenigen Minuten kommt es zur Katastrophe:

> Mein Lehrer, der kopfnickend und meinen Vater anlächelnd zugehört hatte, kam meinem Stocken zu Hilfe und flüsterte es mir zu. Ich aber, der das Wort in meinem Innern und im Zusammenhange mit dem übrigen suchte, hörte ihn nicht. Er wiederholte es mehrere Male; umsonst. Endlich verlor mein Vater die Geduld. Cachinnum! (so hieß das Wort), schrie er mir donnernd zu. Nun wars geschehen. Wußte ich das eine, so hatte ich dafür das übrige vergessen. Alle Mühe, mich auf die rechte Bahn zu bringen, war verloren. Ich mußte mit Schande aufstehen, und als ich, der Gewohnheit nach, hinging, meinem Vater die Hand zu küssen, stieß er mich zurück, erhob sich, machte der Versammlung eine kurze Verbeugung und ging. Ce gueux, schalt er mich, was ich damals nicht war, aber jetzt bin.[96]

Die Geste des Vaters – »stieß er mich zurück« – ist mehr als ein zorniger Reflex, es ist die ans Alttestamentarische gemahnende Verstoßung aus der Familie und aus dem sozialen Status. Von jetzt an spricht dieser Vater kein Wort mehr mit dem Sohn; die Befehle lässt er ihm durch Diener überbringen. Jakob muss die Schule verlassen und wird als Kopist in die Kanzlei gesteckt.

»Ce gueux«, ruft der Vater aus, als er den Sohn öffentlich verstößt. *Un gueux* ist ein Lump, ein Bettler. Der Vater vollzieht also eine klare Bestimmung nach der gesellschaftlichen Klasse und dem Besitz. Die Verstoßung hat damit eine Zielrichtung: die soziale Niederung. Indem der Vater Französisch spricht, die Sprache der europäischen Aristokratie, mithin der politischen Herrschaft, markiert er den Stand, aus dem er seinen Sohn vertreibt. Dieser muss nun in einem Hinterstübchen leben und abends schon eine halbe Stunde nach dem Ende der Kanzleiarbeit zu Hause sein. Da sitzt er dann täglich, wie ein Vergessener, und ohne Licht, weil er seine Augen schonen muss. Er findet für dieses Befinden einen Satz, über den man leicht hinwegliest, der in Wahrheit aber ebenso einfach wie schrecklich ist: »Ich dachte auf das und jenes und war nicht traurig und nicht froh.«[97]

Emotionslos also lebt er dahin, ein junger Mann, der seinem Alter nach von allen Stürmen der Gefühle durchbraust sein müsste. Er gleicht den vielen Gefangenen, die im Ancien Régime und im Europa der Restauration in Kerkern und Verliesen saßen. Etwas später muss er sogar diesen Winkel im Vaterhaus verlassen und in eine Kammer in der Vorstadt ziehen. Dass der Vater vom Erzähler durch subtile Signale der politischen Herrschaft zugerechnet wird, gewinnt dadurch noch an symbolischem Gewicht. Der liberale Grillparzer, der vom reaktionären Regime der Metternich-Zeit vielfach verdächtigt und bedrängt wurde – man kann es in seiner Selbstbiographie nachlesen –, setzt mit diesem gnadenlosen Herrschervater und der Verstoßung des unschuldigen Sohnes einen präzisen zeitpolitischen Akzent.

Das zwingt zu einem Blick auf die Entstehungszeit der Erzählung. Man setzt den Beginn der Niederschrift auf Februar/März 1831 an. Es ist die Zeit nach der Pariser Julirevolution von 1830, die in Frankreich unter blutigen Straßenkämpfen das politische System der Restauration wegfegte. Das Fanal dieser Revolution kennen heute noch alle, auch jene, die von ihr selbst nichts mehr wissen: Eugène Delacroix' Gemälde *La Liberté guidant le peuple* (*Die Freiheit führt das Volk*, oft auch *Die Freiheit auf den Barrikaden* genannt). Die Grundwelle dieser Revolution schoss durch ganz Europa, vielerorts siegreich, zum Beispiel in Belgien und in der Schweiz, anderswo brutal unterdrückt, zum Beispiel in Deutschland, Österreich und Polen. Die europäische Intelligenz erwachte aus der Träumerei der Romantik. Überall setzte ein anderes Schreiben ein mit einem andern Blick in die Welt, scharf beobachtend und analysierend. Jetzt wurde *Woyzeck* möglich, Heines Reportagen aus Paris erschienen und Gotthelfs *Bauernspiegel*. Später nannte man diese neue Zeit zwischen der Julirevolution von 1830 und der Revolution von 1848 (im Februar in Paris, im März in Deutschland und Österreich) den Vormärz.

Die Entstehung des *Armen Spielmanns* erstreckt sich über diesen ganzen Zeitabschnitt, von 1831 bis zur Drucklegung 1847. Ein revolutionäres Manifest ist die Erzählung nicht, aber die politischen Erregungen ihrer Entstehungszeit sind in sie dennoch eingegangen. Schon in der Art, wie der Vater mit wenigen, aber schneidend genauen Strichen gezeichnet und als politischer Repräsentant hingestellt wird, blitzt die zornige Intelligenz jener Jahre auf. Und auf seine Art ist auch der arme Spielmann selbst, dieser ganz und gar gute Mensch, der Versager, ein Gegenwort gegen die Parolen der Mächtigen und Erfolgreichen.

Der Zustand vor der Offenbarung

»Nicht traurig und nicht froh« – das ist die Formel für die Existenz des verstoßenen Sohnes. So verbringt er seine Tage, verbringt er seine Abende allein in seinem Zimmer. Man könnte daraus eine folgerichtige Kritik an Pascals zitierter These ableiten, wonach alles Unglück der Menschen daher stamme, dass sie nicht fähig seien, in aller Ruhe allein in einem Zimmer zu verweilen. Jakob kann das, und es ist ein einziges lautloses Unglück. Im christlichen Glauben gab es einst die Lehre, wonach die ungetauft verstorbenen Kinder im Jenseits eine eigene Wohnstatt hätten. Da sie nicht getauft sind, können sie nicht in den Himmel kommen und dort selig sein; da sie nicht gesündigt haben, können sie nicht in die Hölle geraten und dort unglücklich sein. Sie müssen also an einem Zwischenort verweilen, dem Limbus, auch Vorhölle genannt. Wer diese Lehre als Kind noch vernommen hat, wurde von der Vorstellung der kleinen Seelen verfolgt, die da ohne Lachen und Weinen versammelt sind. Die erwachsenen Theologen, die den Unsinn einmal erfunden haben, konnten sich damit offenbar bestens zufriedengeben; sie hatten ein schwieriges Problem logisch überzeugend gelöst. Für Kinder aber, die täglich siebenmal in tobenden Jubel und heulenden Jammer geraten, war die mythologische Konstruktion bedrängend. Man stellte sich Gleichaltrige vor, die irgendwo auf Stühlchen sitzen und ausdruckslos um sich schauen. Nur schon ein Spielzeug hätte Momente der Freude auslösen können, also durfte es dieses nicht geben. An der Möglichkeit eines solchen Dauerzustandes herumzustudieren war eine jener kinderphilosophischen Aktivitäten, an die man sich als Erwachsener noch erinnert. Und vermutlich wusste man auch damals schon, dass dieser Zustand nichts anderes sein konnte als ein schreckliches Unglück, aller scholastischen Logik zum Trotz.

In der Literatur taucht dieser Zustand – fernab von theologischen Spekulationen – gelegentlich auf. Am bekanntesten dürfte Conrad Ferdinand Meyers Gedicht *Eingelegte Ruder* sein:

»Meine eingelegten Ruder triefen, / Tropfen fallen langsam in die Tiefen. // Nichts, das mich verdroß! Nichts, das mich freute! / Niederrinnt ein schmerzenloses Heute!«[98] Der da spricht, ist reglos. Was sich bewegt, sind einzig die letzten Tropfen an den eingelegten Rudern, ein eindringliches, obschon sinnverweigerndes Bild. Die restlichen zwei Strophen tragen nichts zur Erhellung des seelischen Zustandes bei, um den es doch – wie die drei Ausrufezeichen in der zweiten Strophe zeigen – entschieden geht. Erst das übernächste Gedicht in der von Meyer selbst zusammengestellten Sammlung bringt eine Art Auskunft. Wieder liegt das sprechende Ich in einem Boot, es ist der letzte Dampfer, der abends von Zürich zu den Dörfern am See fährt. Jetzt aber ist die seelische Verfassung deutlich als die eines Übergangs erkennbar.

So setzt das Gedicht ein: »Aus der Schiffsbank mach ich meinen Pfühl, / Endlich wird die heiße Stirne kühl! / O wie süß erkaltet mir das Herz! / O wie weich verstummen Lust und Schmerz!« Und so schließt es acht Zeilen weiter: »Schmerz und Lust erleiden sanften Tod: / Einen Schlummrer trägt das dunkle Boot.«[99] Nicht traurig und nicht froh zu sein ist hier also ein Zustand zwischen Wachen und Schlaf, genauer: zwischen Leben und Tod. Nun kann man auch im ersten Gedicht diesen Abschiedsgestus erkennen. Daraus entsteht allerdings die Paradoxie, dass die Annäherung an die Gefühllosigkeit selber ein Gefühl auslöst: Das Verstummen von Lust und Schmerz ist eigentümlich lustvoll. Die Apathie hat Erlösungscharakter. Das aber ist beim jungen Jakob, dem Verstoßenen, nicht der Fall. Hier ist die doppelte Gefühllosigkeit ein Teil des Urteils, das über ihn ergangen ist; der Vater hat ihn dazu verdammt. Ist doch auch bei jener theologischen Konstruktion die Vorhölle eine Variante nicht des Himmels, sondern der Unterwelt.

In der Erforschung von Glück und Unglück, die die Literatur seit Jahrtausenden betreibt, ist der absolute Nullpunkt zwischen beiden meistens ein Endzustand oder eine Schwelle. Bei Meyer wird das Spätboot deutlich überblendet mit dem Nachen Charons: Die Fahrt führt ins Totenreich. Bei Grillparzer folgt zwei Abschnitte nach dem Satz, der Jakobs gefühlstoten Zustand lapidar benennt, ein ungeheures Ereignis, eine Offenbarung wie aus dem aufgerissenen Himmel.

Der Ton aus einer andern Welt

Während seines einsamen Dasitzens hat er schon gelegentlich aus dem Hof des Nachbarhauses ein Lied gehört. Es gefällt ihm weit mehr als alle andern Liedchen, die da etwa zu vernehmen sind, obwohl es harmlos volkstümlich klingt. Dieses Lied also dringt in seine Zelle. Es lockert seine Apathie. Er möchte es nachsingen, vermag aber keine zwei Töne davon mit seiner Stimme zu treffen. Innerlich besitzt er die Melodie und bringt sie doch nicht nach außen. Das quält ihn. In der Kindheit hat er einst Geige spielen müssen; damals hasste er das Instrument, weil er den Erwartungen der Erwachsenen nie genügen konnte. Jetzt, bedrängt vom schönen Lied und bewegt von der Sehnsucht, es auf irgendeine Art wiederzugeben, nimmt er plötzlich das alte, seit Jahren unbeachtete Instrument wieder wahr. Und der erste Ton verwandelt seine ganze Existenz. Er berichtet seinem Zuhörer:

> Da fiel mir meine Geige in die Augen, die aus meiner Jugend her, wie ein altes Rüststück, ungebraucht an der Wand hing. Ich griff darnach und – es mochte sie wohl der Bediente in meiner Abwesenheit benützt haben – sie fand sich richtig gestimmt. Als ich nun mit dem Bogen über die Saiten fuhr, Herr, da war es, als ob Gottes Finger mich angerührt hätte. Der Ton drang in mein Inneres hinein und aus dem Innern wieder heraus. Die Luft um mich war wie geschwängert von Trunkenheit. Das Lied unten im Hofe und die Töne von meinen Fingern an mein Ohr, Mitbewohner meiner Einsamkeit. Ich fiel auf die Knie und betete laut und konnte nicht begreifen, daß ich das holde Gotteswesen einmal gering geschätzt, ja gehaßt in meiner Kindheit, und küßte die Violine und drückte sie an mein Herz und spielte wieder und fort.[100]

Man versteht dieses Glück nur vom Unglück her, das ihm vorhergegangen ist. Die Formel »nicht traurig und nicht froh« hatte eine Verdammnis benannt, die er als Urteil des Vaters gehorsam angenommen hatte. Das Lied brach dann sein Gefängnis um einen Spalt auf; die Unfähigkeit, es nachzusingen, führte zu einer neuen Bedrückung. Mit dem ersten Ton aus der Geige aber geschah der Umschlag aus dem Unglück ins Glück. Der zitierte Text ist ein Beleg für die Vermutung, dass alle Glücksforschung in der Literatur zugleich Unglücksforschung ist.

Der Abschnitt verquickt den erlösenden Ton aus der Geige sowohl mit dem Gottesglauben des jungen Mannes als auch mit dem Eros: »Ich fiel auf die Knie und betete laut [...] und küßte die Violine und drückte sie an mein Herz«. Gerade weil, was hier sich ereignet, das Glück als Urereignis vergegenwärtigt, sind dessen radikalste Dimensionen, die Erfahrung der Transzendenz und die Handgriffe der Liebe, ein gleichzeitiger Teil des Geschehens. Das Wort vom Finger Gottes erinnert an die Erschaffung Adams, die man sich seit Michelangelos Fresko nicht mehr ohne die Annäherung des ausgestreckten göttlichen Fingers an den des erwachenden ersten Menschen denken kann. Der Spielmann beschreibt hier also seine wahrhaftige Menschwerdung.

Das Lied und die Liebe

Dabei ist wichtig, dass er zur gleichen Zeit das Lied aus dem Hof herauf hört. Bisher trug er es in seinem Innern mit sich herum und konnte es mit seiner hilflos krächzenden Stimme nicht ertönen lassen. Jetzt, mit dem ersten Ton aus der Geige, geschieht diese Verwirklichung in einer einzigen, atmenden Bewegung: »Der Ton drang in mein Inneres hinein und aus dem Innern wieder heraus.« Das ist noch nicht das ganze Lied, aber der erschaffene Ton als sein Urelement. Jakob gerät in eine Art Trance, bei der die Logik versagt. Das wird deutlich in dem eigenartigen Satz, der darauf folgt: »Die Luft um mich war wie geschwängert von Trunkenheit.« Mit Musik könnte die Luft wohl geschwängert sein, nicht aber mit Trunkenheit. Trunken in einem höheren Sinne ist er selbst. Dass da eine Verwirrung herrscht, bestätigt sich im anschließenden Satz, der grammatisch etwas seltsam wirkt: »Das Lied unten im Hofe und die Töne von meinen Fingern an mein Ohr, Mitbewohner meiner Einsamkeit.« Hier fehlt das Prädikat, und das erscheint wie ein Symptom für die Tatsache, dass er bisher nie von der Sängerin des Liedes gesprochen hat. Was ihn so bezaubert hat, muss ja ebenso sehr die singende Person, die Sinnlichkeit ihrer Stimme, gewesen sein wie die Melodie. Diese erotische Dimension seines neuen Glücks wagt er sich gar nicht einzugestehen.

Man mag diese Deutung gesucht finden, aber Grillparzer ist einer der unheimlichsten Psychologen der deutschen Literatur. Solche Vorgänge der Verdrängung und des Handelns aus der Verdrängung heraus finden sich in seinem Werk in großer Zahl – Vorgänge, für die erst Sigmund Freud die Theorie und die Begriffe schaffen sollte. Im Glück über den Ton, der ihm gelingt und den er als Offenbarung erlebt, als die Erscheinung eines Absoluten, das er in seinem einfachen Glauben den »lieben Gott« nennt, in diesem Glück schwingt bereits die Liebe zu der jungen Frau mit, die das Lied singt.

Man könnte dies auch dem Satz entnehmen, der an das obige Zitat unmittelbar anschließt: »Das Lied im Hofe – es war eine Weibsperson, die sang – tönte derweile unausgesetzt.« Das demonstrativ Nebensächliche der Zwischenbemerkung über die »Weibsperson« (das Wort hat hier noch nicht den negativen Beiklang, den es heute hätte) steht im Gegensatz zum Gewicht der Information, dass zu allem, was da geschah, immerzu das Lied ertönte, dass er also mit seiner Geige darauf antworten wollte und zusammenklingen mit der Sängerin. Im Lied liebte er, ohne es zu wissen, immer schon auch sie.

Dieser irdisch-erotische Bezug entwertet keineswegs die Transzendenzerfahrung, die Jakob im Ereignis des Geigentons macht. Beides steht im Einklang. Beides ist wahr und schließt sich mit dem andern zusammen. Die Liebesgeschichte zwischen Jakob und Barbara, die sich von jetzt an langsam entwickelt und im singulären Kuss ihren Höhepunkt finden wird, hat ohne das Wissen der beiden längst begonnen.

Der Beschränkte und die weltsichere Frau

Weil ihm der einzelne Ton auf der Geige glückt, nicht aber das ganze Lied, hält er nach der Sängerin Ausschau. Er möchte die Noten auftreiben. Und es folgt eine kleine Szene, die für die Handlung unnötig ist, aber das andauernde Singen des Mädchens und das intensive Lauschen des einsamen Mannes wunderbar vergegenwärtigt:

> Ich trat ans Fenster, um besser zu hören. Da ging eben die Sängerin über den Hof. Ich sah sie nur von rückwärts, und doch kam sie mir bekannt vor. Sie trug einen Korb, mit, wie es schien, noch ungebackenen Kuchenstücken. Sie trat in ein Pförtchen in der Ecke des Hofes, da wohl ein Backofen inne sein mochte, denn immer fortsingend, hörte ich mit hölzernen Geräten scharren, wobei die Stimme einmal dumpfer und einmal heller klang, wie eines, das sich bückt und in eine Höhlung hineinsingt, dann wieder erhebt und aufrecht dasteht. Nach einer Weile kam sie zurück […][101]

Es gibt in der Germanistik keinen Diskurs über Grillparzers Prosa. Sein erzählendes Werk ist wohl zu schmal. Aber die Art, wie sich bei ihm das nüchterne Registrieren mit sinnlicher Sensibilität verbindet und zu nahezu homerischen Momenten führt, würde ein grundsätzliches Studium rechtfertigen. Dies betrifft übrigens auch seine Autobiographie, die, von Musil und Kafka bewundert, bis heute ein Geheimtipp unter Kennern geblieben ist.

Die Sängerin – irgendwann erfährt man, dass sie Barbara heißt – ist die Tochter eines kleinen Lebensmittelhändlers, die mit ihrem Vater zusammen im Hinterzimmer des Ladens wohnt und ihm zur Hand geht. Jakob kennt sie, weil sie den Kopisten in der Kanzlei häufig Kuchen verkauft. Der Autor muss sie beschreiben, ist sie doch die zweite Hauptfigur. Er kann dies aber nicht dem Erzähler im Text überlassen, weil dieser den zwei Protagonisten erst in ihrem vorgerückten Alter begegnet. Und der Spielmann selbst, in seiner Verlorenheit, hat weder den Blick noch das Vokabular, um die Erscheinung der jungen Frau aus seiner Erinnerung zu vergegenwärtigen. Das ist eine schriftstellerisch schwierige Situation. Wie löst sie Grillparzer? Er lässt Jakob berichten, wie seine Kollegen damals über Barbara sprachen:

> Das Mädchen galt bei meinen Kameraden nicht für schön. Sie fanden sie zu klein, wußten die Farbe ihrer Haare nicht zu bestimmen. Daß sie Katzenaugen habe, bestritten einige, Pockengruben aber gaben alle zu. Nur von ihrem stämmigen Wuchs sprachen alle mit Beifall, schalten sie aber grob, und einer wußte viel von einer Ohrfeige zu erzählen, deren Spuren er noch acht Tage nachher gefühlt haben wollte.[102]

So erscheint sie also der Kumpanei der Kopisten. Jakob selbst schweigt zu dem, was er referiert. Offensichtlich ist Barbara eine kräftige, entschlossene junge Frau aus der kleinbürgerlichen Welt, ohne die Zeichen eines gängigen Schönheitsideals (wie rabenschwarzes oder goldenes Haar es wäre, schneeweiße Haut oder große dunkle Augen). Grillparzer vermeidet also den naheliegenden literarischen Topos von der Schönheit aus dem Volk, die von einem vornehmen jungen Mann entdeckt wird. Aber eine Frau aus dem Volk ist sie deshalb nur umso mehr. Ihr Körperbau und die entsprechende Kraft werden von den Kopisten bewundert, was – schriftstellerisch raffiniert – im Vorbeigehen auch den Verdacht der Hässlichkeit ausschließt. Überdies steckt in dem Passus die Motivierung der späteren Ohrfeige, welche die dramatische Klimax des singulären Kusses einleiten wird.

Eine junge Frau aus dem Volk. Dies weist zurück auf die Reflexionen des Erzählers im Auftakt der Geschichte. Sie beginnt nämlich mit der Schilderung eines alljährlichen Wiener Volksfestes in der Brigittenau, die, wie der Augarten und der Prater, zwischen Donaukanal und Donau im heutigen Bezirk Leopoldstadt gelegen ist. Literarische Gemälde großer Volksfeste sind vom Beginn der 1830er Jahre an ein auffälliger Teil des bürgerlichen Schreibens im 19. Jahrhundert, mit einem zauberhaften Vorläufer: Goethes *Sankt-Rochus-Fest zu Bingen* von 1817. Grillparzers dynamisches Gemälde, geschrieben 1831, fand bei Gotthelf, Stifter und Gottfried Keller seine leuchtenden Nachfolger.

Schon bei Grillparzer wird deutlich, dass die Darstellung des Volkes als eines ungeheuer bewegten, zugleich aber heiter-friedlichen Ganzen einen politischen Akzent hat. Er feiert explizit die Masse, die sonst so oft dämonisiert und als Inbegriff einer gesetzlosen Mehrheit hingestellt wurde: »Als ein Liebhaber der Menschen, sage ich, besonders wenn sie in Massen für einige Zeit der einzelnen Zwecke vergessen und sich als

Teile des Ganzen fühlen, in dem denn doch zuletzt das Göttliche liegt – als einem solchen ist mir jedes Volksfest ein eigentliches Seelenfest, eine Wallfahrt, eine Andacht.«[103] Das hat einen demokratischen Zug, meint aber nicht etwa das Volk im Sinne der nationalistischen Ideologien, die damals immer stärker wurden, sondern die Summe der arbeitenden Menschen, der Unauffälligen und Namenlosen, die sich von Zeit zu Zeit ein lautstarkes gemeinsames Vergnügen leisten. Und es folgen die zwei wohl am häufigsten zitierten Sätze dieser Erzählung:

> Und wahrlich! Man kann die Berühmten nicht verstehen, wenn man die Obskuren nicht durchgefühlt hat. Von dem Wortwechsel weinerhitzter Karrenschieber spinnt sich ein unsichtbarer, aber ununterbrochener Faden bis zum Zwist der Göttersöhne, und in der jungen Magd, die, halb wider Willen, dem drängenden Liebhaber seitab vom Gewühl der Tanzenden folgt, liegen als Embryo die Julien, die Didos und die Medeen.[104]

Das ist einerseits ein Programm des neuen bürgerlichen Realismus, andererseits aber ein Hinweis an die Leser: Nehmt die Figuren dieser Erzählung nicht für harmlose Gestalten, nur weil sie zu den Namenlosen einer großen Stadt gehören. Diese sogenannten kleinen Leute können den Zuschnitt der tragischen Figuren der Weltliteratur haben, von Shakespeares Julia, Vergils Dido, Euripides' und Grillparzers Medea. Dass er hier drei radikal liebende Frauen nennt, macht den scheinbar rein literaturtheoretischen Abschnitt auch zu einer kalkulierten Vorausdeutung auf die weibliche Hauptfigur Barbara. Ihr spricht er damit das Format jener berühmten Frauen zu, die bis in den Tod und ins Verbrechen liebten. Das mag seltsam tönen, weil Barbara ja an ihrer Liebe weder stirbt noch zur Verbrecherin wird, sondern nach dem Willen des Vaters einen ungeliebten andern nimmt. Aber Grillparzer weiß, dass Suizid und Mord ins Zeichenfeld der Bühnentragödien gehören, dass es in dem Volk, von dem er redet, Tragödien gleichen Ranges gibt, die solcher spektakulärer Zeichen nicht bedürfen, und dass aus diesen Tragödien auch in novellistischer Prosa ein Kunstwerk geschaffen werden kann, das gegebenenfalls die Jahrhunderte überdauert.

Dies bestätigt sich am erzählerischen Aufwand, mit dem Grillparzer nicht nur den Spielmann, sondern auch Barbara zu je einzigartigen, in Erscheinung und Charakter äußerst nuancierten Personen macht. Sie können auf keinen geläufigen Typus reduziert werden. Die zornige Kampfbereitschaft, in der Barbara bei jeder frechen Annäherung aufflammt, steht dem stillen Ertragen aller Erniedrigungen durch den Spielmann in einer spektakulären Polarität gegenüber, und dass es gerade bei diesen zwei Menschen zu einer tiefen, nie wirklich ausgesprochenen und durch die Vertreter der sozialen Ordnung rasch verbotenen Liebe kommt, fordert dem Erzähler Grillparzer seine ganze, allerdings stupende psychologische Gestaltungskraft ab.

Dazu tritt die Symbolik des Liedes, das Barbara als ahnungslose Sirene singt. Es führt zu Jakobs Neugeburt in der Musik, und es verknüpft die Seelen der beiden jungen Leute. Dass Jakob dem Lied verfällt, das er täglich aus dem Hof herauf hört, leitet die Erlösung durch die Töne seiner Geige ein, und diese Erlösung ist von der Erfahrung der Liebe und Ge-

genliebe nicht zu trennen. Er will ja dieses Lied spielen, als ihn der Ton trifft – »in mein Inneres hinein und aus dem Innern wieder heraus«. Und um die Noten des Liedes aufzutreiben, sucht er den Kontakt zur Sängerin, aus dem sich dann alles Weitere ergibt. Der Anfang der Liebesgeschichte erscheint wie eine Illustration zum ersten Satz von Shakespeares Komödie *Twelfth Night* (*Was ihr wollt*): »If music be the food of love, play on«[105] – in August Wilhelm Schlegels Übersetzung: »Wenn die Musik der Liebe Nahrung ist, / Spielt weiter!«[106] Aber wenn Shakespeare sagt, dass der Verliebte – es ist hier ein Mann, der Herzog Orsino – durch die Musik immer weiter in seine Liebe hineingetrieben werde, ist bei Jakob das Lied von Anfang an gar nicht zu trennen von seiner Liebe.

Jakob, sonst immer zaghaft und zögernd, muss handeln, um an die notierte Melodie zu kommen. Er tut es unter Ängsten, kann aber nicht mehr anders. Er spricht Barbara an, als sie mit ihren Kuchen in die Kanzlei kommt. Das bringt ihn beim Chef in den Verdacht der Liederlichkeit, aber das Mädchen, von seinem flehentlichen Wunsch bewegt, verspricht ihm, die Noten von einem Bekannten aufschreiben zu lassen. Lange hört er nichts mehr, wagt nicht, zum kleinen Laden hinzugehen – »Ich konnte […] kaum etwas Vernünftiges arbeiten, so ging mir das Lied im Kopfe herum, und ich war wie verloren.«[107] Endlich schleicht er sich heimlich hin, von Zitteranfällen geschüttelt, und späht durch die angelehnte Tür. Dabei wird er vom Vater des Mädchens überrascht, für einen Dieb gehalten und bedroht. Barbara kann ihm die Noten übergeben, aber sein abendlicher Ausgang ist beobachtet und dem Vater berichtet worden. Dieser ordnet an, dass Jakob das Vaterhaus verlassen muss.

Die Gnadenlosigkeit dieses Mannes ist gespenstisch. Man begreift, dass der Verfasser des *Urteils* von Grillparzers Erzählung so fasziniert war. Und man verfolgt beinahe entgeistert, wie dieser eiserne Vater[108] wenig später gleichzeitig mit seinen zwei erfolgreichen und daher geliebten Söhnen in den Untergang schlittert. Die Schilderung nimmt keine halbe Seite ein. Sie ist von balladesker Rasanz, extrem verdichtete Prosa, wie ein Abschnitt aus den *Annalen* des Tacitus. Ein einziger Satz genügt für den Tod des einen Bruders:

> Mein jüngster Bruder, ein eigenwilliger und ungestümer Mensch, Offizier bei den Dragonern, mußte eine unbesonnene Wette, infolge der er, vom Ritt erhitzt, mit Pferd und Rüstung durch die Donau schwamm – es war tief in Ungarn – mit dem Leben bezahlen.[109]

»Tief in Ungarn« bedeutet, dass die Donau sehr breit und mächtig ziehend ist. Daran schließt sich unmittelbar die Katastrophe des andern Bruders an, auch eines Täters, obschon auf eigene Weise:

> Der ältere, geliebteste, war in einer Provinz am Ratstisch angestellt. In immerwährender Widersetzlichkeit gegen seinen Landesvorgesetzten und, wie sie sagten, heimlich dazu von unserem Vater aufgemuntert, erlaubte er sich sogar unrichtige Angaben, um seinem Gegner zu schaden. Es kam zur Untersuchung, und mein Bruder ging heimlich aus dem Lande.[110]

Und abermals unmittelbar darauf der Sturz des Vaters, ein Sturz auch im wörtlichen Sinn – und ein Politikerporträt, in dem Grillparzer als der scharfäugige Analytiker aller politischen Vorgänge seiner Zeit sichtbar wird:

> Die Feinde unseres Vaters, deren viele waren, benützten den Anlaß, ihn zu stürzen. Von allen Seiten angegriffen, und ohnehin ingrimmig über die Abnahme seines Einflusses, hielt er täglich die angreifendsten Reden in der Ratssitzung. Mitten in einer derselben traf ihn ein Schlagfluß. Er wurde sprachlos nach Hause gebracht.[III]

Das Ganze könnte der Plot eines Ibsen-Stücks sein. Die Welt der Täter, die die Macht und den Ruhm suchen und dafür alles einsetzen, sei es ihr Leben, sei es ihre sittliche Integrität, wird in harten Umrissen vorgeführt. Es ist dies der soziale Raum, aus dem Jakob mit Hohn und Schande vertrieben wird. Dabei liebt er seinen Vater mehr, als seine Brüder es tun. Er ist darin der dritten Tochter des Königs Lear verwandt, Cordelia, auch einer vom eisernen Vater Verstoßenen. Aber im Unterschied zu Shakespeares Herrscher stirbt Jakobs Vater rasch und lautlos, ohne den schmerzhaften Prozess der Einsicht, ohne die späte Versöhnung mit dem misshandelten Kind.

Dieser Tod macht Jakob für kurze Zeit reich. Der Reichtum wiederum bewirkt, dass er und Barbara sich unter Zustimmung von deren Vater näherkommen können. Er verbringt viel Zeit im kleinen Laden. Das Mädchen ist bald freundlich, bald abweisend, warnt ihn aber dringlich vor den vielen Leuten, die es auf sein neues Geld abgesehen haben. Und es kommt zu dem, was der arme Spielmann noch im hohen Alter den »Glückstag« in seinem Leben nennt.

Wieder löst das Lied das Ereignis aus. Als Jakob eines Tages unbemerkt den Laden betritt, steht Barbara mit dem Rücken zum Raum vor einem hohen Regal, das sie kaum erreicht, und tastet, die Schultern zurückgebogen, darauf herum. »Und dabei sang sie leise in sich hinein. – Es war das Lied, mein Lied!«[112] Er gerät in ein unsagbares Entzücken, erlebt in ihrem Singen eine Einswerdung mit ihr, weil das Lied, das sie singt, ja immer in ihm selbst ist. Er kann sich bei all seiner Zaghaftigkeit nicht mehr halten und tut, was zunächst zu einer geradezu barbarischen Reaktion bei ihr führt – sie heißt ja nicht grundlos Barbara, und nicht grundlos ist im Auftakt der Erzählung der Name der Barbarin Medea gefallen. Der Akt ist so ungezügelt in seiner schieren körperlichen Gewalt, dass Grillparzer den beschreibenden Satz mit einem Gedankenstrich abbricht:

> Mir war, als ginge ich auf grünen Wiesen. Ich schlich näher und näher und war schon so nahe, daß das Lied nicht mehr von außen, daß es aus ihr herauszutönen schien, ein Gesang der Seelen. Da konnte ich mich nicht mehr halten und

faßte mit beiden Händen ihren in der Mitte nach vorn strebenden und mit den Schultern gegen mich gesenkten Leib. Da aber kams. Sie wirbelte wie ein Kreisel um sich selbst. Glutrot vor Zorn im Gesichte, stand sie vor mir da; ihre Hand zuckte, und ehe ich mich entschuldigen konnte –

Die Ohrfeige, für die der Gedankenstrich steht, genauer noch: »die Schwungkraft ihrer Hand«, geht, wie anschließend erläutert wird, »ins Riesenhafte«.[113]

Wie reagiert er darauf? Lodert das Ehrgefühl in ihm auf? Signalisiert er, gefasst, aber entschieden, dass hier eine Grenze überschritten wurde, die ihm gegenüber nicht überschritten werden darf? Einmal mehr ist er ein ganz anderer. Zunächst steht er wie betäubt da, was schon physikalisch einleuchtet. Dann aber erlebt er, was den alten Mystikern erst nach langem Fasten und Beten gelang und, allen bekannten Berichten nach, nie von einer Ohrfeige aus weiblicher Hand ausgelöst wurde. Erneut ist es ein Gedankenstrich, der diese Erfahrung einleitet:

Ich stand wie vom Donner getroffen. Die Lichter tanzten mir vor den Augen. – Aber es waren Himmelslichter. Wie Sonne, Mond und Sterne; wie die Engelein, die Versteckens spielen und dazu singen. Ich hatte Erscheinungen, ich war verzückt.[114]

Man merkt beim Lesen gar nicht, wie komisch das ist. Das Ergreifende scheint den derben Slapstick zu verschlucken. Der alte Mann berichtet alles in einer Sprache, die so kindlich ist wie seine Seele, obwohl das Bild vom Versteckspiel der Engel

Shakespearsche Qualitäten hat und an die Vorstellungen vom tönenden Kosmos und vom Tanz der Gestirne rührt. Der Schlag von dieser Hand, im Augenblick des Zusammenklangs der Seelen im Lied, bewirkt keine Ernüchterung, wie man erwarten würde, sondern steigert Jakobs Ekstase. Was geschieht, ist das genaue Gegenteil zur tödlichen Gefühllosigkeit, die ihn immerzu bedroht, zu jenem Fluch, »nicht traurig und nicht froh« zu sein. Die psychologische Erklärung einer masochistisch-erotischen Lust würde hier zu kurz greifen. Die Szene behält ein Geheimnis. Es steckt im Satz: »Ich hatte Erscheinungen«. Das deutet auf eine Offenbarung hin wie damals beim ersten Geigenton, als er das Lied nachspielen wollte. Über die Erscheinungen selbst kann man nur spekulieren. Sie müssen mit der Liebe zusammenhängen, mit Barbara, der Frau, und Jakob, dem Mann, und mit der Musik, die in beiden lebt in Gestalt des namenlosen Liedes. Dieses stammt, wie Barbara, aus dem »Volk«, das im Auftakt der Erzählung so eindringlich geschildert wird, mit so mutigem Vertrauen in seine kollektive Sittlichkeit. Für Jakob, den Ausgesperrten, ist der knallende Gewaltakt das Sprengen des Tores, das ihn stets und überall von den andern getrennt hat, nicht nur von den Gescheiten, den Flinken, den Kurzentschlossenen, sondern auch von den schönen Frauen.

So, als Befreiter, handelt er denn auch wenig später wie ein entfesselter Liebhaber und gewinnt sich den seltsamsten Kuss der deutschen Literatur. Das wird eingeleitet durch Barbaras Erschrecken über ihre Tätlichkeit. Sie möchte diese wiedergutmachen, streicht Jakob begütigend über die getroffene Wange und haucht rasch zwei leichte Küsse darauf. Nun er:

> Was nun weiter geschah, weiß ich nicht. Nur daß ich auf sie losstürzte und sie in die Wohnstube lief und die Glastüre zuhielt, während ich von der andern Seite nachdrängte. Wie sie nun, zusammengekrümmt und mit aller Macht sich entgegenstemmend, gleichsam an dem Türfenster klebte, nahm ich mir ein Herz, verehrtester Herr, und gab ihr ihren Kuß heftig zurück durch das Glas.[115]

Ihre Tröstung war behutsam beschwichtigend, aber auch ein Zeichen der Zuneigung, wie es ihr Stolz bisher nie zugelassen hatte. Er sieht nur das zweite und nimmt es als Aufforderung, dem einseitigen Kuss zur vollgültigen Gegenseitigkeit zu verhelfen.

Der Kuss als Zeichen

Grillparzer ist ein Dichter der Gesten. Auch als Dramatiker vertraut er der Gebärde oft mehr als dem Wort. Im *Armen Spielmann* häufen sich die Szenen, in denen eine genau beschriebene Haltung oder Bewegung des Körpers an die Stelle der Argumentation tritt. Das Wort, die Sprache ist für diesen Autor nie eindeutig. Immer droht hier die Lüge. So hat er ja auch eine Komödie geschrieben, in welcher der Held planmäßig lügt, indem er ausschließlich die blanke Wahrheit sagt. Diese Sprachskepsis zeigt sich übrigens auch in der Tatsache, dass der Text von Barbaras Lied nie mitgeteilt wird.

Der Kuss durch die Glasscheibe will also bedacht und verstanden sein wie eine der Grillparzerschen Gebärden. Wie sie ist er ein Akt der unreflektierten Spontaneität. Er geschieht im Zustand des Außer-sich-Seins (»Ich hatte Erscheinungen, ich war verzückt«). Deshalb erlebt ihn der junge Mann auch so sinnlich, als ob da gar nichts wäre zwischen Mund und Mund. Und immer wird er an ihn denken als an den Höhepunkt seines Lebens. In den langen Jahrzehnten als armseliger Straßenmusikant, die kurz darauf beginnen, trägt er diesen Kuss mit sich herum als eine unzerstörbare Kostbarkeit, sein Glück – »Einmal lebt ich, wie Götter.«

Für die Leser aber ist die Szene symbolisch aufgeladen. Ihre Zeichenhaftigkeit trifft einen schockartig. Die Bedeutung allerdings fluktuiert im Spiel des Verstehens. Man kann sie als ein böses Orakel ansehen, obwohl sie in einer Komödie nur vergnügtes Lachen auslösen müsste. Da wir diesen Jakob kennen, den Schlemihl, den Narren, der bis an sein Lebensende nicht weiß, wie grauenvoll er Geige spielt, nicht weiß, dass die Töne, die ihm vorkommen, als stünde der Himmel offen, für alle andern »ein höllisches Konzert«[116] sind, da wir diesen Jakob kennen als einen Armen im Geiste in des Wortes bitterster Bedeutung, können wir den Gedanken nicht von der Hand weisen, dass die Glasscheibe seine unaufhebbare Trennung von der Welt der Vernünftigen und Erfolgreichen zum Ausdruck bringt. Sie ist ein prophetisches Ereignis wie der höhnische Ausruf des Vaters beim Schulexamen: »Ce gueux.«

Jakob ist auf eine unheimliche Weise gut. Deshalb muss er draußen bleiben. Wie der kleine Jude in Singers *Gimpel der Narr* lässt er sich von jedem, der daherkommt, betrügen. Er ist außerstande, die Bosheit der Menschen zu erkennen. Das wird in der Erzählung nochmals verdeutlicht, mit fataler Endgültigkeit, als sich für kurze Zeit ein Weg in die kleinbürgerliche Normalität abzeichnet. Barbara möchte, dass Jakob mit seinem Erbe ein Putzgeschäft kauft; sie würde es betreiben, und die beiden könnten zusammenbleiben. Aber die gute Aussicht dauert keine vierundzwanzig Stunden. Dann kommt ans Licht, dass der Sekretär von Jakobs Vater mit dem ganzen Geld entflohen ist; Jakob hat es ihm gutgläubig anvertraut. Sofort wirft ihn Barbaras Vater aus dem Haus, und sie selbst muss auf dessen Befehl den Schlachtermeister heiraten, der schon lange um sie geworben hat. Die Glasscheibe trennt Jakob von der Verwirklichung seiner Liebe, wie sie ihn auch von der Welt der Tüchtigen trennt, welche die Zehn Gebote mit ruhiger Hand dem Ziel ihres Handelns unterordnen. Die Glasscheibe trennt aber auch Jakobs Seligkeit im Geigenspiel von der Ohrenqual, die dieses allen andern Menschen bereitet.

So lebt er nun lange Jahre dahin, bettelarm, aber nicht mehr, wie einst, im Zustand jener grauen Verdammnis – »nicht traurig und nicht froh« –, sondern mit der pulsierenden Erinnerung an den Kuss und mit den allnächtlichen Hochgefühlen im Erleben seiner Musik. Diese verbindet ihn auf immer mit Barbara, denn ihr Lied war ja der Ursprung seiner Selbstfindung, und sie verbindet ihn mit Gott – »seinem Gott«, muss man sagen, denn der Erzähler referiert da nur Jakobs Aussagen. Er macht diese so wenig zu seiner eigenen Meinung, wie er das Geigenspiel des Alten je als kunstreich anerkennen würde. Der Spielmann bleibt das Objekt seiner anthropologischen Neugier, auch wenn er dessen Tod und Begräbnis zuletzt mit einer Anteilnahme schildert, dass es einen zuckt im Gesicht. Ob wir dem Mann, den die Glasscheibe ja auch von uns trennt, eine echte mystische Erfahrung zusprechen, bleibt eine Entscheidung der einsamen Leser, denen niemand dreinzureden hat. Auf jeden Fall aber müssen wir dabei mit dem Satz zurande kommen, den Jakob über die Musik sagt und in dem die großen Komponisten weniger als schaffende Genies erscheinen denn als Vermittler einer jenseitigen Wirklichkeit: »Sie spielen den Wolfgang Amadeus Mozart und den Sebastian Bach, aber den lieben Gott spielt keiner.«[117]

Die Bruderschaft der Kopisten in der Weltliteratur

Am liebsten hätte Jakob sein Leben lang als Schreiber, als Abschreiber, als Kopist gearbeitet. Auch nachdem der Ton aus seiner Geige ihn verwandelt hat, will er der Musik als Schreiber dienen und Musiknoten kopieren. Als er unerwartet zum Alleinerben seines Vaters wird, entschließt er sich, »ein Schreib- und Auskunfts-Comptoir« zu gründen, in dem »auch Musikalien kopiert werden« sollen, »was nicht jedermanns Sache sei«.[118] Es ist dieser Plan, den der Sekretär des Vaters benutzt, um ihn zu betrügen. Schon früher, als Jakob unter eine Horde anderer Kopisten in die Kanzlei verbannt war, hatte ihm die Tätigkeit Freude gemacht:

> Ich kam nun in die Kanzlei unter die Abschreiber. Da war ich recht an meinem Platze. Ich hatte immer das Schreiben mit Lust getrieben, und noch jetzt weiß ich mir keine angenehmere Unterhaltung, als mit guter Tinte auf gutem Papier Haar- und Schattenstriche aneinander zu fügen zu Worten oder auch nur zu Buchstaben. Musiknoten sind nun gar überaus schön. Damals dachte ich aber noch an keine Musik.[119]

Man könnte Jakobs Hang zum Kopieren von Texten als eine erzählerische Zutat betrachten, ein psychologisches Detail unter vielen, wenn diese Tätigkeit nicht auf verblüffende Weise den Spielmann sowohl mit Melvilles Bartleby als auch mit vielen russischen Gottesnarren verbände; dazu tritt unter weiteren Anselmus, der immerzu stolpernde Held in E. T. A. Hoffmanns früher Erzählung *Der goldene Topf*. Der Grund für die breite Streuung des Motivs liegt im Dunkeln. Es handelt sich um einen kleinen literarischen Mythos. Er beschwört die rührende Leidenschaft der Unscheinbaren, deren *pursuit of Happiness* nicht in der Karriere, sondern im Akt des Dienens besteht.

Dabei muss man jedoch bedenken, dass auch zwei der krassesten Narren des 19. Jahrhunderts, die Herren Bouvard und Pécuchet in Gustave Flauberts letztem, unvollendet gebliebenem Roman[120], von Beruf Kopisten sind. Allerdings begegnen uns in diesen Exemplaren keine Gottesnarren und keine kritisch entworfenen Gegenfiguren zu den Normen der Gesellschaft. In ihrer schreienden Dummheit verkörpern sie vielmehr das, was Flaubert an seiner Zeit am meisten hasste. Sie wollen sich alle Wissenschaften aneignen, die es gibt, und stolpern beim Versuch, diese anzuwenden, von einem Debakel ins nächste. Um Vergleichbares zu finden, muss man zurück bis zu Jean Paul oder vorwärts zu den Filmen von Charles Chaplin und Buster Keaton. Wenn die Gottesnarren und was immer mit ihnen verwandt ist, vom christlichen Paradox her zu verstehen sind, dass nämlich die Weisheit dieser Welt Torheit sei vor Gott und die Weisheit vor Gott Torheit in dieser Welt, dann verkörpern Flauberts zwei Tölpel völlig paradoxiefrei die elementare, durch nichts zu rechtfertigende Dummheit, die sich beim Homo sapiens weltweit so vielfältig zeigt und die der Autor sein Leben lang wütend beschimpfte. Dass er indessen neben der Idiotie von Bouvard und Pécuchet auch eine geistige Beschränktheit anerkannte, die mit Würde und Seelengröße zusammengeht, zeigt sich in seiner bewegenden Erzählung *Un coeur simple – Ein schlichtes Herz.*

Als Bouvard und Pécuchet in ihrem wissenschaftlichen Wahn gescheitert sind, werden sie wieder Kopisten, wie sie es vorher schon jahrzehntelang waren, mechanische Abschreiber, jeder ein Androide, wie der Schweizer Uhrmacher Pierre Jaquet-Droz mit seinem mechanischen Schreiber schon im 18. Jahrhundert einen konstruiert hatte. Man kann dem zierlichen Maschinenmännchen, *L'écrivain*, heute noch bei der Arbeit zuschauen, im *Musée d'art et d'histoire* in Neuchâtel, aber auch auf YouTube. Es kopiert alles, was man ihm vorlegt, und an Charme übertrifft es die zwei Kollegen in Flauberts Roman bei weitem.

Hinter der ganzen Bruderschaft der Kopisten lauert irgendwo das Verdikt des geistlos Automatischen. Dieses ist sogar die Voraussetzung für die dialektische Spannung zu einem Geist der höheren Art, die in jenen Kopisten waltet, denen wir heute einen epochalen Rang zusprechen wie Bartleby oder dem Spielmann Jakob oder dem Fürsten Myschkin. In Melvilles Novelle erscheint die bipolare Struktur sogar als handfestes Element der Textkomposition. Der Erzähler, Rechtsanwalt im Börsenmilieu an der Wall Street und somit Vorgesetzter einiger Kopisten, beginnt nämlich seinen Bericht mit einer allgemeinen Reflexion über die »scriveners«, die professionellen Abschreiber. Sie seien eine besondere Menschensorte, über die bisher, soweit er wisse, nichts geschrieben worden sei: »an interesting and somewhat singular set of men, of whom, as yet, nothing that I know of has ever been written.«[121] Und obwohl die ganze Erzählung einer einzigen, unvergesslich ergreifenden Gestalt gilt, Bartleby eben, ergeht sich der Chef zunächst in der ausgreifenden Schilderung seiner zwei Hauptkopisten. Das hinreißend komische Doppelporträt zeigt die ganze Skurrilität, in welche dieser Beruf einen Mann offenbar mit der Zeit hineinwachsen lässt. Die beiden haben sich selber wechselseitig Übernamen gegeben, Turkey und Nippers, dazu tritt Ginger Nut, der Laufbursche. Es ist das Personal eines Bühnenschwanks. Alle drei haben ihren je eigenen Narrencharakter, und man würde sich unbekümmert darüber amüsieren, wenn nicht kurz darauf ein regloser junger Mann auf der Schwelle stünde – »pallidliy neat, pitiably respectable, incurably forlorn!«[122] Was ungefähr heißt: »bleich und ordentlich, zum Erbarmen wohlanständig, unheilbar verloren!« Die Charakterisierung dreht im Akt ihres Vollzugs ins Unverständliche ab; die sechsfache Präzisierung verwischt sich selbst; sogar das Ausrufezeichen scheint nicht zu wissen, was es unterstreicht. Der Mann ist Bartleby, Bartleby der Schreiber, ein Schreiber von der andern Art nun aber, und dennoch zugehörig jenem »somewhat singular set of men«. Er wird in der Folge, nachdem er sich als perfekter Kopist erwiesen hat, mit größter Höflichkeit jeden Auftrag verweigern, ohne indessen den Arbeitsplatz zu verlassen. Der Satz, den er allen bittenden oder zornigen Aufforderungen entgegenhält, ist sein stereotypes: »I would prefer not to«, fünf Wörter, die inzwischen so berühmt sind wie Hamlets »To be or not to be«.

Man könnte nun diesen Aufstand behutsamster Art auf die seelentötende Wirkung des mechanischen Abschreibens zurückführen, in Analogie etwa zu der vielbeschworenen Fließbandarbeit, bei welcher der Arbeiter mit der Zeit selbst zu einer klappernden Maschine zu werden droht. Und man könnte Bartleby folgerichtig in eine Parallele setzen zu Charlie Chaplin im Film *Modern Times,* wo diese Verwandlung tatsächlich durchgespielt und vorgeführt wird. Aber die Gleichsetzung würde der handwerklichen und geschichtlichen Komplexität des perfekten Abschreibens nicht gerecht. Es würde auch der Hingabe widersprechen, mit der viele aus der Bruderschaft der Kopisten ihre Tätigkeit ausüben.

Das Abschreiben ehrwürdiger Texte war jahrhundertelang selbst ein sakraler Akt. Die unwahrscheinliche Präzision, mit der in den mittelalterlichen Handschriften jeder Buchstabe an den andern gesetzt ist, oft sogar von Leuten, die selber gar nicht lesen konnten, bezeugt, dass man mit der simplen Kategorie des geisttötend Mechanischen diesem Akt nicht beikommt. Auch wenn der Buchdruck das Abschreiben als die dominierende Technik der Bewahrung und Verbreitung vorbildlicher Texte ersetzt hat, scheint eine Erinnerung an den feierlichen Charakter, der dem frommen Kopieren einst anhaftete, in der Bruderschaft der Kopisten bis in die Moderne fortzuleben. Ein Signal in dieser Richtung ist die Tatsache, dass der Fürst Myschkin, der »Idiot«, zum Beweis, wie begabt und brauchbar er als Kopist sei, der ersten Persönlichkeit, die er in Sankt Petersburg aufsucht, dem General Jepantschin, die nachgeschriebene Unterschrift eines Abtes aus dem 14. Jahrhundert vorlegt. Sie verschafft ihm umgehend die Zusicherung einer Anstellung in einer Kanzlei. Und während Myschkin sonst von äußerster Diskretion ist, gerät er bei der Schilderung der verschiedenen Schriften, die er beherrsche, in eine so wortreiche Begeisterung, dass die Anwesenden ihn verdutzt bestaunen. Fast anderthalb Seiten nimmt diese Rede im Roman ein, und schon ein kleiner Ausschnitt kann plausibel machen, warum die Zuhörer zur Überzeugung kommen, einen merkwürdigen Narren vor sich zu haben:

> Das ist die typisch russische Schrift, die Schrift der Amtsschreiber, oder, genaugenommen, der Regimentsschreiber. So werden Amtsbriefe an Vorgesetzte geschrieben, ebenfalls gerundete Buchstaben, eine prächtige *schwarze* Schrift mit starkem Druck, aber von vorzüglichem Geschmack. Ein Kalligraph würde diesen Schnörkel hier, oder, besser gesagt, diese Ansätze zu großzügigen Schnörkeln, nicht dulden, diese nicht ausgeführten Halbschwänzchen – hier, sehen Sie –, aber im ganzen machen sie den eigentlichen Charakter aus, und die Seele eines Regimentsschreibers kommt hier wirklich zum Vorschein: Ausleben möchte er sich, das Talent drängt nach außen, aber der steife Uniformkragen schnürt ihm den Hals zu, und die Disziplin prägt auch die Handschrift [...][123]

Und so noch lange fort.

Auch wenn die Passage keine religiösen Implikationen hat, erfolgt der Hymnus auf das Kopieren und die verschiedenen Schriften doch im Anschluss an jene erste Demonstration, die Zeile eines mittelalterlichen Mönchs, und schafft so den Kontakt zurück in die Zeiten vor der Erfindung des Buchdrucks. Und obschon im Allgemeinen angenommen wird, dass mit dem Siegeszug der Druckerpresse die Zeit des Abschreibens als einer Form tätiger Frömmigkeit endgültig vorbei gewesen sei, finden sich Zeugnisse, die das konzentrierte Abschreiben den Mönchen weiterhin ans Herz legten. Das bekannteste Beispiel ist eine Schrift des Benediktinerabtes Johannes Trithemius von 1494, als der Buchdruck sich längst durchgesetzt hatte. Sie trägt den Titel *De laude scriptorum manualium / Zum Lobe der Abschreiber* und verlangt von den Mönchen, trotz der neuen Technik, die keineswegs abgelehnt wird, am manuellen Kopieren geistlicher und weltlicher Werke festzuhalten. Die Schreibstube, das Skriptorium, dürfe aus den Klöstern nicht verschwinden. Kopieren sei ein Teil der den Benediktinern vorgeschriebenen täglichen Arbeit und gehöre zu den vornehmsten Tätigkeiten. Der »amor scribendi« mache die Menschen gut. Die Dämonen aber hassten das Abschreiben, weil durch dieses viele Menschen gerettet würden, nicht nur die späteren Leser, sondern auch die Kopisten selbst.[124] Obschon Trithemius, ein Humanist, Bibliothekar, Bibliograph, Kirchenmann und vielseitiger Autor, nur noch den Renaissanceforschern und Kirchenhistorikern bekannt ist, zeugt seine Schrift vom intellektuellen und geistlichen Rang, der dem Abschreiben einst zukam und in der skizzierten Bruderschaft der Kopisten auf eine hintergründige Art weiterlebt.

Die Kopisten bei Hoffmann und Leskow

Das bestätigt sich in zwei Erzählungen vom Anfang und vom Ende des 19. Jahrhunderts, *Der goldne Topf* von E. T. A. Hoffmann und *Cheramour* von Nikolai Leskow. Der junge Held in Hoffmanns Geschichte ist die genaue Umwandlung des christlichen Toren in der Welt der Ungläubigen in den romantischen Toren in der Welt der philiströsen Bürger. An die Stelle des Gottesglaubens tritt hier die Erfahrung der schöpferischen Energie im Innern des Menschen, die diesen in eine höhere Wirklichkeit versetzt. Die Bürger haben davon keine Ahnung. Sie halten Anselmus, der mitten in Dresden von bald unheimlichen, bald verzückenden Visionen heimgesucht wird, für einen sympathischen Narren, dem man mit Vernunft und gutem Zureden helfen muss.

Das Anderssein des jungen Mannes zeigt sich schon darin, dass er alle Züge eines Schlemihls aufweist: Er stolpert von einem Pech ins nächste; die simpelsten Handlungen gehen schief; kein volles Glas kann er heben, ohne es einem angesehenen Mitglied der Gesellschaft auf die Weste oder in den Ausschnitt zu gießen. Mit erstaunlicher Präzision exponiert Hoffmann den Pechvogel als Auserwählten. Seine schrittweise Annäherung an die verborgene Wirklichkeit einer andern Welt erfolgt über einen Initiationsprozess, der alle obligaten Leiden und Schrecken dieser Rituale enthält. Lange bevor die Kulturwissenschaften den *Rite de passage* erforschten und auf den Begriff brachten, war er ja schon eine Wirklichkeit der Literatur. Dazu gehört auch das Verhältnis des Adepten zu einem Meister, der ihn prüft und durch lange schwarze Tage schließlich ans Ziel führt. Von alledem wissen die Gewöhnlichen nichts; sie halten den Adepten für einen Narren und den Meister für einen Sonderling. Anselmus, der scheinbare Schlemihl und Tolpatsch, wird durch die Initiation zu einem Dichter, tritt also ein in die Sphäre der Kunst, die nicht einfach der Raum des Schönen ist, sondern ein grundstürzend anderes Dasein in einer anders beschaffenen Welt. Dieser Übergang kann bei Hoffmann auch scheitern. Dann gehen die Helden im Wahnsinn unter, enden als Verbrecher oder Selbstmörder. Die Hoffmann-Gestalt schlechthin, der Kapellmeister Kreisler, läuft immerzu taumelnd, bald ekstatisch, bald verzweifelnd, diesen tödlichen Abgrund entlang.

Der Akt des Kopierens hat im *Goldnen Topf* die Beschaffenheit einer Prüfung des Adepten durch den Meister. Als hohe Handfertigkeit ist dieser Akt zwar noch nicht Teil jener zweiten Existenz, zu der Anselmus unterwegs ist, gehört aber doch zur Schwelle, die den Übertritt eines Tages ermöglicht. Insofern besteht da eine hohe Parallele zum Kopieren der Mönche, die oft nicht verstanden, was sie abschreiben mussten, es aber auch nicht zu verstehen brauchten, denn die Arbeit selbst diente ja bereits dem höchsten Sinn, den die Texte transportierten. Es könnte dieser Zusammenfall von Sinnlosigkeit und Sinn sein, was der internationalen Bruderschaft der Kopisten bei allen Differenzen gemeinsam ist und was den Erzähler des *Bartleby* darüber nachdenken lässt, ob man über diese Leute, dieses »interesting and somewhat singular set of men«, nicht einmal analysierend und erörternd schreiben müsste.

Die ganze, geradezu schreiende Kluft aber, die viele Mitglieder der Bruderschaft voneinander trennt, wird einem bewusst, wenn man vom romantischen Programmtext E. T. A. Hoffmanns zu einem der letzten Gottesnarren spezifisch russischer Prägung, zu Cheramour in Leskows gleichnamiger Erzählung, blickt. Der liebenswürdige Name, der in krassem Gegensatz zu Cheramours Erscheinung steht, ist eine französische Anverwandlung von Tschernomor oder Chernomor, einem bösen Zauberer aus den russischen Märchen.[125] Dieser hat zottiges Haar und einen wilden, riesenlangen Bart, und so, wüst und verlumpt, sieht Cheramour denn auch tatsächlich aus. Er lebt als Clochard in Paris, wo der Erzähler, ein reisender russischer Schriftsteller, ihn trifft und sogleich zu beobachten und zu studieren beginnt – genau wie die Erzähler der Spielmann- und Bartleby-Novellen es mit ihren Objekten tun. Was sie alle dazu zwingt, ist das immer gleiche Rätsel: Stehe ich vor einem Verrückten oder einem Heiligen? Und kann es denn sein, dass einer beides zusammen ist, vollumfänglich?

Cheramour hat nur eine Leidenschaft, er will essen, »fressen« sagt er in der Übersetzung meistens, will herunterschlingen, was nur in seinen Bauch geht, animalisch durchaus. Das wirkt nicht eben einnehmend und auch nicht geheimnisvoll. Aber dazu tritt das parallele Begehren, andere zu füttern. Gewaltig zu essen und möglichst vielen in gleicher Fülle zu essen zu geben, das ist Cheramours einzige Vision, die gelegentlich durch einen glücklichen Zufall Wirklichkeit wird, im Hinterzimmer einer schmutzigen Pariser Kneipe. Seine Essgier ist egoman, seine Fütterungssucht eine barbarische Gestalt der Nächstenliebe. Beides zusammen macht ihn zu einem Sozialrevolutionär ohne Partei und Parolen. Er spiegelt den Materialismus des 19. Jahrhunderts in einer Scherbe urtümlicher Brüderlichkeit. Um Essen und Füttern zu können, bettelt er ungescheut die reisenden Russen in Paris an, zahlt aber jedes geliehene Geldstück irgendwann zurück. Er verachtet alles, was mit seinem doppelten Lebensziel nichts zu tun hat, und beleidigt jeden, dem andere Dinge lieb und wert sind. Er verkörpert das real Verrückte und Unbegreifliche des russischen Gottesnarren, wie er in Tolstois *Kindheit* dokumentiert ist, in der Szene, da die Kinder heimlich durch einen Spalt in der Wand den mit Büßerketten behängten Pilger beim Beten beobachten.[126] Wobei Cheramour noch um einige Grade ausgefallener ist – ein lebendiger Skandal.

An einer Stelle aber wird deutlich, warum Leskow ihn derart ins Extrem stilisiert hat. Mit Cheramour wollte er ein Stück des für die westliche Welt unbegreiflichen Russland in Paris, der Hauptstadt der säkularisierten Zivilisation, auftauchen lassen und so die Unvereinbarkeit der zwei Welten augenfällig machen. Der Erzähler hat sich wieder einmal über sein Studienobjekt geärgert und sagt:

> Wirklich, ich spürte in dem Augenblick das Verlangen, etwas nach ihm zu feuern oder ihm ein Glas an die Stirn zu werfen, so ärgerlich war ich über ihn und so zuwider war er mir da in seiner ganzen hoffnungslosen Dummheit und Hilflosigkeit [...] Und dann erst begriff ich die ganze Tiefe und Ernsthaftigkeit des sogenannten petrinischen Risses [...][127]

Der petrinische Riss, auf Peter den Großen und seine Reformen anspielend, war im Russland des späten 19. Jahrhunderts das geflügelte Wort für die angeblich unüberbrückbaren Differenzen zwischen der russischen und der westlichen Kultur. Wobei der Erzähler dies nicht weiter ausführt. Er gibt nur ein Signal, unter welcher Perspektive man die Narrheit dieses Narren sehen sollte.

Damit gewinnt die Tatsache, dass Cheramour auch ein perfekter Abschreiber ist, eine modellhafte Bedeutung. Anselmus ist der romantische Ekstatiker unter den Spießbürgern; Cheramour ein Stück unbegreifliches Russland im aufgeklärten Paris. Dass beide Kopisten sind, höchstqualifizierte, ist das

Insigne ihres geheimen Bezugs zu einem Raum außerhalb der geltenden Normen. Sie sind, ohne es zu wissen, noch anderswo zu Hause, so wie sie, ohne es zu wissen, im Kopf deutlich anders beschaffen sind als alle andern. Sie sind ein Ärgernis, ein Störfaktor, ein Objekt von Spott und Gelächter – bis eines Tages einer kommt, der es unternimmt, ihr Anderssein zu ergründen und darüber Bericht zu erstatten. Dann entsteht eine Geschichte, die, wie Grillparzers *Spielmann,* ihrerseits fremdartig wirkt im Erzählen der Zeit.

VI

DIE SZENE ALS MONSTER

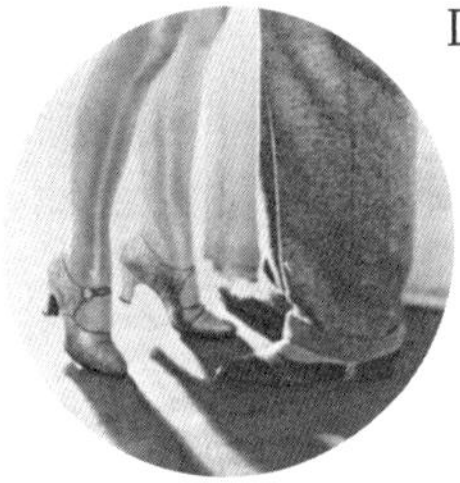

Die Literatur denkt in Szenen. Diese Feststellung aus dem ersten Kapitel richtet sich gegen die verbreitete Annahme, dass die Autoren ihre vorgefertigten Gedanken in farbige Ereignisse kleiden, um sie den Leserinnen und Lesern besser vermitteln zu können.

Die Distanzierung von dieser Verpackungsästhetik ist ein altes Geschäft der Literaturwissenschaft. Es überlebt sich aber nie ganz, weil die Verpackungsästhetik als die spontanste aller Literaturtheorien immerzu und überall neu entsteht, wie der Löwenzahn in gepflegten Rasenflächen.

Im Grundsätzlichen braucht dies hier nicht weiter diskutiert zu werden – wohl aber im Konkreten. Wenn nämlich die Literatur in Szenen denkt und nicht Gedanken in Szenen verkleidet, wie kommt man diesen Szenen dann überhaupt bei? Wo finde ich den Code, sie zu entschlüsseln? Sie entstehen als Ereignisse im Prozess des Erzählens, sind also vor dem Gedanken da, den der Autor irgendwann damit verbinden mag.

In der Regel ist das Begreifen einer Szene für erfahrene Leserinnen und Leser kein Problem. Man verknüpft das Ereignis spontan mit früheren Geschehnissen im Stück oder in der Erzählung, entdeckt Bestätigungen und Präzisierungen, die auf eine übergreifende Tendenz schließen lassen, ein ziehendes Gefälle des Sinns, das sich fortlaufend verdeutlicht. Es gibt allerdings Fälle, in denen auch der trainierte Leser staunend vor einer Szene steht und nicht weiß, wie er damit umgehen soll. Seine bewährte Taktik des Verstehens versagt. Er fühlt sich in einer hermeneutischen Falle. Etwas sehr Wichtiges und Spektakuläres will sich nicht in das Ganze fügen, lässt sich nur in seiner sinnlichen Konkretheit betrachten. Es mag wie ein Stilbruch wirken, rückt aber die Szene so noch dringlicher vor unsere Augen. Plötzlich kommt man mit einem folgerichtig gebauten Text nicht mehr zurande.

Der Kontext der monströsen Szene

In einer berühmten Erzählung aus dem ersten Jahrzehnt des 19. Jahrhunderts erkennt eine junge Witwe, dass sie schwanger ist, ohne die geringste Ahnung zu haben, wie es dazu kommen konnte. Sie erlebt die Situation als so ausweglos, dass sie eine Anzeige in die Zeitung setzt, ihren Zustand öffentlich bekanntmacht und den unbekannten Vater des Kindes auffordert, sich bei ihr zu melden; sie sei, »aus Familien-Rücksichten«, bereit, ihn zu heiraten. Das ist der durchaus reißerische Ausgangspunkt von Kleists Novelle *Die Marquise von O....* Die Arbeit ist im Februar 1808 in Dresden erstmals im Druck erschienen, im zweiten Heft der vom Autor mitherausgegebenen Zeitschrift *Phöbus*.[128]

Eine Situation, die zugleich evident und unmöglich ist, wie die Marquise sie am eigenen Leib erfährt, ist für Kleists Schreiben im höchsten Maße spezifisch. Er hat erzählerische Arrangements dieser Art fieberhaft gesucht und mit Scharfsinn selbst konstruiert. Daher konzentriert sich die breite Forschung zu dieser Erzählung denn auch überwiegend auf die existentielle Verfassung der Frau, die sich selbst zum Rätsel geworden ist, und auf den dramatischen Prozess, in dem sie gegen den drohenden Wahnsinn kämpft und sich schließlich ihrer souveränen Person versichert.

Die monströse Szene, um die es hier geht, betrifft aber nicht die Selbsterfahrung der Marquise, auch nicht den Moment, in dem der öffentlich gesuchte Unbekannte tatsächlich vor ihr erscheint, sie spielt sich vielmehr zwischen der Marquise und ihrem Vater ab. Für diesen ist die Schwangerschaft seiner Tochter kein verstörender Zusammenfall von Evidenz und Unmöglichkeit, sondern eine eindeutige Schande. Das erwartete Kind und die öffentliche Bekanntmachung beweisen für ihn zwingend, dass seine Tochter Unzucht getrieben hat und nun mit einem üblen Trick versucht, der Welt ihre Unschuld vorzuspiegeln. Im Gegenüber von Vater und Tochter baut Kleist ein innerfamiliäres Gericht auf, das zwar ein Nebenstrang im Erzählganzen ist, am Ende aber durch die monströse Szene eine schwindelerregende Dimension gewinnt. Sie übersteigt alle andern erzählerischen Exzesse, an denen die Novelle wahrhaftig reich genug ist.

Diese Szene ist ein einziger maßloser Kuss.

Vorher aber war der Vater nahe daran, seine Tochter, die Mutter zweier Kinder, die ihren Mann in den politischen Wirren der Zeit verloren und sich seither zurückgezogen der Erziehung gewidmet hat, zu erschießen. Der Schuss geht sogar los, in einer merkwürdigen, von Kleist minuziös konstruierten Situation. Nachdem sowohl Arzt wie Hebamme die Frage der Schwangerschaft bestätigt haben, nicht ohne ironische Anspielungen auf deren vermutliche Entstehung zu machen und das für die Marquise Unverständliche augenzwinkernd als ein natürliches, auch bei Witwen keineswegs seltenes Vorkommnis zu erklären, folgt, in einer Klimax, die Verstoßung zunächst durch die Mutter, dann durch den Vater. Die Mutter, die noch die spöttischen Worte der Hebamme im Ohr hat, erwartet das offene Geständnis eines Fehltritts – »Doch als die Marquise sagte, daß sie wahnsinnig werden würde, sprach die Mutter, indem sie sich vom Divan erhob: geh! geh! du bist nichtswürdig! Verflucht die Stunde, da ich dich gebahr! Und verließ das Zimmer.«[129] Kurz darauf trifft ein Brief mit der Mitteilung des Vaters ein, dass die Tochter dessen Haus sofort zu verlassen habe; er hoffe, »daß ihm Gott den Jammer ersparen werde, sie wieder zu sehen«.[130] Die Marquise, im Wissen um ihre Unschuld, will mit dem Vater reden und eilt in seine Zimmer. Hier fällt der erwähnte Schuss.

Man muss in dieser Szene die Bewegungen und Körperhaltungen der Beteiligten genau verfolgen. Kleist registriert sie mit nahezu wissenschaftlicher Präzision. Der Vater sieht die Tochter kommen:

> Der Commendant wandte ihr, bei ihrem Anblick, den Rücken zu, und eilte in sein Schlafgemach. Er rief, als sie ihn dahin verfolgte, hinweg! und wollte die Thüre zuwerfen; doch da sie, unter Jammern und Flehen, daß er sie schließe, verhinderte, so gab er plötzlich nach und eilte, während die Marquise zu ihm hineintrat, nach der Wand. Sie warf sich ihm, der ihr den Rücken zugekehrt hatte, eben zu Füßen,

und umfaßte zitternd seine Kniee, als ein Pistol, das er ergriffen hatte, in dem Augenblick, da er es von der Wand herabriß, losgieng, und der Schuß schmetternd in die Decke fuhr. Herr meines Lebens! rief die Marquise, erhob sich leichenblaß von ihren Knieen, und eilte aus seinen Gemächern wieder hinweg.[131]

Das Agieren des Vaters muss hier gelesen werden wie ein Text und will auch wie ein solcher verstanden sein. Er will die Marquise nicht sehen, eilt von ihr weg, und zwar in sein privatestes Gemach. Sie verhindert mit körperlichem Einsatz, dass er die Tür schließt. Er kann in kein weiteres Zimmer stürzen und müsste jetzt eigentlich mit der Tochter ringen, um sie über die Schwelle zurückzustoßen. Wenn es nun heißt: »so gab er plötzlich nach«, besagt dies nicht einfach, dass er auf das unwürdige Handgemenge verzichtet, sondern dass er es in einer sekundenschnellen Eingebung durch ein anderes Vorhaben ersetzt. Er geht zur Wand, an der die Pistole hängt – und hier öffnet sich nun ein Freiraum der Deutung: Will er die Tochter mit der Waffe bedrohen und so aus dem Zimmer treiben, um die Verstoßung abzuschließen, oder zieht er in Betracht, sie zu töten? Die Marquise ist ihm nachgeeilt. Als er sich nach der Pistole streckt, kniet sie bereits hinter ihm, umklammert seine Knie und fleht um Liebe und Verstehen. Kleist war ein geschulter Offizier, schon als Kind in den Gebrauch der Waffen eingeführt. Nach seiner Beschreibung muss der Hahn der geladenen Pistole, der den Schlagbolzen auf die Zündkapsel jagt und so den Schuss auslöst, bereits gespannt gewesen sein. Der Vater hätte also auf jeden Fall mit einem tödlichen Vorgang rechnen müssen, wenn er, wie es offensichtlich seine Absicht war, die Waffe auf die Tochter gerichtet hätte. Nach dem Wortlaut der Beschreibung hat er beim Herabreißen der Pistole nicht willentlich abgedrückt, sondern »das Pistol ist losgegangen«. Dies kann eine Folge der Behinderung durch die kniende Frau gewesen sein oder eine Fehlleistung in der Aufregung – das Ereignis des Schusses tritt auf jeden Fall ein und teilt der Tochter mit, dass sie nach Meinung des Vaters den Tod verdient hat.

Während des ganzen Verstoßungsvorgangs hat die Marquise, im Vertrauen auf die Liebe zwischen ihr und den Eltern, um deren Verständnis gekämpft, bis hin zu körperlichem Greifen und Klammern. Um es von Kleists Konfliktmuster her zu formulieren: Sie hat ihnen abringen wollen, trotz der erwiesenen Schwangerschaft an ihre Unschuld zu glauben. Der Schuss setzt dieser extremen Anstrengung ein Ende. Auf einen Schlag ist die Marquise allein auf der Welt.

In der Plötzlichkeit der Detonation spricht sich der Sturz des Subjekts aus jeder gesicherten Ordnung aus. Der Lichtblitz, der zum Schuss gehört, ist auch der Blitz dieser Erkenntnis. Deshalb musste der Auftritt so umständlich gebaut werden, bis hin zu den seltsamen Haltungen und Gebärden. Auf diese Weise denkt die Literatur in Szenen.

Statt sie endgültig in Verwirrung und Wahnsinn zu stürzen, macht der Blitz der Erkenntnis nun aber die Marquise frei. Sie bettelt nicht mehr, sie handelt. Knapp und scharf weist sie den Bruder ab, der ihr im Auftrag des Vaters die zwei Kinder wegnehmen will: »Sag deinem unmenschlichen Vater, daß er kommen und mich niederschießen: nicht aber mir meine Kinder entreißen könne!«[132] Man beachte das Wörtchen »deinem«; damit erklärt sie, dass der Kommandant ihr Vater nicht mehr sei. Mit einem einzigen Possessivpronomen kehrt sie die Verstoßung, die der Alte vollzogen hat, um. Nun ist sie es, die den Schnitt tut, und der Verweis auf das Niederschießen bestätigt nochmals die Bedeutung des Schusses für diese Verwandlung ihrer Person.

Man beachte aber auch den Doppelpunkt in diesem Satz; es ist eine der Kleistschen Interpunktionen, die gegen alles Übliche verstoßen und in den zirkulierenden Ausgaben des Textes meistens korrigiert werden. Das Satzzeichen signalisiert frappant den Trennungsakt der Frau von ihrem Vater. Dieser verfügt über die Gewalt, er kann die Tochter töten, der Doppelpunkt aber eröffnet die Gegenaktion: Selbst bei angedrohtem Tod wird die Frau ihre Kinder nicht hergeben. Ihre neue Freiheit weicht auch dem Mord nicht. Kurz darauf wird sie das skandalöse Inserat erscheinen lassen.

Die berühmten, hundertfach zitierten Sätze, die nun folgen, fassen nur zusammen und bringen auf den Begriff, was in der Konfrontation mit dem vaterhörigen Bruder bereits Wirklichkeit geworden ist. Und sie sind so beschaffen, diese Sätze, dass sie durch keine Vielzahl des Zitierens zu abgedroschenen Floskeln werden können:

> Durch diese schöne Anstrengung mit sich selbst bekannt gemacht, hob sie sich plötzlich, wie an ihrer eigenen Hand, aus der ganzen Tiefe, in welche das Schicksal sie herabgestürzt hatte, empor. [...] Ihr Verstand, stark genug, in ihrer sonderbaren Lage nicht zu reißen, gab sich ganz unter der großen, heiligen und unerklärlichen Einrichtung der Welt gefangen.[133]

Die Konsequenz daraus ist der Vorsatz, sich von nun an »mit Stolz gegen die Anfälle der Welt zu rüsten«.[134]

Die zitierten Sätze schlagen eine Brücke zwischen der Anthropologie der deutschen Klassik und modernen Daseinserfahrungen. Goethes Konzept der fortlaufenden Entwicklung des tätigen Subjekts, des menschlichen Daseins als einer Metamorphose ad infinitum, und Schillers Konzept der Freiheit der vernünftigen Person in aller Gefangenschaft von Körper und Gesellschaft durchdringen sich hier. Gleichzeitig aber kommen die naturhafte Verwandlung, wie sie Goethe versteht, und die Autonomie des Geistes, die Schiller postuliert, an ihre Grenze im Wort von der »großen, heiligen und unerklärlichen Einrichtung der Welt«. Für Goethe und Schiller ist die Einrichtung der Welt im Wesentlichen erklärlich. Für Kleist ist sie das mit absoluter Entschiedenheit nicht. Für ihn ist die Welt, seit er sich von allen Wissenschaften in einem radikalen Akt abgewandt hat, so beschaffen, dass ein erwiesenes Faktum zugleich unmöglich und etwas schlechthin Unmögliches zugleich eine Tatsache sein kann. Was ich mit Augen sehe und mit Händen greife, kann falsch sein, was allen Erfahrungen, Prüfungen und Beweisen widerspricht, kann trotzdem zutreffen. Deshalb hat Kleist, der jahrelang den Plan verfolgte, alle Wissenschaften gleichzeitig und bis zur Meisterschaft zu studieren, dieses sein Lebensprojekt, eine Potenzierung dessen, was man Aufklärung nennt, von einem Tag auf den andern hingeschmissen und sich entschlossen, Dichter zu werden (und zwar gleich der größte, den es jemals gab). Von diesem Tag oder dieser kurzen Zeitspanne der Umpolung seiner Existenz wissen wir nahezu nichts. Es ist die Blackbox in Kleists Leben, obwohl alle davon reden, als wäre es eine Binsenwahrheit. Fest steht nur, dass ihm von da an die Einrichtung der Welt eine immense Unerklärlichkeit war.

Die Wahrheit ist ihr Gegenteil. Die Schwangere, zum Beispiel, hat mit keinem Mann geschlafen, oder umgekehrt: Die im Akt der Unzucht Ertappte ist schuldlos wie ein kleines Kind. Die letztere Variante führt Kleist im *Zerbrochnen Krug* vor. In ähnlicher Weise sahen sich die Existentialisten um die Mitte des 20. Jahrhunderts vor die Sinnlosigkeit der Welt gestellt, die sie nur bestehen konnten in einem seinerseits widersinnigen Trotzdem. Kleist wurde daher einer ihrer Hausgötter. Gérard Philipe als Prinz Friedrich von Homburg in der Inszenierung von Jean Vilar auf den Bühnen von Paris und Avignon war eine Ikone des französischen Existentialismus der frühen fünfziger Jahre. Sie wurde zusätzlich sakralisiert durch den frühen Tod des vergötterten Schauspielers. Aber während die Denker am Boulevard Saint-Germain mit ihrem Trotzdem dem Nichts entgegentraten, sprach Kleist an der zitierten Schlüsselstelle von der »großen, heiligen und unerklärlichen Einrichtung der Welt«. Kleist – oder doch seine Marquise von O.... – akzeptiert noch im Scheitern der Vernunft das, was dieses Scheitern verursacht, als große heilige Einrichtung, auch wenn damit der Kantische Imperativ: Sapere aude! in sein Gegenteil verkehrt wird. Er lautet nun nicht mehr, mit Kants eigener Übersetzung: »Habe Mut, dich deines *eigenen* Verstandes zu bedienen!«[135] Sondern: »Habe den Mut, deinen schärfsten und klarsten Verstand in der Begegnung mit der Welt scheitern zu lassen!« Und wenn Kant seinen Satz im gleichen Atemzug zum »Wahlspruch der Aufklärung« erklärt, demonstriert Kleists erzählerisches und dramatisches Werk nichts Geringeres als das Scheitern der Aufklärung.

Mit welcher Besessenheit Kleist diesen epochalen Erkenntniskollaps zur äußersten Konsequenz treibt, zeigt das Finale der *Marquise von O....*, wo der schöne und edle Offizier, der die Marquise vor der Schändung durch eine wüste Soldateska rettete, sich als der Mann zu erkennen gibt, der die Ohnmächtige anschließend vergewaltigt und geschwängert hat. Die Marquise muss in diesem Moment ertragen, dass der engelgleiche Beschützer zugleich ein unbezweifelbarer Teufel war. Sie braucht die beiden Begriffe »Engel« und »Teufel« selbst, und Kleist legt sie ihr in den Mund, um mit dem Kontrast das Fazit aus seinem experimentellen Test auf die Verlässlichkeit des menschlichen Erkennens zu ziehen. Den Wissenschaften entlaufen, ist er als Dichter Wissenschaftler geblieben.

Kann man das Versöhnung nennen?

So verläuft die Erzählung als Ganzes. Mittendrin aber findet sich die monströse Szene, die man als Leser nicht wirklich begreifen kann. Kleist hat den Vater konsequent als gnadenlosen Richter und Herrn seiner Tochter aufgebaut. Er hat ihn gegen sie zur Pistole greifen lassen, und der Schuss ist losgegangen, wenn auch nur in die Zimmerdecke. In seinem militärischen Amt kommandiert er die Zitadelle der Stadt M... in Oberitalien. Es ist die Zeit der napoleonischen Kriege. Russische Truppen rücken gegen die Zitadelle vor und verlangen, dass die Besatzung sich ergebe. Der Kommandant verweigert die Kapitulation und lässt auf die Angreifer schießen; seiner Familie, die sich auch in der Zitadelle befindet, erklärt er militärisch streng, »daß er sich nunmehr verhalten würde, als ob sie nicht vorhanden wäre«.[136] Das ist ein altrömischer Gestus: Die Pflicht des Heerführers steht über der Liebe zu Frau und Kind. Der Heroismus führt allerdings nicht sehr weit. Kleist lässt die Konfrontation, bei der man, nach dem beschriebenen Auftakt, Todesmut und Selbstopfer aller Art erwartet, nicht eben heldenmäßig enden:

> Der Feind, seinerseits, bombardirte die Citadelle. Er steckte die Magazine in Brand, eroberte ein Außenwerk, und als der Commendant, nach einer nochmaligen Aufforderung, noch mit der Übergabe zauderte, so ordnete er einen nächtlichen Überfall an, und eroberte die Festung mit Sturm.[137]

Dem Kommandanten geschieht weiter nichts. Er kann bald einmal, nun wieder altrömisch hart, das beschriebene Gericht über die schwangere Tochter abhalten.

Die Mutter aber, die dieses Gericht mitvollzogen hat, ist angesichts der gelassenen Selbstsicherheit der Schwangeren zunehmend irritiert. Wie kann diese Haltung mit ihrem sittenlosen Akt zusammengehen? Sie greift zu einem Trick und erklärt der Tochter, der Vater ihres Kindes habe sich auf die Annonce hin bereits gestellt. Es handle sich um einen Diener der Familie. Die Marquise erschrickt, glaubt es aber sofort; sie kann sich sogar erinnern, dass der Diener einmal, als sie im Garten schlief, in ihrer Nähe war. Damit ist für die Mutter klar, dass die Tochter nichts verheimlicht und tatsächlich ahnungslos ist. Sie bittet sie um Verzeihung und informiert den Kommandanten über die neue Sachlage.

Und jetzt geschieht, was man beim Lesen nicht für möglich hält. Dass sich der Vater und Pistolenschütze entschuldigt, mag man ja erwarten, vielleicht auch, dass er ein paar Tränen verliert angesichts der erwiesenen Unschuld seines Kindes. Aber so? Aber dies? Eine so homerische Szene maßlosen Weinens, Heulens vielmehr, wie Kleist es unzweideutig nennt – »Der Commendant beugte sich ganz krumm, und heulte, daß die Wände erschallten«[138] –, ein solch tränentriefendes Herfallen über die Tochter, ein derart endlos-tierisches Küssen ihres ganzen Gesichts, mit immer neuem Zurechtlegen ihres Mundes zu weiterem Pressen und Stöhnen und Wimmern – man glaubt nicht recht zu lesen, glaubt überhaupt nichts mehr beim Lesen, denn nach Kleists präzisem Bericht dauert diese Versöhnungsorgie weit über eine Stunde. Der Erzähler hält nämlich fest, dass die Mutter, während die Marquise auf dem Schoß des küssenden Vaters liegt, umständlich für ihn kocht und überdies, da sie fürchtet, die Aufregung könnte ihm schaden, auch noch das Bett vorbereitet und wärmt, als müsste ein Kind gepflegt werden:

> Sie kochte ihm für den Abend Alles, was sie nur Stärkendes und Beruhigendes aufzutreiben wußte, in der Küche zusammen, bereitete und wärmte ihm das Bett, um ihn sogleich hineinzulegen, sobald er nur, an der Hand der Tochter, erscheinen würde, und schlich, da er immer nicht kam, und schon die Abendtafel gedeckt war, dem Zimmer der Marquise zu, um doch zu hören, was sich zutrage?[139]

Mit einem kostbaren Kleistschen Fragezeichen zum Schluss! Und diese umfassend Besorgte »schleicht« also dem Zimmer der Marquise zu, als würde sie etwas Verbotenes tun, legt dort tatsächlich das Ohr an die Tür, wobei sie ein leises Lispeln zu vernehmen glaubt, späht überdies durchs Schlüsselloch und kann erkennen, dass die Tochter auf dem Schoß des Vaters sitzt – was er vorher nie geduldet hat. Nun wagt sie doch einzutreten, und was sie jetzt sieht, muss zitiert werden. Der Bericht ist nicht durch den Blick der Mutter gefärbt, ist vielmehr die verbindliche Erzählerrede. Wir stehen vor einem Monument, das im Arrangement des Paars an eine Pietà erinnert, allerdings nicht in Tod und Schmerz erstarrt wie die Gottesmutter und ihr Sohn, sondern, im Gegenteil, in einer Art Verflüssigung, in flutendem Auf und Nieder, einem körperlich antwortenden Beisammensein, für das auch der Erzähler nur unverstellt erotische Vergleiche findet. So lange das schon gedauert hat und jetzt, vor den Augen der Mutter, weiterdauert, es ist doch ein einziger Akt. Das Kontinuum der Küsse erscheint wie ein einziger Kuss von ungesehenen Ausmaßen.

> Drauf endlich öffnete sie die Thür, und sah nun – und das Herz quoll ihr vor Freuden empor: die Tochter still, mit zurückgebeugtem Nacken, die Augen fest geschlossen, in des Vaters Armen liegen; indessen dieser, auf dem Lehnstuhl sitzend, lange, heiße und lechzende Küsse, das große Auge voll glänzender Thränen, auf ihren Mund drückte: gerade wie ein Verliebter! Die Tochter sprach nicht, er sprach nicht; mit über sie gebeugtem Antlitz saß er, wie über das Mädchen seiner ersten Liebe, und legte ihr den Mund zurecht, und küßte sie.[140]

Das sind zwei Sätze, durchrhythmisiert, in einem Fortgang, der sich immer wieder selbst unterbricht, aber nur um in gesteigertem Zug voranzudrängen – die Stockungen sind mit

Gedankenstrich, Doppelpunkten, Kommas und Semikolons wie in eine Partitur gezeichnet. Die zwei ineinander Versunkenen sehen die eintretende Mutter nicht; sie wirken wie aus Zeit und Raum geglitten. Die Mutter tritt nun hinter den Vater, zögert aber, »die Lust der himmelfrohen Versöhnung, die ihrem Hause wieder geworden war, zu stören«. Und es folgt, ähnlich wie in der Szene mit der Pistole, ein Moment seltsamer körperlicher Verdrehung. Die Mutter möchte die zwei Halbbewussten endlich zur Besinnung und an den wartenden Tisch bringen. Dazu beugt sie sich von hinten um den Stuhl herum, auf dem der Vater sitzt, und blickt ihm seitlich ins Gesicht. Die Störung scheint ihn zu ärgern, aber sie beendet jetzt das ganze Treiben mit einem Scherz. So dieses Finale:

> Sie nahte sich dem Vater endlich, und sah ihn, da er eben wieder mit Fingern und Lippen in unsäglicher Lust über den Mund seiner Tochter beschäftigt war, sich um den Stuhl herumbeugend, von der Seite an. Der Commendant schlug, bei ihrem Anblick, das Gesicht schon wieder ganz kraus nieder und wollte etwas sagen; doch sie: o was für ein Gesicht! rief sie, küßte es jetzt auch ihrerseits in Ordnung, und machte der Rührung durch Scherzen ein Ende. Sie lud und führte beide, die wie Brautleute giengen, zur Abendtafel, an welcher der Commendant zwar sehr heiter war, aber noch von Zeit zu Zeit schluchzte, wenig aß und sprach, auf den Teller niedersah, und mit der Hand seiner Tochter spielte.[141]

Der exorbitanten Aktivität des Vaters steht das Verhalten der Tochter gegenüber, von dem wir fast nichts erfahren. Dass sie die Küsse zurückgibt, wird weder gesagt noch angedeutet. Nur am Anfang, als der weinende Vater erscheint – man hat ihn, wörtlich, »von Weitem heranschluchzen« hören –, zeigt sie die eigene Rührung und sinkt ihm »mit unendlichen Liebkosungen zu Füßen«. Dass die Versöhnung für sie eine Erlösung ist, versteht sich nach der umfassenden Ächtung, die sie erfahren musste, von selbst. Zu den wenigen Informationen über sie gehört die Feststellung: »Die Tochter sprach nicht, er sprach nicht.« Dass die beiden zur Abendtafel »wie Brautleute giengen«, besagt nicht mehr, als dass die Marquise nichts abwehrt, was der Vater initiiert. Von seinem Heulen und Schluchzen überschwemmt, ist sie ganz da, nimmt seine Reue an, aber dass sie das körperliche Liebestreiben des Vaters irgendwie erwidern würde, geht aus dem Text nicht hervor. Gewiss ist nur, dass sie nicht sprechen will. Weil sie dabei die Strafaktionen des Vaters verharmlosen müsste? Die Tatsache, dass auch er nicht spricht, bedeutet also etwas anderes als ihr Schweigen. Beim Verdammen der Tochter war er um Worte nicht verlegen, ebenso wenig bei der Weigerung, sie anzuhören. Jetzt will er, dass mit seinem Heulen alles gesagt sei, was zu sagen wäre. Dem steht der Schuss entgegen. Als Leser sehen wir uns vor ein Dilemma gestellt: Eine schrille Groteske verlangt unsere Erschütterung.

In der alltäglichen Praxis des Lesens hält man eine solche Situation nicht lange aus. Man bereinigt die Sache, indem man sich eine Lösung zurechtlegt und daran festhält, unbekümmert um mögliche Gegenargumente. Einen Text zu verstehen, wie es ihnen beliebt, ist schließlich das gute Recht aller Leserinnen und Leser. Das könnte hier zum Beispiel so aussehen, dass man die erotische Dimension des Vorgangs hervorhebt und im angeblichen Akt der Versöhnung eine zweite Vergewaltigung sieht: Was zuerst der russische Offizier tat, tut jetzt mehr oder weniger auch der Vater. Der Offizier hat ihm mit der Zitadelle auch die Tochter erstürmt; jetzt holt er sich wenigstens diese zurück. Das Bildfeld vom Erobern einer Festung gehört seit jeher zur Rede von Liebe und Sexualität, ob das Ziel nun mit beidseitiger Zustimmung, durch die Kunst eines erprobten Verführers oder mit schierer Gewalt erreicht wird. Damit ginge das Herrschaftsverhalten des richtenden Vaters bruchlos weiter in seiner stundenlangen Küsserei. Nur darf der Leser dann nicht die Frage stellen, wie diese Annahme mit dem unendlichen Weinen zusammengeht, über dem der Vater und Kommandant am Ende in einer babyähnlichen Schwäche verdämmert, der nur noch ein vorgewärmtes Bett beikommt. Und ebenso wenig darf dann die Frage gestellt werden, wie die Selbstfindung der Marquise, das Herzstück schlechthin der Erzählung, mit dieser zweiten Unterwerfung unter die Männermacht vereinbar sein soll. Dazu kommt, dass die Mutter seit dem schluchzenden Zusammenbruch des Vaters eindeutig die Macht über ihn gewonnen hat und ihn zum Ritual der Versöhnung förmlich kommandiert. Wenn er in der

Folge »mit Fingern und Lippen in unsäglicher Lust über den Mund seiner Tochter beschäftigt« ist, scheint dies für sie zu den landläufigen Zärtlichkeiten zwischen Eltern und Kindern zu gehören.

Gefühlskultur des 18. Jahrhunderts?

Eine zweite Möglichkeit, die der Szene innewohnenden Widersprüchlichkeiten aufzulösen, wäre die Reflexion auf die Gefühlskultur des mittleren 18. und frühen 19. Jahrhunderts, in der, nicht zuletzt unter dem Einfluss des Pietismus, das Weinen, und zwar beider Geschlechter, eine eminente Bedeutung besaß. Dahinter stehen auch ältere Traditionen christlicher Meditation und Mystik. Weinen können, stark und ungehemmt, wird als Gnade erfahren; die »Gabe der Tränen« war ein fester Begriff. Gegenüber den stoischen und epikureischen Schulen, welche die Ataraxie, die seelische Unerschütterlichkeit, lobten, suchte die neue Gefühlskultur die Erschütterungen, die im Strom der Tränen ihren stärksten und zugleich ansteckenden Ausdruck fanden. Der gerührte Mensch wurde ein Epochentypus. Der Herrschaft der Vernunft trat die Gewalt der Gefühle als oppositionelle Macht entgegen. Die Anthropologie der deutschen Klassik suchte die Harmonie zwischen den beiden Kräften, schlug sich aber im Zweifel auf die Seite des Gefühls. Noch der fünfundsiebzigjährige Goethe schreibt in der Verzweiflung über den endgültigen Abschied von der siebzehnjährigen Ulrike von Levetzow:

Mich treibt umher ein unbezwinglich Sehnen,
Da bleibt kein Rat als grenzenlose Tränen.

Und wenn diese Verse heute mehrheitlich eine Reaktion irgendwo zwischen Schulterzucken und Spott auslösen sollten, zeigt dies nur die Schwankungen, denen die intensive Rührung und ihre Symptome in der Kulturgeschichte der Gefühle ausgesetzt sind. Mit der Wertschätzung des entfesselten Gefühls steigt oder sinkt auch die Bedeutung der Tränen. Sie sind die physikalische Erscheinungsform der fühlenden Seele. Sobald die Vernunft das ungehemmte Fühlen verdächtigt, geraten auch die Tränen ins Zwielicht. Das Sentiment wird zur Sentimentalität, und die Tränen wandeln sich von einem Zeugnis gesteigerter Erfahrungsfähigkeit zu einem Symptom des Kitsches. Wenn sie das aber einmal sind, wie geht man dann mit Texten aus den Zeiten um, da sie es noch keineswegs waren? Man könnte dieses hermeneutische Dilemma etwa an Heines *Buch der Lieder* zeigen.

Comédie larmoyante?

Als *Die Marquise von O....* erscheint, existiert schon seit mehr als fünfzig Jahren ein deutsches Trauerspiel, in dem ein Vater seiner verführten Tochter hinterherreist, aber nicht als Richter, sondern in ungebrochener Liebe, um sie zurückzuholen und ihr wie auch dem Entführer zu verzeihen. Dieser Vater ist von Anfang an in Tränen gebadet, die Tochter desgleichen, und selbst der abgebrühte Verführer sagt kurz nach Beginn des Stücks: »Sieh, da läuft die erste Träne, die ich seit meiner

Kindheit geweinet, die Wange herunter!«[142] Es ist Lessings erste Tragödie, *Miss Sara Sampson*, und sie ist offensichtlich auf das Weinen der Zuschauer ausgerichtet – im Wissen, dass diese solches gerne tun. Der Dichter Ramler schrieb nach der Uraufführung in Frankfurt 1755 an seinen Kollegen Gleim: »[...] die Zuschauer haben 3½ Stunde zugehört, stille gesessen wie Statuen und geweint.«[143] Lessing hat mit seinem neuen Werk die sogenannte *Comédie larmoyante*, die in Frankreich bereits große Mode war, auf das deutsche Theater geholt. Beim Publikum der Zeit besaß die heftige Rührung sowohl auf der Bühne als auch im Zuschauerraum kultischen Charakter; sie war ein epochentypischer Trend, bei dem der aristokratische Heroismus durch die neue bürgerliche Gefühlskultur abgelöst wurde. Eine Parallele dazu bildete der englische Briefroman; insbesondere Samuel Richardsons *Clarissa* hatte in Deutschland einen immensen Erfolg. Der Plot von Lessings *Miss Sara Sampson* erinnert verdächtig an die Handlung dieser *Clarissa*, und es gibt Zeugnisse, die vermuten lassen, dass Lessing die literarische Mode, die da von Frankreich und England hereindrang, wohlüberlegt ausbeutete. Diese Art Theater, die man bald einmal *Rührstück* nannte, blieb ein sicherer Wert auf den deutschen Bühnen, und zwar noch über Kleists kurze Lebenszeit hinaus. August von Kotzebue, der meistgespielte Bühnenautor deutscher Sprache um 1800 – und ironischerweise ein Mann aus Weimar –, verdankt der Dramaturgie der Tränen einen großen Teil seines Erfolgs. Man kann es in *Menschenhass und Reue*, einem seiner Dauerbrenner, nachprüfen.

Wäre also der Paroxysmus der Versöhnung in Kleists *Marquise* nichts weiter als eine zeitgenössische Stiltendenz, die den

Leserinnen und Lesern damals bestens vertraut war? Sicher ist, dass die Tränen auch zur Zeit Kleists noch ernster genommen wurden als heute und dass ihre Steigerung ins »Grenzenlose«, um auf das Goethe-Zitat anzuspielen, nicht unfreiwillig komisch wirkte, sondern von den Lesern oder Zuschauern mitvollzogen wurde.

Man sieht das an der Reaktion der Mutter, die im Geschehen zwischen Vater und Tochter »die Lust der himmelfrohen Versöhnung« erkennt, »die ihrem Hause wieder geworden war«. Diese Formulierung sollte genau betrachtet werden. Sie besagt, dass die unverkennbare Lust im enormen Küssen des Vaters in den Augen der Mutter nichts anderes ist als sein Glücksgefühl über die Versöhnung mit der Tochter. Obwohl der Vater noch kurz zuvor über diese gesagt hat: »O die verschmitzte Heuchlerinn! Zehnmal die Schamlosigkeit einer Hündinn, mit zehnfacher List des Fuchses gepaart, reichen noch an die ihrige nicht!«[144] Die Maßlosigkeit dieser Beschimpfung scheint für die Mutter ihr Pendant in der Maßlosigkeit des Friedenskusses zu finden.

Und genau hier muss man feststellen, dass nicht nur die Tränenfluten in der damaligen Literatur dem heutigen Empfinden fremd geworden sind, sondern dass dies auch für die emotionale Aufladung des Aktes der Versöhnung an sich gilt. Gibt es denn im 21. Jahrhundert überhaupt noch eine Ästhetik der Versöhnung? Ist die Versöhnung in der Literatur und auf dem Theater heute nicht grundsätzlich dem Verdacht der Unwahrheit ausgesetzt? Obwohl der gequälte Planet nichts dringlicher bräuchte als eine neue Kultur der Versöhnung. Der hohe Glanz, der im Zeitalter der Aufklärung auf der Idee der Versöhnung lag und der noch, wie zweideutig auch immer, in

Kleists *Marquise von O....* hineinleuchtet, hat er sich wirklich zu Recht verflüchtigt?

Auch die Forschung treibt es mit der Szene bunt

Es muss also, so schroff wie nur möglich, die Frage gestellt werden: Darf man als Leserin oder Leser, als Kritiker oder Wissenschaftlerin die Deutung der monströsen Szene durch die Mutter – »[...] die Lust der himmelfrohen Versöhnung, die ihrem Hause wieder geworden war [...]« – schlicht als eine verkehrte Meinung betrachten und kurzerhand übergehen? Die Mutter nimmt ja zuletzt, wie der zitierte Abschnitt gezeigt hat, an dem ekstatischen Ritual symbolischen Anteil. Sie schiebt ihren Kopf neben den des küssenden Vaters und küsst diesen selbst, um ihn aus der Trance zu holen.

Otto Brahm, der herausragende deutsche Kritiker um 1900 und prominente Förderer von Ibsen und Hauptmann, erwähnt in seinem Kleist-Buch von 1884 diese Szene nur in einem Nebensatz, versteht sie aber vorbehaltlos als ergreifenden Moment: »[...] nachdem sie mit den Eltern die rührende Versöhnung gefeiert«. Er schließt daraus auch auf den Charakter des Kommandanten: »der soldatisch wortkarge, aber im Innern liebreiche Vater«.[145] Brahm nimmt also nicht den geringsten Anstoß an dem Vorgang, der so oft mit dem Wort »skandalös« verbunden wird.

In seiner Interpretation der Novelle geht er von der Verwandtschaft der Marquise mit Alkmene in Kleists *Amphitryon* aus. Die Marquise wird von einem Unbekannten geschwängert, Alkmene wird es von Jupiter, dem höchsten Gott, der sich ihr als Doppelgänger ihres Gatten Amphitryon nähert. Beide Frauen empfangen ihr Kind, ohne den Vater zu kennen, und geraten dadurch in eine schwere existentielle Krise. Diese Parallele spielt in der Kleist-Forschung bis heute eine bedeutende Rolle. Brahm war also auch aus gegenwärtiger Sicht kein naiver oder altmodischer Germanist.

Walter Muschg, der schon mit seinem wissenschaftlichen Erstling, dem Kleist-Buch von 1923, Aufsehen erregte, wurde später einer der ersten Hochschulgermanisten, die die Psychoanalyse als Instrument der Literaturwissenschaft anerkannten. In der Versöhnungsszene sieht er aber keineswegs ein ödipal-inzestuöses Verhältnis. Bei seiner Beschreibung des Vaters hebt er vielmehr einen Aspekt hervor, der später oft übersehen oder als belanglos beiseitegeschoben wird: die Infantilisierung des Alten im Schock der Erkenntnis seiner Schuld.

> [...] den alten Vater der Marquise, der die bürgerliche Schande am schwersten verwindet und als ein vom Hinblick auf die Gesellschaft völlig absorbierter Edelmann die äußeren Folgen am spürbarsten zu tragen hat, weil er ihren inneren Sinn nicht einsieht. Deshalb verwandelt ihn auch die Erkenntnis des wahren Sachverhalts in einen närrischen verliebten Jüngling, dessen Freude seiner Trauer die Waage hält und diejenige der Tochter bei weitem übertrifft.[146]

Der Kommandant bereut also nicht einfach, was er getan hat, sondern verwandelt sich in einen seltsamen Puer senex, alter Mann und Kind zugleich. »Wie ein Kind« ist denn auch eines der ersten Worte, mit denen die Mutter ihrer Tochter den veränderten Vater beschreibt:

> Aber nun sitzt er, und weint. Wer? fragte die Marquise. Er, antwortete die Mutter. Wer sonst, als wer die größte Ursache dazu hat. Der Vater doch nicht? rief die Marquise. Wie ein Kind, erwiederte die Mutter; daß ich, wenn ich mir nicht selber hätte die Thränen aus den Augen wischen müssen, gelacht hätte, so wie ich nur aus der Thüre heraus war.[147]

In dem Lachen steckt die Überlegenheit, die die Mutter nun dem Familienherrscher gegenüber besitzt und ausspielt. Wenn man diesen gleich darauf »von Weitem heranschluchzen« hört, wenn er »das Tuch vor das Gesicht haltend« eintritt, wenn er sich endlich »ganz krumm« beugt und heult, »daß die Wände erschallten«[148], dann ist dies die Haltlosigkeit eines Kindes, das eben nicht weint wie die Erwachsenen, sondern ohne weiteres übergehen kann in ein Schreien mit allen Kräften. Kommt so etwas von einem zum Kind gewordenen Manne, muss es sich in der Tat als ein wolfsähnliches Heulen mit entsprechendem Widerhall ausnehmen. Als der Vater überdies noch in Krämpfe und Zuckungen gerät[149], wird die lachende Überlegenheit seiner Frau zur mütterlichen Besorgtheit. Das große Kind könnte krank werden; es muss ihm umgehend ein Bett bereitet und vorgewärmt werden.

Und genau solche Infantilität oder wenigstens Juvenilität sieht Muschg nun auch in der Versöhnungsszene am Werk. Der da küsst, ist »ein närrischer verliebter Jüngling«, schockartig aus seiner familiären und militärischen Befehlsgewalt gekippt, unbeherrscht, aber ungefährlich. Man kann diese

Leseweise verharmlosend finden, darf aber die von der Erzählung so drastisch herausgearbeitete Tatsache der Infantilisierung nicht einfach ausblenden. Muschgs knapper Text über die Kuss-Szene ist analytisch genau, wenn auch in der Formulierung etwas vertrackt: »[...] in einen närrischen verliebten Jüngling, dessen Freude seiner Trauer die Waage hält und diejenige der Tochter bei weitem übertrifft«. Dies benennt die auffällige Differenz im Verhalten der beiden Akteure. Beim Vater halten sich die Freude über die Unschuld seines Kindes und die Trauer über seine eigene Schuld »die Waage«; bei der Tochter hingegen ist die Freude »bei weitem« geringer. Einen Grund dafür gibt Muschg nicht an. Er unterstreicht aber die auffällige Passivität der Geküssten, die nicht weiß, wie sie mit der verwandelten Persönlichkeit des Vaters, diesem ihr gänzlich unbekannten »närrischen verliebten Jüngling«, umgehen soll.

Das alles muss in Erinnerung bleiben, wenn man studiert, wie die neue Präsenz der Theorien Sigmund Freuds in den Geisteswissenschaften seit den 1970er Jahren den Blick auf die Versöhnungsszene in der *Marquise von O....* gesteuert hat. Das Stichwort *inzestuös* trat von da an dominant in den Diskurs. Man sprach wie selbstverständlich von der »inzestuös gefärbten Versöhnungsszene« oder sogar der »inzestuösen Versöhnung«.[150] Das führte allerdings zwingend dazu, dass die Begeisterung der Mutter über diesen Vorgang die Forscher zu irritieren begann. Müsste sie denn nicht entsetzt oder empört sein? Sehr schön zeigt sich dies in einem Kommentar, der »die (befremdlich?) selige Freude der Mutter«[151] hervorhebt. Die Klammer mit dem Fragezeichen gesteht hier ein, dass sich für den wissenschaftlichen Blick das »Inzestuöse« der Szene mit der mütterlichen Freude nicht zur Deckung bringen lasse, und sie gibt sogar zu, dass sich im Interpreten darüber eine Art Hilflosigkeit einstellt.

Auffällig ist, dass sich die Bestimmung der Szene als praktizierter Inzest nun gerne mit der Bemerkung verbindet, dies sei so offensichtlich, dass sich jede weitere Begründung erübrige: »Sie trägt unübersehbar die Züge des Inzests«[152], heißt es etwa, oder: »Die ödipale Struktur dieser Szene ist so offensichtlich, dass sie als solche keiner Interpretation mehr bedarf.«[153] Das ist etwas überraschend angesichts der Tatsache, dass weder Mutter noch Tochter, die nächsten Beteiligten, es so sehen. Wenigstens diese Gegebenheit bedürfte doch wohl noch einer Erklärung.

Statt dass die Versöhnungsszene, wie die Erzählung es nahezulegen scheint, die Pistolenaffäre zwischen Vater und Tochter umfassend bereinigt, verunklären sich diese beiden Ereignisse jetzt gegenseitig. So schreibt László F. Földényi in seinem vielbeachteten Kleist-Buch von 1999:

> In *Die Marquise von O....* richtet der Vater eine Pistole auf seine Tochter, und es ist nur dem Zufall zu verdanken, dass die Kugel statt ihrer Brust die Decke durchbohrt. Ihre spätere Versöhnung erscheint mindestens genauso problematisch, statt eine Lösung zu finden, wird das angespannte Verhältnis von Vater und Tochter infolge der übertriebenen und maßlos ausartenden Liebe noch verwickelter.[154]

Das ist vielleicht etwas undeutlich formuliert, liquidiert aber ohne Zweifel die Annahme, dass es hier um einen rituellen Friedensschluss gehe.

Noch häufiger allerdings als dem Pistolenschuss wird die Kuss-Szene nun dem Akt der Vergewaltigung zu Beginn der Novelle gegenübergestellt, und zwar nicht als dessen Gegenteil, sondern dessen Parallele. Was dort geschah, wird hier wiederholt. Was damals der schöne Graf tat, tut jetzt der Vater. In einem Band mit »neuen Lektüren zu Heinrich von Kleist« von 2011 heißt es:

> Alle Rollen des Grafen, Eroberer, Retter, Vergewaltiger, spiegeln sich im Rollenverhalten des Vaters: In der Aufgabe der Schutzfunktion, in der Tötungsdrohung und in der sexuellen Zudringlichkeit.[155]

Da erscheint die These, dass die Versöhnung nichts anderes sei als eine zweite Vergewaltigung, in lapidarer Prägnanz. Der nachgerade klassische Text zu dieser Auslegung aber stammt von Barbara Vinken und Anselm Haverkamp. Er findet sich in einem Aufsatz von 1994 mit dem verblüffenden Titel *Die zurechtgelegte Frau* und ist in seiner stilistischen Rasanz seinerseits an Kleist geschult. Nahezu balladesk wird zunächst das spiegelbildliche Verhältnis zwischen der Vergewaltigung der Marquise durch den Grafen F... und dem Versöhnungsakt mit dem Vater vorgetragen:

> Im Brennpunkt dieser Szene war der Graf F... als ein Gott auf den Plan getreten, der er nicht war, hatte er einen Engel verkörpert, der er noch weniger war, so dass der Marquise nach dem Muster der *Unbefleckten Empfängnis* geschah, was im Faktum ihrer Schwangerschaft sich nicht verleugnen ließ. Im Vaterhaus und unter den Augen der Mutter kommt

es zur Wiederkehr dieser Urszene, in der nicht minder skandalösen Versöhnungsszene zwischen Vater und Tochter.

Bevor der Abschluss dieses Textes zitiert wird, muss eine sachliche Erläuterung eingeschoben werden. Sie betrifft den berühmtesten Gedankenstrich der deutschen Literatur. Kleist setzt ihn gegen Schluss des zweiten Abschnitts der Novelle, als er beschreibt, wie der Graf bei der Eroberung der Zitadelle die Marquise vor den russischen Soldaten rettet und in einen noch intakten Flügel des Palastes führt. Dort wird sie ohnmächtig. Dass er sie hier vergewaltigt, verschweigt der Text. Er springt gleich über in den Bericht, wie der Graf gegenüber den herbeigeeilten Dienerinnen der Marquise weitere Maßnahmen zu deren Schutz und Pflege trifft. Diesen Sprung in der Erzählung markiert Kleist mit dem legendären Gedankenstrich. Was im Original so aussieht:

> [Er] bot der Dame, unter einer verbindlichen, französischen Anrede den Arm; und führte sie, die von allen solchen Auftritten sprachlos war, in den anderen, von den Flammen noch nicht ergriffenen, Flügel des Pallastes, wo sie auch völlig bewußtlos niedersank. Hier – traf er, da bald darauf ihre erschrockenen Frauen erschienen, Anstalten, einen Arzt zu rufen [...][156]

Darauf bezieht sich nun zunächst die Fortsetzung des zitierten Passus von Vinken und Haverkamp. Sie lautet:

> Was »Hier –« im Gedankenstrich nicht Text wurde und als Markierung ohne Ausdehnung blieb, wird in dieser Versöhnung ausführlich bis zur Widerlichkeit, wie unter einem Vergrößerungsglas ans Licht gebracht: die Liebeszuwendung des Vaters an die sorgfältig in der Umarmung zurechtgelegte, einmal mehr zurechtgelegte, die Zurechtlegung abermals mit geschlossenen Augen erleidende Tochter.[157]

Die rhetorisch raffinierte Repetition *zurechtgelegte, zurechtgelegte, Zurechtlegung* vergegenwärtigt sehr konkret die vom Erzähler hinter dem Gedankenstrich versteckte Vergewaltigung; sie wird von Vinken und Haverkamp recht eigentlich nachphantasiert. Das demonstrativ wiederholte Wort ist der Kuss-Szene entnommen: »[…] und legte ihr den Mund zurecht, und küßte sie.« Vergewaltigung und Versöhnung, die größten möglichen Gegensätze, werden damit zu einem identischen Akt erklärt, einer einzigen Schändung. Das ist Analyse und Gericht zugleich, Gericht über die zwei Männer der Novelle, aber auch über den in ihnen verkörperten Vater-Mann des Patriarchats schlechthin, der sich in seinem Tun und Treiben auf den Vater-Gott der jüdisch-christlichen Tradition berufen kann. Und in der Wendung »ausführlich bis zur Widerlichkeit« schwingt auch noch sekundenschnell ein Gericht über Kleist selbst mit, der solches schreiben konnte.

Die Omnipräsenz Sigmund Freuds in den Geisteswissenschaften der drei letzten Jahrzehnte des 20. Jahrhunderts ließ die Hypothese einer inzestuösen Vergewaltigung als unmittelbar evident erscheinen. Die gleiche Omnipräsenz führte aber in der Forschung noch zu einer weiteren Hypothese, die nun allerdings das Bild von der Marquise als einem hilflosen Opfer, und damit auch die erste Hypothese, in ein schlimmes Zwielicht rückte. Es wurde nämlich verschiedentlich die Vermutung geäußert, die Marquise, eine Witwe, deren Mann vor längerer Zeit ums Leben gekommen war, habe die Vereinigung mit dem schönen Grafen selber gewünscht, sei aber über diesen Wunsch so erschrocken, dass sie ihn sofort ins Unbewusste verschoben, also, mit Freuds Fachbegriff, verdrängt habe. Darauf zielt zum Beispiel die folgende Aussage: »Im Unbewußten weiß sie es, aber das Bewußtsein weigert sich, dieses Wissen aufzunehmen und zu vollziehen.«[158] Was von Heinz Politzer noch präzisiert wird: »Es weiß in ihr; aber ihr Über-Ich weigert sich bis ans Ende erfolgreich, dieses Es zu erkennen und anzuerkennen.«[159] Müsste man da nicht noch zusätzlich annehmen, dass die Marquise, ebenso unbewusst, dem tapferen Kavalier entsprechende Signale gegeben hat? Und war vielleicht ihr bewusstloses Niedersinken, das Kleist unmittelbar vor dem Gedankenstrich erwähnt, gerade ein solches Zeichen?

Oder wird hier die Literaturwissenschaft selbst zu einer Komödie?

Tatsächlich ist die Versöhnungsszene in ihrer Hyperrealistik so provokativ, entzieht sie sich gleichzeitig so entschieden einer unmittelbar schlüssigen Deutung, dass die Wissenschaft an ihre Grenzen gelangt und irgendwann zu ihrerseits grotesken Kapriolen getrieben wird. Gewiss finden sich in der Literatur lange vor Freud schon minuziös beschriebene Vorgänge der Verdrängung und der damit verbundenen Fehlleistungen, weil der psychologische Instinkt der Autoren keiner ausformulierten Theorie bedarf, um solche elementaren Prozesse des Seelenlebens zu vergegenwärtigen. Aber daraus ergibt sich noch kein Freibrief für die Interpreten, jeder beliebigen literarischen Figur unbewusste Triebziele zuzuschreiben, die ihr Handeln steuern, ohne dass es dazu im formulierten Text präzis gesetzte Anzeichen und Vorbedingungen gäbe. Sonst könnte man ja zum Beispiel bei Schillers Königin Elisabeth nach freiem Ermessen eine unbewusste lesbische Bindung an Maria Stuart diagnostizieren, welche zu deren Hinrichtung aus gekränkter Liebe führt. Weder Maria noch Elisabeth hätten davon eine Ahnung, nur der Germanist wüsste es.

Es ist nicht zu bestreiten, dass der psychoanalytische Blick auf die Literatur viele Zusammenhänge aufgedeckt hat, die vordem ungesehen geblieben waren. Aber es bedarf dazu stets empirisch nachweisbarer Gegebenheiten im Text. Im Falle der Marquise reicht die Tatsache, dass ihr der Graf, als er sie rettet, »wie ein Engel« erscheint, nicht aus für die Annahme, dass sie, unmittelbar nach einem Augenblick der höchsten Todesangst und während es ringsum brennt, den dringenden Wunsch verspürt, von ihm vergewaltigt zu werden.

Zuzugeben ist allerdings, dass es Stimmen gibt, die der Meinung sind, Kleist selbst habe solche Spekulationen angeregt, weil er in seiner Zeitschrift *Phöbus*, einen Monat nachdem dort *Die Marquise von O....* erschienen war, das folgende Epigramm veröffentlicht hat:

Die Marquise von O....

Dieser Roman ist nicht für dich, meine Tochter.
In Ohnmacht!
Schamlose Posse! Sie hielt, weiß ich, die Augen bloß zu.[160]

Wenn Kleist so etwas schreibt, meinte man, muss er selbst mit der Möglichkeit gerechnet haben, dass die Marquise die Ohnmacht nur gespielt habe, um die Zärtlichkeit ihres Retters zu erwecken. Das ist ein Fehlschluss, eine weitere Kapriole, zu der die Wissenschaft durch Kleists schriftstellerische Exzentrik verführt wird. Tatsache ist, dass die Erzählung bei ihrem Erscheinen viele Leserinnen skandalisierte. Es sind entsprechende Äußerungen überliefert. Aber genau diese Proteste gegen die angebliche Unsittlichkeit von Kleists Geschichte sind das Ziel seines satirischen Epigramms. Er erklärt damit: Wer dieses Werk für unsittlich hält, tut es, weil er selbst handfeste Unsittlichkeiten hineinphantasiert. Der geschliffene Zweizeiler ist in Wahrheit die Widerlegung aller diffusen Spekulationen über ein bewusstes oder unbewusstes Doppelspiel der Marquise.

Kleists andere Psychologie

Es war nun aber auch Heinz Politzer, der für das Versöhnungsereignis zwischen Vater und Tochter in der *Marquise von O....* die vielleicht treffendste Formulierung gefunden hat, so treffend deshalb, weil sie für einmal weder verurteilt noch freispricht und auch das triumphale Aha! der Inzestdiagnose vermeidet. Er schreibt: »Die sublime Schamlosigkeit der Szene ist ohne Vorbild, und selbst in seinem Werk ohne ihresgleichen.«[161] Das besagt, dass es eine solche Szene in der Literatur überhaupt noch nie gegeben habe, und zwar einerseits in ihrer Krassheit – »und legte ihr den Mund zurecht, und küßte sie« –, andererseits in ihrer gleichzeitigen Sublimierung, welche die Schamlosigkeit vergeistige und in etwas Höheres steigere. Um diesen Doppelcharakter zu erkennen, muss man die Begeisterung der Mutter über das Geschehen gelten lassen, muss man das unaufhörliche Weinen des küssenden Vaters als Zeichen der Reue gelten lassen, muss man das wortlose Hinnehmen der Zärtlichkeiten durch die Tochter als deren Zustimmung zu seiner Trauer gelten lassen. Man mag sich dagegen sträuben, bis zur Empörung möglicherweise, aber jedes andere Verstehen setzt die Ausblendung unbestreitbarer Textwirklichkeiten voraus. Selbst wenn man »sublime Schamlosigkeit« als ein Oxymoron betrachtet, eine Redewendung, die sich selbst widerspricht, ein hölzernes Eisen, wie man auch etwa sagt, ist doch nicht zu bestreiten, dass eine solche Paradoxie hier tatsächlich vorliegt.

Politzers Bemerkung, die Szene sei »selbst in seinem Werk ohne ihresgleichen«, besagt überdies, dass etwas Ähnliches ohnehin nur bei Kleist zu finden wäre. Das ist vielleicht der entscheidende Punkt. Es gibt in der Tat eine Kleist-spezifische Psychologie, welche die allgemein bekannten Formen des menschlichen Verhaltens übersteigt, auch jene, die wir als exzentrisch oder kriminell oder pathologisch betrachten. Die Figuren dieses Autors können in einer Weise handeln und reden, die für die Leser damals wie heute nicht nachfühlbar ist und trotzdem von zwingender Folgerichtigkeit. Ohne diese Folgerichtigkeit müsste man das Geschehen als absurd und mithin als künstlerisch missraten betrachten. Man wird aber zum Gefangenen von Kleists formaler Konsequenz, die sich in der Dynamik seiner Sprache manifestiert, ihrem bannenden Rhythmus, der jeden kritischen Einwand zum Schweigen bringt. Da rettet man sich dann gern in eine selektive Wahrnehmung und blendet einzelne Vorgänge aus, um mit den verbliebenen einen einleuchtenden Handlungszusammenhang zu konstruieren. Dieser lässt sich jeweils auch moralisch beurteilen. Der schluchzende Küsser in der Versöhnungsszene wird entweder, wie bei Brahm, zum »soldatisch wortkargen, aber im Innern liebreichen Vater« verklärt, oder aber, wie in jüngerer Zeit, als blutschänderischer Vergewaltiger verworfen.

Im Grunde steht diese Kleistsche Psychologie, die nicht vollständig nachempfindbar ist und unsere anthropologischen und moralischen Systeme sprengt, schon hinter dem berühmten Charakterbild im ersten Satz der Erzählung *Michael Kohlhaas*. Dort wird der Held der Geschichte »einer der rechtschaffensten zugleich und entsetzlichsten Menschen seiner Zeit« genannt. Das geht nicht auf. Das ist eine Mischung von Wasser und Feuer. Aber Kleist sagt schon mit diesem Satz: Wartet nur ab! Ihr werdet erleben, wie es aufgeht!

Es sind zwei Bewegungen, die hinter seinem Schreiben stehen: Die eine ist das Vorantreiben einer Sache bis ins äußerste Extrem, die andere ist der plötzliche Umschlag ins Gegenteil. Beides sind Prozesse, die wir eher der Physik als dem Seelenleben zuweisen. Und Kleist hat tatsächlich auch als Psychologe in physikalischen Kategorien gedacht, und zwar aus dem damals aktuellsten Bereich der Physik, der Elektrizität. Die Möglichkeit, dass es zwischen Menschen elektromagnetische Bindungen, Abstoßungen und Umpolungen geben könne wie bei den Metallen, hat die Literatur und Philosophie der ersten Jahrzehnte des 19. Jahrhunderts in Bann geschlagen und vielfach beschäftigt. Kleist, Goethe und E. T. A. Hoffmann sind die wichtigsten Autoren, die solche Prozesse literarisch darstellten.[162] Kleist, der schon von Natur aus dazu neigte, seelische

Vorgänge zu akzelerieren und ins Maßlose zu steigern, sah sich damals von einer aktuellen wissenschaftlichen Lehre gestützt und also nicht weiter zu einer Psychologie der Einfühlung und einer Ästhetik der Wahrscheinlichkeit verpflichtet. Das ungeheure Ereignis rechtfertigte sich jeweils selbst. Seine Unberechenbarkeit bewies die wahre Beschaffenheit der Welt. Davon wusste Kleist seit seinem Bruch mit den intellektuellen Systemen der Aufklärung, der ihn zum Dichter gemacht hatte.

Die Verwandlung des eisernen Vaters, der von seiner Tochter nur in bellenden Urteilen gesprochen hat, in das schwankende, sprachlose Wesen, das weint wie ein Kind, haltlos und ausdauernd, und wie ein Kind weder seiner Trauer noch seiner Liebe gewachsen ist, stellt eine solche Umpolung dar. Sie verläuft mit der Gewalt einer elektrischen Entladung. Sie ist nicht Entwicklung oder Metamorphose, wie sie bei Goethe allem Werden zugrunde liegt. Kein sanftes Gesetz, sondern schmetternd, um Kleists Lieblingswort[163] zu verwenden. Deshalb wird das sanfte Weinen, das wir von einem erschütterten Menschen erwarten können, bei ihm zu einem Heulen, »daß die Wände erschallten«. Für uns ist das komisch, aber für Kleist, den Fanatiker des Enormen, musste es das nicht sein. Und deshalb wird auch die behutsame Zärtlichkeit, die bei einem bewegten Vater zu erwarten wäre, hier zu einem schamlos unzüchtigen Treiben, für das uns die Begriffe fehlen. Was die Leserinnen und Leser dabei erfahren, deckt sich mit der Beschreibung, die in Goethes *Tasso* von solchen Momenten gegeben wird:

Wenn ganz was Unerwartetes begegnet,
Wenn unser Blick was Ungeheures sieht,
Steht unser Geist auf eine Weile still,
Wir haben nichts, womit wir das vergleichen.[164]

Was Goethe hier umreißt, ist ein anthropologisch wichtiges, aber wenig diskutiertes Phänomen. Einen Menschen in diesem Zustand nennen wir fassungslos oder entgeistert. Die Ursache dafür wird im Zitat sehr genau mit den Begriffen des *Unerwarteten* und des *Ungeheuren* erfasst. Das *Unerwartete* verweist auf den raumzeitlichen Kontext: An diesem Ort, in dieser Umgebung und zu dieser Stunde gibt es nichts, was ein solches Ereignis hätte als möglich erscheinen lassen. Das *Ungeheure* verweist auf die Dimension des Geschehens: Es ist riesig in einem räumlichen und einem übertragenen Sinn, übersteigt die Kräfte, die dem betroffenen Menschen zur Verfügung stehen. Die lähmende Fassungslosigkeit wäre in dem Moment überwunden, da man im Ungeheuren etwas Bekanntes entdeckte. Der Akt des Vergleichens gäbe dem Fassungslosen wieder festen Stand, aber da ist nichts, das sich vergleichen ließe.

Die Analyse der Entgeisterung in den vier Goethe-Versen gilt also genau für die Erfahrung, die die Leserinnen und Leser bei der Versöhnungsszene machen. Der monströse Vorgang ist singulär nicht nur als etwas Erzähltes, sondern auch – und das ist die eigentliche Sensation – als etwas Gelesenes. Er raubt dem Leser alles gelassene Betrachten, das er bei seinem meditativen Tun gewohnt ist. Er muss sich irgendwie aus der Affäre ziehen, und die Spielformen dieses Aktes spiegeln sich in den Spielformen der Deutung, welche die Literaturwissenschaft im Verlauf der Zeit vorgelegt hat.

Wenn man im weinenden und küssenden Vater ein Ereignis des radikalen Umschlags sieht, kommt man rasch darauf, dass es in der Novelle noch weitere Ereignisse dieser Art gibt. Eines ist der Umschlag des Grafen vom Retter in den Vergewaltiger gleich zu Beginn der Handlung. Dieser Moment wird zwar nicht geschildert, rückt einem beim Lesen aber immer stärker als das fortwirkende Urereignis vor Augen. Auch ihm ist mit der landläufigen Psychologie der Einfühlung nicht beizukommen. Seine Dynamik spiegelt sich erst am Ende im Entsetzen der Marquise, als sich ihr Heilsbringer, dem sie entsprechend zugetan ist, auf das Inserat hin als ihr Vergewaltiger zu erkennen gibt. Der Graf kniet vor ihr und fasst ihre Hand, und jetzt folgt der Satz, der förmlich gespickt ist mit Gedankenstrichen, als müsste auch das Schriftbild an jenen Gedankenstrich erinnern, der zu Beginn der Erzählung die böse Tat kaschierte: »Doch diese –: gehn Sie! gehn Sie! gehn Sie! rief sie, indem sie aufstand; auf einen Lasterhaften war ich gefaßt, aber auf keinen – – – Teufel!«[165]

Und dass auch die Verwandlung der Marquise im Moment, da die väterliche Pistole detoniert, dass auch diese Verwandlung aus einer verzweifelt Flehenden in eine ganz und gar Selbstgewisse eine Umpolung dieser Art ist, braucht nicht weiter erläutert zu werden.

An der Monstrosität der Versöhnungsszene ändert das alles nichts, auch nicht an der momentanen Fassungslosigkeit des gutwilligen Lesers – »wir haben nichts, womit wir das vergleichen«. Wer wissen will, wie der Extrempunkt aussieht, auf den Kleists Schreiben immer wieder zustrebt, kann sich an diese Szene halten. Er begreift dann auch die Tänze des Geistes, zu denen die Arbeit des Verstehens diesem Autor und seinen Werken gegenüber immer von neuem führt.

Vom Frieden

Die sexualpathologische Deutung, die heute nahezu kanonisch geworden ist, muss den Akt der Versöhnung für belanglos erklären. In dieser Auslegung kehrt der eiserne Vater, der bereit war, die Tochter zu erschießen, unverwandelt zurück als der, der auch bereit ist, die Tochter zu vergewaltigen. Die angebliche Versöhnung verschleiert in dieser Sicht nur die Unterwerfung der Tochter unter das Regime des Vaters, der Frau unter das Regime des Mannes. Damit wird aber auch die unerhörte Selbstfindung der Tochter nach dem Schuss und durch den Schuss bagatellisiert. Ihre im Entsetzen gewonnene Autonomie bleibt jedoch bestehen, sonst könnte die Marquise später nicht den zitierten Satz mit den drei Gedankenstrichen herausschleudern. Wenn dem aber so ist, dann begegnet sie auch dem Vater nach der Selbstfindung auf Augenhöhe, und ihre Passivität gegenüber seinem kindischen Weinen und seinen ebenso kindischen Zärtlichkeiten ist ein gelassenes Dulden: Sie lässt das alles zu, weil es dem Alten hilft. Er wird schon wieder trocknen.

Wer nur schon die Möglichkeit dieser Deutung einräumt, muss grundsätzlich auch die Möglichkeit einräumen, dass es in der *Marquise von O....* in ernsthafter Weise um Versöhnung gehen könnte. Um den Frieden zwischen den Menschen. Versöhnungen und Friedensschlüsse sind in der Gegenwart ohne ästhetischen Reiz. Das ist ein Problem dieser Gegenwart. Zur

Zeit Kleists, der den Krieg schon als Kindersoldat mitgemacht hatte und wusste, wie die Schlachtfelder aussahen, mit denen der Kontinent damals weithin bedeckt war, gab es genauso viele Gründe wie heute, den Akt der Versöhnung in der Kunst für verlogen zu halten. Aber heute vergisst man merkwürdig leicht, dass die Versöhnung in der Literatur nicht per se eine Verfälschung der Wirklichkeit ist, sondern in jedem einzelnen Fall an der Schwere des Konflikts gemessen werden muss, den sie beendet. Sonst dürfte es gar keine Friedensschlüsse mehr geben, sei's zwischen Menschen, sei's zwischen Armeen. Erst die Mühe und Not, die die Versöhnung den Beteiligten abforderte, erweist die Berechtigung des erworbenen Glücks. Denn um Glück, eine bestimmte und fundamentale Form des Glücks, geht es überall, wo es um den Frieden geht. Dieses Glück wird nur erfahren, wer um das Gegenteil des Friedens weiß. Wo man es vergessen hat, wird der Frieden zum öden Alltag. Dass das Gegenteil des Friedens nicht in Vergessenheit gerät, hängt von der Phantasie der Menschen ab. Deren leuchtendste Erscheinungsform sind die Künste, ist nicht zuletzt die Literatur. Diese hat daher zwei Aufgaben: das Spektrum der Konflikte vor Augen zu führen und die Möglichkeiten ihrer Auflösung in der Katastrophe oder der Versöhnung zu zeigen. Gemetzel oder Umarmung. Wer nur das Gemetzel anerkennt, vergeht sich gegen die Tatsache, dass die Fähigkeit zur Versöhnung dem Homo sapiens von der Evolution ebenso gegeben ist wie die Lust am schmetternden Konflikt. Also hat die Literatur auch von der Versöhnung zu handeln, in deren ganzer Vertracktheit. Es ist nicht die Kritik, die ihr diese Aufgabe erteilt, auch nicht die ästhetische Theorie, es ist die Evolution. Alle Konflikte, in die die Menschen geraten können, hat die Literatur nämlich durchzuspielen, und desgleichen alle Formen ihres möglichen Ausgangs. Spiel als Erkenntnis. So entsteht ein Vorwissen in den Menschen, lang bevor die tatsächlichen Konflikte ausbrechen, entsteht eine Möglichkeit der begleitenden Reflexion und schließlich ein Medium der nachträglichen rationalen und emotionalen Bereinigung. Man könnte die verstörende Art, wie Kleist in seiner Novelle die Versöhnung zwischen Vater und Tochter inszeniert, auch als eine Aussage darüber betrachten, wie abgründig die elementaren Akte der Versöhnung tatsächlich sind und dass auch dieses Glück nicht ohne seine Not zu haben ist.

Über die Merkwürdigkeit, dass Kleist die Versöhnungsszene von Jean-Jacques Rousseau übernommen hat

In den Kommentaren zur *Marquise von O....* wird in der Regel darauf hingewiesen, dass Kleist die Versöhnungsszene erkennbar aus Jean-Jacques Rousseaus Briefroman *Julie ou La Nouvelle Héloïse* von 1761 übernommen hat. Das mag bei einem so phantasiebewegten Autor überraschen. Es gehört aber seit alters zur Literatur, dass sie unbekümmert von fremden Bäumen pflückt, wo es ihr eben zupasskommt. Im schöpferischen Prozess ist das Einarbeiten von Erfahrungen, die der Autor mit den literarischen Werken anderer gemacht hat, so legitim wie das Einarbeiten von Erfahrungen aus seinem eigenen Leben. Dennoch drängt sich die Frage auf: Warum greift Kleist gerade diesen einen Moment aus Rousseaus achthundertseitigem Roman heraus? Und zugleich regt sich die Neugier, ob das Skandalöse der Kleist-Stelle, jene »sublime Schamlosigkeit«, auch bei Rousseau bereits zu finden sei.

Kurzerhand abgeschrieben hat er die Szene nicht, das belegt der Wortlaut. Sie muss sich ihm einst beim Lesen als ein faszinierendes Geschehen eingebrannt haben. Warum wohl? War es das bühnenähnliche Spektakel, die Pietà-Parodie mit der begeisterten Mutter als Zeugin, was den geborenen Dramatiker packte? Tatsächlich ist das Personal, das bei Kleist zur monströsen Szene gehört, bei Rousseau vollständig vorgebildet, desgleichen das Hauptrequisit, der Stuhl, auf dem sich Vater und Tochter weinend versöhnen. Und dieser Vater ist von der gleichen eisernen Beschaffenheit wie Kleists Kommandant. Er greift zwar nicht zur Pistole, aber er schlägt seine Tochter Julie ins Gesicht und haut noch weiter zu, sodass auch die Mutter, die sich selbstlos dazwischenwirft, einiges abbekommt. Als Julie bei diesem Gerangel stürzt, verletzt sie sich im Gesicht. Sie blutet. Und das löst im tobenden Alten die Wende aus. Mit Rousseaus Worten: »Ici finit le triomphe de la colère et commença celui de la nature.«[166] – Hier endete der Triumph des Zorns und jener der Natur begann. Beide Eltern bemühen sich nun um ihr Kind, das nicht ernsthaft verletzt ist. Man geht zu Tisch. Der Vater spricht kaum ein Wort, aber nicht aus Ärger, sondern aus Scham über sein Verhalten. Da es kalt ist, setzen sich die Eltern anschließend neben das Kaminfeuer, je rechts und links davon auf einen Stuhl. Was folgt, muss zitiert werden, weil die wesentlichen Elemente der Kleist-Szene darin auftauchen, aber anders angeordnet und gewichtet. Die Verschiebungen erinnern an die Art, wie die Erlebnisse eines vergangenen Tages in den Träumen wiederkehren, erkennbar und doch verwandelt. Julie, die Tochter, berichtet in einem Brief an ihre Freundin Clara:

> Ich wollte einen Stuhl holen, um mich zwischen sie zu setzen, als er mich beim Rocke festhielt und mich, ohne etwas zu sagen, zu sich zog und auf seine Knie setzte. Das alles geschah so geschwind und mit so unwillkürlicher Bewegung, dass es ihn einen Augenblick danach fast reute. Inzwischen war ich einmal auf seinem Schoße, er konnte sich nicht davon lossagen, und was dem Anstand am wenigsten dienlich war: Er musste mich in dieser unbequemen Stellung in seinen Armen halten. Das alles geschah stillschweigend; allein, von Zeit zu Zeit fühlte ich, wie er mit einem nur halb unterdrückten Seufzer seine Arme an meine Seiten drückte. Ich weiß nicht, welche falsche Schamhaftigkeit diese väterlichen Arme hinderte, sich diesen süßen Umarmungen zu überlassen; ein gewisser Ernst, den er nicht abzulegen wagte; eine gewisse Verwirrung, die wir uns nicht zu überwinden getrauten, erweckten zwischen Vater und Tochter jene reizende Verlegenheit, die bei Verliebten aus Scham und Zuneigung entsteht, während eine zärtliche Mutter, vor Freuden entzückt, ein so süßes Schauspiel insgeheim mit den Augen verschlang. Das alles, mein Engel, sah und fühlte ich und konnte der zärtlichen Regung, die mich ergriff, nicht länger widerstehen. Ich tat, als würde ich fallen; um mich zu halten, warf ich den einen Arm um meines Vaters Hals, neigte zu seinem ehrwürdigen Gesichte das meinige, und im Augenblicke ward es mit meinen Küssen bedeckt und von meinen Tränen überschwemmt. Aus denen, die ihm aus den Augen strömten, sah ich, dass er

> selbst von einer großen Pein erlöst war; auch meine Mutter kam, um unser Entzücken zu teilen.[167]

Das Nachtessen, bei dem der Vater fast stumm bleibt, findet hier vor der Kuss-Szene statt, bei Kleist nachher. Die symmetrische Anordnung der Eltern zu beiden Seiten des Feuers fehlt bei Kleist, wie auch das Feuer selbst, dafür wärmt bei ihm die Mutter das Bett des Vaters vor. Gleich hoch schlägt hier wie dort das Entzücken der Mutter, wenn sie die Umarmung der zwei Versöhnten beobachtet. Verblüffend komplex aber ist die Art, wie Rousseau die Erotik von Erwachsenen in die Zärtlichkeiten zwischen Vater und Kind bringt. Er tut es nämlich, indem er sie gleichzeitig bestreitet. Die Tochter schildert den Vorgang selbst, und sie erlebt die Umarmung des Vaters nicht anders, als sie die elterlichen Zärtlichkeiten einst als Kind erlebt hat. Dabei stellt sie allerdings fest – und hier gewinnt Rousseaus Text jene neuartige Psychologie, die der Autor später in seiner Selbstbiographie so sensationell weiterentwickeln sollte –, dabei stellt sie fest, dass der Vater vor der Umarmung zurückschreckt wie vor etwas Verbotenem. Ihm wird, merkt sie, bewusst, dass er kein Kind auf dem Schoß hat, sondern eine erwachsene Frau. Sie sieht darin zunächst eine eher komische »falsche Schamhaftigkeit«. Dann aber geht das Durcheinander der Gefühle auch auf sie über: »ein gewisser Ernst, den er nicht abzulegen wagte; eine gewisse Verwirrung, die wir uns nicht zu überwinden getrauten, erweckten zwischen Vater und Tochter jene reizende Verlegenheit, die bei Verliebten aus Scham und Zuneigung entsteht«. Im Original: »une certaine gravité qu'on n'osait quitter; une certaine confusion qu'on n'osait vaincre mettaient entre un père et sa fille ce charmant embarras que la pudeur et l'amour donnent aux amants«.[168] Der Vergleich mit dem französischen Text zeigt, dass es auch in der deutschen Übersetzung am Anfang heißen müsste: »ein gewisser Ernst, den *wir* nicht abzulegen wagten«. Das ist wichtig, weil es um die Differenz zwischen dem Kosen eines Vaters mit seinem Kind und dem Kosen eines erwachsenen Paars geht. Das Kosen mit einem Kind hat immer einen spielerisch-fröhlichen Einschlag; das Kosen eines Paars steht am Übergang zum Ernst der Vereinigung. Erstaunlicherweise reagiert Julie, als ihr dies bewusst wird, so, dass sie mit einem inszenierten Trick dem Vater um den Hals fällt und ihn heftig zu küssen beginnt, als wären sie beide tatsächlich ein Liebespaar. Sie ist es also, die die erotische Stimmung genießen will. Diese Aktion der Tochter gibt es bei Kleist nicht.

Es ist denkbar, wenn auch nicht zu beweisen, dass Kleist von der Szene bei Rousseau zunächst durch den unreflektierten Akt des Vaters eingenommen wurde, mit dem dieser Julie zu sich und auf seine Knie zieht. Es gibt ja nichts, was Kleist leidenschaftlicher feiert als das Handeln aus dem Moment heraus, unwillkürlich, im Wortsinn un-bedacht. Mit des Autors eigenen Worten: »Die Überlegung, wisse, findet ihren Zeitpunkt weit schicklicher *nach* als *vor* der Tat.« Vorher, meint er, verwirre das Nachdenken nur »die zum Handeln nötige Kraft, die aus dem herrlichen Gefühl quillt«.[169] Die fast klinisch genaue Art, wie Rousseau in seinem Roman eine unreflektierte kühne Handlung schildert – ist es für ihn auch ein *triomphe de la nature*? –, könnte Kleist erst auf die psychologische Hintergründigkeit der Szene, insbesondere von Julies verwegenem Vorstoß, aufmerksam gemacht haben. Das ist ein Gedankenspiel; ob es zutrifft, lässt sich nicht eruieren. Unbestreitbar aber ist, dass Kleist die erotische Aufladung des Versöhnungsrituals erkannt hat und dass sie sich ihm, zusammen mit dem szenischen Arrangement, heftig einprägte. So sehr, dass er Rousseaus Szene, wie umgestaltet auch immer, in seiner Novelle ein zweites Mal ablaufen ließ.

Ein besseres Verständnis der *Marquise von O....* ergibt sich aus dieser Genealogie einer Szene nicht. Man darf also nicht den Schluss ziehen: Weil es sich bei Rousseau so und so verhält, ist Kleists Text so und so zu verstehen. Wissen wir doch nicht einmal, ob Kleist sich seiner Verarbeitung einer Rousseau-Szene überhaupt bewusst war. Die schaffende Phantasie hat ihre eigenen Gesetze. Die berühmte *anxiety of influence*[170], die Angst der Dichter, Nachahmer großer Vorbilder zu sein, kann zum gänzlichen Ausblenden prägender Vorgänger führen. Man wundert sich dann vielleicht, dass Dürrenmatt von Claudel und Max Frisch von Pirandello so wenig sprechen, aber dass die beiden etwas verheimlichen wollen, darf man daraus nicht schließen. Kleist sagt auch nie, dass er sein Axiom, man dürfe erst nach dem Handeln über eine Tat nachdenken, von Goethe hat.

Mit der Versöhnung zwischen Vater und Tochter ist es bei Rousseau übrigens nicht weit her. Kurz darauf verbietet der Alte ihr jeglichen Umgang mit dem Hauslehrer, in den sie sich verliebt hat. Und sie ist auch überzeugt, dass er sie auf der Stelle töten würde, wenn er erführe, dass sie mit ihrem Geliebten heimlich schläft. Die eminente erzählerische Qualität der Szene verpufft damit schon auf der nächsten Seite des Romans. Das ist kennzeichnend für dieses ausufernde Werk, dessen Genialität sich stets in einzelnen der langen Briefe verwirklicht, aus denen es besteht, aber weiß Gott nicht in einer kunstreich gefügten Handlung oder einer bewegenden Entwicklung der Charaktere. Es gibt atemraubende Briefe in diesem Opus, sei's hinsichtlich der philosophischen und politischen Reflexion, sei's hinsichtlich der Naturerfahrung und der symbolischen Aufladung wilder Szenerien, sei's – wie im referierten Beispiel – hinsichtlich der seelischen Abgründigkeit eines gelebten Moments, aber romanästhetische Konsequenzen werden daraus nicht gezogen. Kurz danach ist jeweils alles wieder wie vorher. Julie selbst ist eine kühne Liebende, eine schlaue Verführerin ihres etwas steifen Verehrers, aber kaum ist eingetreten, was sie so freudig eingefädelt hat, beklagt sie endlos ihre verlorene Ehre und ihren Verstoß gegen die Tugend. Einzelne dieser Briefe haben mit Sicherheit die europäische Literatur verändert (und zum Beispiel den *Werther* möglich gemacht), das Ganze ist ein Konglomerat.

Was sich eben auch darin bestätigt, dass ein einzelner Brief fast fünfzig Jahre später in einer einzelnen Szene bei Heinrich von Kleist ein so fulminantes Echo finden konnte.

VII

WENN GLÜCK UND UNGLÜCK ZUSAMMENSCHIESSEN

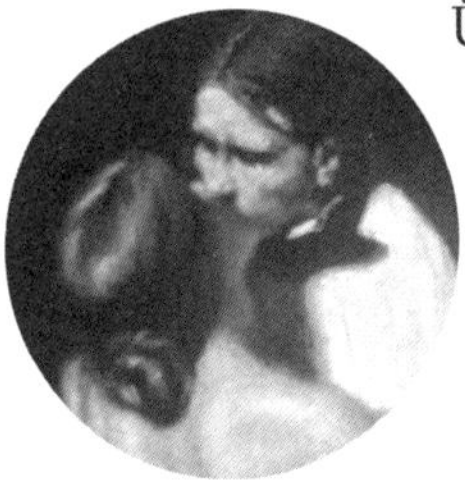

Über den Rhythmus im Erzählen

Erzählen ist Arbeit an einem Rhythmus. Jeder Erzähler von Rang hat seinen eigenen, und dieser variiert wieder von Werk zu Werk, oft von Abschnitt zu Abschnitt. Es gibt wenige Begriffe für dieses Phänomen, daher ist es schwer, es zu beschreiben und zu vermitteln. Viele erfahrene Leser haben nie darüber nachgedacht, und doch messen sie die Qualität eines Textes immer auch daran, unbewusst. Denn der Rhythmus überträgt sich in einem physiologisch komplexen Vorgang auf die körperliche und geistige Existenz derjenigen, die ihn erleben. Er ist mit Lustgefühlen verbunden, die umschlagen können ins Gegenteil. Die reine Repetition wird zur Qual, die subtilen Verschiebungen innerhalb einer gegebenen Repetition schaffen ein eigentümliches Wohlgefallen.

Der Gelangweilte trommelt. Mit den Fingern, mit einem Bleistift, mit der Fußspitze. Das ist der Ursprung des Rhythmus. Wenn uns die Zeit bewusst wird als das, was jetzt ist und vergeht, ist sie schwer auszuhalten. Sie wird darüber immer noch langsamer. Man schaut auf die Uhr, und es ist erst eine Minute verstrichen. Diese Not trifft schon die Kinder. Und die Übeltäter bestraft man, indem man sie in einer geschlossenen Zelle der Langeweile aussetzt. Es ist eine Form der Folter, die nicht so genannt werden darf, weil man sonst nicht mehr wüsste, wie man die Übeltäter bestrafen soll.

Warum trommeln wir, wenn die Zeit stillsteht? Weil wir damit Herr werden über sie. Jetzt regieren wir ihre Geschwindigkeit. Wenn dieses spielerische Tun das momentane Bedürfnis übersteigt, kann es zur Kunst werden. Dann tritt das ein, was wir Rhythmus nennen. Die regelmäßige Wiederholung eines Tons wird strukturiert zur geordneten Abfolge, diese zusätzlich in freier Gestaltung überformt, ohne dass der Grundtakt verschwände. Die mechanische Repetition verwandelt sich in eine ästhetische Form. Nur als solche kann das Trommeln die Zeit wirklich besiegen. Nur im Spiel entgehen wir ihrem Terror.

Der Roman *Moderato cantabile* von Marguerite Duras verweist schon in seinem Titel auf ein musikalisches Ereignis.[171] Innerhalb der Handlung bezeichnet der Ausdruck *moderato cantabile* Tempo und Charakter einer Sonatine von Diabelli, die ein Kind in der Klavierstunde spielen muss. Es ist naheliegend, aus diesem Titel zu schließen, dass der Roman als Ganzes einem Musikstück gleiche. Dies trifft mindestens insofern zu, als das Erzählwerk ostentativ mit der Wiederholung kleiner Motive operiert. Man könnte diese Wiederholungen sogar aufdringlich nennen, wenn es Duras' Kunst nicht gelänge, das Gefüge der Repetitionen als etwas leichthin Selbstverständliches erscheinen zu lassen. Ganz zu erklären ist dieser Effekt aber nicht. Wenn die Wirtin des Cafés, in dem die Handlung zur Hauptsache spielt, immer neu zu ihrem roten Strickzeug greift, immer neu das Radio auf- oder zurückdreht, geht einem das nicht auf die Nerven, wie es im Text eines Minderbegabten mit Sicherheit geschehen würde, vielmehr hat es etwas seltsam Beruhigendes. Das gilt auch vom Einfall der Abendsonne in den Schankraum, von den vorüberziehenden Schiffen, vom Hinaus- und Hereinrennen des Kindes. Dies alles geschieht immer und immer wieder. Duras erzielt so tatsächlich einen musikalischen Effekt. Möglich wird er unter anderem dadurch, dass die Wiederkehr der banalen Geschehnisse keinen komischen Einschlag hat, wie es bei einem Running Gag der Fall wäre, sondern stets eingelassen ist in die größeren Szenen der Romanhandlung. Diese sind in ihrer Abfolge zwar ebenfalls repetitiv angelegt, verbinden sich aber mit einem langsam wachsenden Entsetzen.

Alles ist komponiert und konstruiert, und man soll es als solches auch erkennen. Zu den Grundregeln der Moderne gehört, dass das Kunstwerk nicht länger als ein Stück nachgebildeter Natur erscheine, organisch, wie man gerne sagt, vollendet in sich selbst, wie eben ein Baum, ein Tier im Wald, ein lebendiger Mensch mir gegenüber vollendet da ist und ist, was er ist. Das Kunstwerk der Moderne muss sein Gemachtsein zeigen. Wir sollen die Teile erkennen, aus denen es zusammengefügt wurde, sollen studieren können, wie diese Teile untereinander in ein Verhältnis treten. Die Spuren der schaffenden Hand müssen sichtbar sein. Das Werk gibt nicht nur ein Stück Welt wieder, sondern deckt mit gleicher Emphase den Prozess seiner eigenen Entstehung auf. Diese Spannung zwischen Weltreferenz und Selbstreferenz hat in der Abfolge der Avantgarden zu einer Fülle neuer Formen geführt. Sie ist eine Konstante im Immerneuen, um das sich die radikale Moderne ja per definitionem bemüht. Eine Spielart dieser übergreifenden Regel zeigt sich in Duras' *Moderato cantabile* daran, dass die repetierten Motive zum tragenden Gerüst des Ganzen werden. Der Rhythmus ist offensichtlich kalkuliert und schlägt uns doch in seinen Bann.

Im Gefüge der Wiederholungen ein einmaliges Ereignis

Die Wiederkehr evoziert ihr Gegenteil: das Singuläre. Wo alles sich zu wiederholen scheint, muss irgendwo das Einmalige sichtbar werden. Tatsächlich bricht in diesem Roman das singuläre Ereignis als ein extremes Schrecknis plötzlich herein. Es stürzt in die Welt einer verschlafenen Kleinstadt am Meer und in das Leben einer jungen Frau, Anne Desbaresdes, die in besten Verhältnissen lebt und deren Alltag darin besteht, dass sie ihren kleinen Sohn spazieren führt und zu den Klavierstunden begleitet.

Das Ereignis: Ein Mann erschießt in einem öffentlichen Lokal eine Frau, die er leidenschaftlich liebt und die ihm ebenso leidenschaftlich zugetan ist. Die Frau, mit einem andern verheiratet, hatte drei Kinder. Mehr erfährt man nicht. Weder der Polizeirapport noch die Aussagen der Augenzeugen werden referiert. Wir sehen nur, wie Anne Desbaresdes, die Frau aus besten Verhältnissen, den Vorgang erlebt. Ihre zufällige Augenzeugenschaft wirft die Ordnung ihres Daseins durcheinander und setzt sie einem Tumult von Gefühlen aus, von deren Möglichkeit sie bisher keine Ahnung hatte.

Während der Klavierstunde ihres Kindes hat sie einen Schuss aus dem benachbarten Café gehört, dann einen langen Schrei, dann Stille. Wenig später aufgeregter Lärm aus vielen Kehlen. Sie geht hin, drängt sich durch die wachsende Schar der Gaffer und sieht, was sich in ihre Seele brennt auf alle Zeiten:

> Im Hintergrund des Cafés, im Halbschatten des rückwärtigen Raumes, lag auf dem Boden ausgestreckt eine Frau, leblos. Ein Mann, über sie geworfen, an ihre Schultern geklammert, rief sie ganz ruhig an.
>
> – Liebste du, Liebste du.
>
> Er wandte sich der Menschenmenge zu, blickte sie an, man sah seine Augen. Jeder Ausdruck war aus ihnen gewichen, außer – zerschmettert, unzerstörbar, weltentrückt – dem seiner Leidenschaft.[172]

Im französischen Original ist das letzte Wort dieses Zitats *désir*.[173] Das bedeutet zwar auch Leidenschaft, besitzt aber einen stärkeren Einschlag von Sehnsucht als das deutsche Wort. *Leidenschaft* könnte auch Eifersucht oder Wut meinen, was bei *désir* ausgeschlossen ist. Die Differenz ist wichtig, weil es von nun an und bis zum Schluss des Romans um das Warum dieser Tötung geht. Schon das erste Wort, das Anne angesichts der Toten und des Mannes ausspricht, zielt darauf: »Pourquoi? Demanda Anne Desbaresdes. – On ne sait pas.«[174]

Auffällig sind die drei Wörter, die im zweiten Abschnitt des Zitats zwischen Gedankenstrichen stehen: zerschmettert, unzerstörbar, weltentrückt – im Original: foudroyée, indélébile, inversée du monde. Man könnte denken, die drei Ausdrücke bezeichneten die Art, wie Anne als Betrachterin das Gesicht deutet, sie seien also eine Art indirekter Rede. Das trifft nicht zu, weil die Wortreihe in ihrer pointierten Paradoxie weit mehr aussagt, als die Frau in diesem Augenblick dem Gesicht des Mannes entnehmen könnte. Es ist die Erzählerin, die diese Attribute setzt. Sie bricht mit ihnen den sachlichen Bericht für einen Augenblick auf, macht aus der Autonomie ihrer Autorschaft heraus eine Aussage, die das zentrale Rätsel der Szene benennt, ohne es zu lösen. *Zerschmettert* und *unzerstörbar* ergibt zusammen kein physiognomisches oder seelisch-stimmungsmäßiges Ganzes, und das dritte Wort, welches besagt, dass dem Mann die starrende Menge und die angerückte Polizei und alles, was nun geschehen wird, völlig gleichgültig seien, bestimmt eine Distanz, die auch jene des Lesers zu diesem Paar und dieser Tat festlegt. Nicht zu bezweifeln ist einzig die unbedingte Liebe des Mannes zu der Frau, die er eben erschossen hat.

Diese Liebe treibt ihn, bevor er von der Polizei abgeführt wird, zu einem gespenstischen Verhalten: Er setzt sich neben die Tote, streichelt ihr Haar und lächelt sie an. Aus ihrem Mund fließt Blut. Er legt sich wieder neben sie, umklammert sie, presst sein Gesicht an das ihre, in das Blut hinein. Als er zum wartenden Wagen gebracht wird, erblickt man noch einmal für einen Augenblick »die blutbeschmierte und bebende Grimasse seines Gesichts«[175] – »la grimace ensanglantanée et tremblante de son visage«.[176] Wegen der vorgerückten Dämmerung, heißt es, habe man nicht sehen können, ob Tränen darüber geflossen seien.

Wäre das ein Roman von einem der großen Erzähler des 19. Jahrhunderts, Balzac oder Flaubert, Dickens oder Tolstoi, Jane Austen oder Emily Brontë, Storm oder Fontane, käme jetzt die Einfügung der Szene in das soziale Ganze. Die Kleinstadt am Meer würde panoramatisch ausgerollt, ihre Gesellschaft skizziert, deren Schichten beleuchtet, so weit mindestens, als die Figuren der Erzählung ihnen zugehörten. Die Normen und Werte würden verdeutlicht, nach denen gehandelt oder gegen die verstoßen wird. Das könnte in satirischem Abstand zur erzählten Welt geschehen oder in grundsätzlicher Zustimmung zu ihrer Ordnung. Alle Teile wären beispielhaft für das Ganze, weil auch die Leserinnen und Leser, für die geschrieben würde, dieser Welt zugehörten. Die symbolische Aufladung einzelner Erzählmomente wäre leicht zu deuten vor dem Hintergrund des übergreifenden bürgerlichen Wertesystems. Bei Marguerite Duras aber ist alles anders. Sie verweigert den panoramatischen Blick, reduziert die Überschau auf wenige immer wiederkehrende Orte und Vorgänge. Was geschieht, ist scharf gezeichnet, herangezoomt wie in einem Film, dazwischen leere Räume.

Man bringt dieses Verfahren gerne mit dem Nouveau Roman in Verbindung. *Moderato cantabile* erschien 1958, ein Jahr nach Alain Robbe-Grillets Roman *La Jalousie* und im gleichen Pariser Verlag, *Les Editions de Minuit.*[177] Aber während die vielanalysierte *Jalousie* von einem strengen, fast doktrinären Erzählverfahren der reinen Faktenbenennung geprägt ist, behält sich Marguerite Duras alle Möglichkeiten vor. Sie genießt die Befreiung von den Normen des traditionellen Erzählens, die

die Nachkriegsmoderne nicht nur in Paris durchgesetzt hat, genießt die Verkürzungen und Sprünge, die nun möglich geworden sind, sieht darin Chancen für eine neue Musikalität der Prosa und für ein eigenwilliges Arrangement der Hauptfiguren. So wie sie bei der minuziösen Beschreibung der Szene mit der toten Frau plötzlich die drei Adjektive einschiebt – »zerschmettert, unzerstörbar, weltentrückt« –, mit denen sie lyrisch-ekstatisch deutet, was sie nur zu registrieren vorgibt, kann sie im ganzen Roman jederzeit die dominante Erzählperspektive aufbrechen und die Welt für einen Moment nicht aus dem Erleben der Anne Desbaresdes zeigen, sondern aus dem einer Nebenfigur wie der Wirtin oder der Klavierlehrerin. Aus solcher Freiheit stammt auch die Stimmungsintensität der Naturmomente, der Abend- und Nachtszenen.

Dies beeinträchtigt jedoch nicht die strenge Verdichtung des zentralen Erzählstrangs, der Schilderung nämlich, wie Anne Desbaresdes auf das singuläre Ereignis reagiert, in dem das höchste Glück und das höchste Unglück auf unerklärliche Weise zusammenschießen, dieses Ereignis, das sich emblematisch verkörpert im blutbeschmierten, bebenden Gesicht dessen, der geschossen hat.

Fünfmal zurück zum Tatort

Fünfmal kehrt die Frau zurück in das Café. Sie steht unter einem Zwang. An diesem Ort ist sie dem Ereignis einer Liebe begegnet, die sie in solcher Radikalität nicht für möglich gehalten hat. Diese Liebe übersteigt alle ihre eigenen Erfahrungen, all ihr Wissen von dem, was zwischen einem Mann und einer Frau geschehen kann. Es gibt, erkennt sie, eine Unbedingtheit der gegenseitigen Hingabe, die auch den Tod in Kauf nimmt. Oder *sucht* diese Unbedingtheit sogar den Tod? Fordert sie ihn von der Hand des Partners? Gibt es ein Glück, das sich erst in seiner eigenen Zerstörung erfüllt? Gibt es einen Grad der Erfüllung, denkt Anne Desbaresdes, der ihr selbst versagt ist? Um dessentwillen allein sich jedoch das Leben lohnte und das Sterben ebenfalls? Oder ist das reine Phantasie? Schustert sie sich da etwas zurecht angesichts eines kriminellen Vorfalls in einer Arbeiterkneipe, die außerhalb ihrer eigenen gesellschaftlichen Welt liegt? Ist, was sie überwältigt, bloß trivial und abstoßend? Was ist die Wahrheit über die zwei Menschen, die sie nach dem Schuss im Café gesehen hat, die Frau tot in ihrem Blut, der Mann als Mörder abgeführt?

Es scheint, dass Anne Desbaresdes ohne die Antwort auf diese Fragen nicht mehr leben kann.

Also muss sie zurück an den Ort des Geschehens. Das ist ein sinnloser Akt, aber er ist das Einzige, was sie der Wahrheit näher bringen könnte. Damit setzt die zentrale Romanhandlung ein: Anne trifft in diesem billigen Lokal, das sie noch vor kurzem unter keinen Umständen betreten hätte, einen jungen Mann, der den Vorfall ebenfalls gesehen hat, kommt mit ihm ins Gespräch, und es beginnt die gemeinsame, tastende Rekonstruktion dessen, was zwischen den beiden Liebenden vielleicht geschehen ist. Wieder und wieder sucht sie das Lokal auf, wieder und wieder ist er bereits da, wieder und wieder suchen beide nach der Wahrheit.

Wird aus diesen zweien jetzt ein neues Paar? Nimmt es sich sogar jene andern beiden zum Vorbild? Wiederholt sich zuletzt deren Geschichte? Marguerite Duras erzählt so, dass man sich als Leser diesen Fragen zunehmend dringlich stellen muss. Dadurch entsteht eine unheimliche Spannung. Es ist nicht die Spannung eines Kriminalromans, bei dem man auf die Entlarvung eines Täters wartet und zuvor fürchtet, dass dieser nochmals zuschlägt. Vielmehr wird man hineingezogen in den Erkenntnis- und Verwandlungsprozess einer Frau, die nicht weiß, wohin sie da unterwegs ist. In der Wahrheit, die hinter dem Mord in der Vorstadtkneipe steckt, sucht sie nicht das, was die Polizei wissen will, sondern die Wirklichkeit der Liebe. Der Schock, den sie erfuhr, als jener Mann sich auf die tote Frau warf und das blutige Gesicht küsste, war nicht das Entsetzen über eine Untat, sondern die jähe Erkenntnis, nichts zu wissen von der Wirklichkeit einer derart grenzenlosen Liebe. Und also weiterhin ein ahnungsloses Leben führen zu müssen als die schöne Gattin des reichsten Mannes der Stadt – ein dekorativer Teil seiner gesellschaftlichen Inszenierung, wie die große Villa und der weitläufige Park es sind.

Der regierende Ehemann als Schatten

Das neue Erzählen, das Marguerite Duras im literarischen Aufbruch der fünfziger Jahre in eigenwilliger Freiheit wagt, zeigt sich nicht zuletzt an der Art, wie dieser Ehemann im Roman erscheint – fast gar nicht nämlich. Nach allen Regeln des herkömmlichen Schreibens müsste er spätestens im zweiten Kapitel auftreten, müsste porträtiert und charakterisiert werden sowohl als Person wie auch im Verhältnis zu seiner Frau. Man kann ihn aber über das ganze Werk hin nur aus ein paar winzigen Details erschließen. Er ist im Romangeschehen gegenwärtig wie ein gleitender Schatten – und so, wörtlich als Schatten, »une ombre«, tritt er tatsächlich der Frau entgegen, das einzige Mal, wo von einer Begegnung überhaupt die Rede ist. Die Szene wird im Futur erzählt, weil die Frau weiß, dass sie wenig später genau so verlaufen wird.

> Ein Schatten wird im Rahmen der Tür erscheinen, die zum Flur hin offen blieb, wird den Halbschatten des Zimmers noch weiter verdunkeln. Anne Desbaresdes wird [...] eine Entschuldigung aussprechen.
>
> Man wird ihr nicht antworten.[178]

Das ist deutlich. Ein militanter Akt der Autorin. Dieser Schatten ist der äußerste Gegensatz zu jenem Mann, der sich im Café auf die tote Frau geworfen und das blutige Gesicht geküsst hat. Selbst das Personalpronomen *er* unterdrückt Marguerite Duras in dieser Szene. Es könnte den Schatten zur Person machen. Stattdessen setzt sie das unbestimmte *man*: »Man wird ihr nicht antworten.« – »On ne lui répondra pas.«[179]

Das ist nicht einfach nur eine Abwertung dieses einen Gatten. Vielmehr wird dieser eine Gatte damit verallgemeinert. Er ist die Instanz Ehemann, zu dem die Ehefrau in einer gesellschaftlich definierten Funktion steht. Im Roman erscheint diese Funktion reduziert auf die Verbindung zweier Aufgaben: Mutter des Sohnes zu sein und bei gesellschaftlichen Anlässen zu repräsentieren. Die Reduktion auf einen Schatten und ein *man* ist also keine Entwirklichung des Gatten zum belanglosen Wesen. Vielmehr wird er dadurch zur Verkörperung einer überpersönlichen Macht. Anne Desbaresdes hat Anteil daran durch den Luxus, in dem sie lebt, und durch den sozialen Status, der ihr Glanz und Ansehen verleiht.

Das führt allerdings auch dazu, dass ihr Erscheinen in einer Arbeiterkneipe sofort Aufsehen erregt. Nach ein paar Besuchen dort und den Gesprächen mit jedes Mal demselben Mann, einem Angestellten aus der Gießerei ihres Gatten, gilt sie als Ehebrecherin.[180] Es wird darüber geklatscht. Sie weiß es und geht trotzdem fünfmal hin. Denn hier hat sie gesehen, dass es etwas anderes gibt zwischen einer Frau und einem Mann, als was sie in ihrer Ehe erlebt, und dieses andere erscheint ihr so gewaltig, dass sie es erkunden muss, koste es was auch immer – den guten Ruf und das reibungslose Dahinleben neben diesem Gatten ...

Nur das Kind darf es nicht kosten, nur nicht das Zusammenleben mit ihrem Kind. Es ist zwar auch das Kind ihres Mannes, aber so erlebt sie es nicht. Wiederum wird dies in winzigen Signalen mitgeteilt. Wie nebenhin und scheinbar scherzend bemerkt sie zweimal, sie glaube, sie habe dieses Kind erfunden.[181] Das kann nur bedeuten, dass sie den Vater ausblenden muss, um den Sohn lieben zu können. Wenn der Roman diesen Mann zum Schatten macht, spiegelt dies also auch die Haltung der Frau zu ihm und zwingt die Leser, diese Haltung zu übernehmen. Und es spiegelt die Haltung der Erzählerin zur Stellung der Männer und Ehegatten in der Gesellschaft überhaupt.

1949, neun Jahre vor *Moderato cantabile*, war in Paris das Buch *Le Deuxième Sexe* von Simone de Beauvoir erschienen, zu Deutsch *Das andere Geschlecht*. Es wurde zum Manifest eines neuen Nachdenkens über die Situation der Frau, aber nicht als Sammlung rhetorischer Parolen, sondern aufgrund ausgreifender sozialpsychologischer Analysen. Wie der Existentialismus von Jean-Paul Sartre, dem Partner Simone de Beauvoirs, wurde deren Feminismus ein zentrales Element des kulturellen Aufbruchs der frühen Nachkriegszeit. Marguerite Duras lebte im gleichen intellektuellen Biotop um die Place Saint-Germain-des-Prés wie Sartre und Beauvoir. Die Art, wie der Ehemann von Anne Desbaresdes im Roman inszeniert wird, nicht als psychologisch nuancierte Person, sondern als soziale Charaktermaske, zum Schatten nicht verharmlost, sondern bedrohlich gesteigert, hängt mit der Männer- und Eheanalyse im *Deuxième Sexe* zusammen. Es ist dies aber nicht die flinke Übernahme eines theoretischen Konzepts, sondern eine kühne poetische Anverwandlung. Duras zeigt dabei die gleiche sinnliche Gestaltungskraft wie in der Szene mit der toten Frau und dem klagenden Mann im Café.

Die Geschlechtertheorie schlägt durch in die Form des Romans. Die minimale Präsenz des Gatten in der erzählten Handlung steht umgekehrt proportional zu seiner Macht über die Frau und zu ihrem gesteuerten Alltagsleben. Das ist ein Zeichen erzählerischer Souveränität. Während Autoren von beschränkter narrativer Kompetenz das Wichtige möglichst laut und ausführlich zur Sprache bringen, das Nebensächliche aber möglichst reduziert, wissen die großen Erzählerinnen und Erzähler von der Brisanz, die eine Geringfügigkeit im Text gewinnen kann, wenn sie präzis gesetzt ist. So wissen sie ja auch, komplementär, von der überwältigenden Wirkung, die sich ergibt, wenn eine tatsächliche Bagatelle mit homerischem Aufwand geschildert wird.

Der Ehemann als Schatten im Türrahmen evoziert die Wirklichkeit dieser Ehe. Nur diese Ehe mit diesem Mann macht verständlich, warum Anne Desbaresdes mit so rücksichtsloser Passion den Gründen nachforscht, aus denen es zum Mord an der Frau im Café gekommen ist und zum Abschied, den der geliebte Mörder von ihr nimmt. Die Forschung entwickelt sich zu einem seltsamen Ritual. Es besteht in den Gesprächen mit dem Arbeiter, der immer schon da ist, wenn Anne das Lokal betritt, und der genau weiß, was sie wieder fragen wird. Nun ist es aber nicht so, wie man nach aller Leseerfahrung vermuten würde, dass bei diesen fünf Begegnungen jedes Mal ein neues Stück der unbekannten Wahrheit zum Vorschein kommt und zum Schluss alles am Tag liegt, was sich bei jenem Paar abgespielt hat. Auch Anne muss es bald schon klar sein, dass der Gesprächspartner im Café über wenige bis gar keine gesicherten Informationen verfügt. Er spricht dieses Faktum sogar wie in einem Refrain immer wieder aus: »Ich weiß nichts.« Spätestens nach der zweiten Begegnung müsste Anne daher die Gespräche beenden. Das will sie aber nicht. Sie will im Grunde gar keine Resultate, sie will das Frage-und-Antwort-Spiel. Denn allein in diesem Reden ist sie jener Frau und jenem Mann ganz nah, kann sie – und das ist der entscheidende Punkt – dessen eingedenk sein, was sie getan haben.

Es ist ein Ritual des Gedenkens, das Anne praktiziert und in das sie den zufälligen Partner einbindet. Ritualcharakter hat auch das exzessive Trinken, mit dem sie, die sonst kaum Wein trinkt, schon bei der ersten Rückkehr ins Café beginnt. Zuerst soll es ihre Aufregung dämpfen, das Zittern, das sie jedes Mal erfasst, wenn sie wieder in die Nähe der Wahrheit gerät, der Wahrheit über jenes Paar – der Wahrheit über die Liebe. Bald aber wird es zum Zeremoniell. Sie kann des tragischen Paars nur gedenken, wenn sie trinkt, und sie trinkt nur, wenn sie des tragischen Paars gedenkt. Lukas 22,19 kann einem da in den Sinn kommen: »Tut dies zu meinem Andenken«, auch wenn Annes nervöses Treiben nichts Feierliches hat. Sie besäuft sich einfach.

Es muss Berichte in den Zeitungen gegeben haben und ein großes Gerede überall. In einer kleinen Stadt kann man nichts über längere Zeit verbergen. Anne aber kommt nie auf diese Kolportagen zu sprechen, als fürchte sie eine Enttäuschung. Sie kehrt nur immer wieder an den Tatort zurück, um über die Frage zu reden, ob die Frau die Tat aus Liebe gewollt und der Mann sie aus Liebe vollzogen hat.

Wenn man die Schlüsselstellen aus diesen obsessiven Rekonstruktionsversuchen, die Anne gemeinsam mit dem Mann im Café betreibt, zusammenstellt, zeigt sich bald, wie resultatlos das Unternehmen bleiben muss. Das hat auch damit zu tun, dass Chauvin – der Name des Arbeiters wird einmal nebenhin mitgeteilt –, um vor der Intensität von Annes Fragen zu bestehen, oft einfach phantasiert. In der hier anschließenden Montage sind die Aussagen der Frau kursiv gedruckt, die des Mannes recte. Es werden nur die direkten Reden wiedergegeben, ohne Information über die Abstände der Zitate im Roman und das Zwischengeschehen.

Alles, was ich weiß, ist, dass er ihr eine Kugel ins Herz geschossen hat.

Und natürlich kann man nicht herauskriegen, warum?

Er wusste es. Er ist jetzt wahnsinnig geworden, eingesperrt seit gestern abend. Und sie, tot.

Sie liebten einander.

Vielleicht hatten sie Kummer, so was man Liebeskummer nennt?[182]

Sie müssen Liebeskummer gehabt haben, ja, wie Sie sagen. Aber vielleicht hat er sie nicht wegen dieses Kummers getötet, wer weiß?

Wer weiß, das ist wahr.

Wenn man sah, was er mit ihr trieb, als kümmere es ihn künftig nicht mehr, ob sie lebendig oder tot sei, halten Sie es für möglich, dass es so weit mit einem kommt ... so weit ... außer aus Verzweiflung?

Ich habe keine Ahnung.[183]

Blut auf dem Munde, und er küsste sie, küsste sie.

Ich glaube, dass er auf ihr Herz gezielt hat, so wie sie es von ihm verlangt hatte.[184]

Sie haben sich zufällig in einem Café kennengelernt, vielleicht sogar in diesem Café hier, in dem sie beide verkehrten. Und sie haben angefangen, sich das und jenes zu erzählen. Aber ich weiß nichts.[185]

Sie, wie ist es ihr gelungen zu entdecken, dass sie gerade das von ihm wollte, wie hat sie so genau gewusst, was sie von ihm erhoffte.

Ich stelle mir vor, dass sie eines Morgens in der Dämmerung plötzlich gewusst hat, was sie von ihm wollte. Alles ist ihr so klar geworden, dass sie ihm gesagt hat, welches ihr Begehren sei. Es gibt keine Erklärung, glaube ich, für Entdeckungen dieser Art.[186]

Wissen Sie, ich stelle mir auch vor, dass er es eines Tages

von sich aus getan hätte, selbst ohne ihr eigenes Drängen. Dass sie nicht allein entdeckt hat, was sie von ihm wollte.

Ich möchte, dass Sie mir sagen, wie es ganz im Anfang war, wie sie angefangen haben, miteinander zu sprechen. Es war in einem Café, sagten Sie ...

Ja, ich glaube schon, dass es ein Café war, wo sie zum erstenmal miteinander sprachen, wenn es nicht anderswo war. Sie haben vielleicht von der politischen Lage gesprochen, von der Kriegsgefahr oder auch von etwas, das ganz anders ist als alles, was man sich vorstellen kann, von allem, von nichts.

Dann haben sie gesprochen und gesprochen, lange Zeit, sehr viel, ehe sie soweit waren.[187]

Ich glaube, sie haben sehr viel Zeit gemeinsam verbracht, um dahin zu gelangen, wo sie waren, ja. Erzählen Sie mir.

Ich weiß nicht mehr.

Sie glauben immerhin, dass sie zuerst es gesagt, es zu sagen gewagt hat, und dass schließlich zwischen ihnen einfach davon die Rede war wie von etwas anderem?

Ich weiß nichts anderes als Sie. Vielleicht ist nur ein einziges Mal zwischen ihnen davon die Rede gewesen, vielleicht ist alle Tage davon die Rede gewesen? Wie sollen wir das wissen? Aber zweifellos sind sie zusammen ganz genau da angelangt, wo sie vor drei Tagen waren, dass sie überhaupt nicht mehr wussten, alle beide, was sie taten.[188]

Ich möchte, dass Sie mir jetzt sagen, wie es so weit mit ihnen gekommen ist, dass sie nicht einmal mehr miteinander sprachen.

Ich weiß nichts. Vielleicht infolge langen Schweigens, das sich zwischen ihnen einstellte, in der Nacht, dann auch wohl zu allen möglichen Zeiten, und das sie immer weniger zu überbrücken vermochten, durch nichts, nichts.

Eine bestimmte Nacht gehen sie im Zimmer umher, immer hin und her, sie werden wie eingesperrte wilde Tiere, sie wissen nicht, wie ihnen geschieht. Sie beginnen, es zu ahnen, sie haben Angst.

Nichts befriedigt sie mehr.

Das, was da seinen Lauf nimmt, überwältigt sie, sie können es nicht gleich sagen. Vielleicht werden sie Monate brauchen. Monate, um es zu wissen.[189]

Vielleicht irren wir, vielleicht hat ihn sehr bald danach verlangt, sie zu töten, gleich nachdem er sie die ersten Male gesehen hatte. Erzählen Sie mir.[190]

Da er es einmal begriffen hatte, wie sehr es sie verlangte, dass er es tue, wünschte ich, Sie sagten mir, warum er es nicht beispielsweise ein wenig später getan hat ... oder ein wenig früher.

Wissen Sie, ich weiß sehr wenig. Aber ich glaube, dass er nicht dahin kommen konnte, es lieber so oder anders zu wollen, er muss nicht mehr aus der Situation herausgefunden haben, sie ebenso sehr lebendig wie tot zu wünschen. Er muss es erst sehr spät fertiggebracht haben, sie sich lieber tot zu wünschen. Ich weiß nichts.

Sie hatte große Hoffnung, dass er so weit kommen würde.

Mir scheint, dass seine Hoffnung, so weit zu kommen, gleich groß sein musste wie ihre. Ich weiß nichts.

Gleich groß, wirklich?

Gleich groß. Seien Sie still.[191]

Eine solche Collage von Sätzen, die in größeren Abständen über mehrere Kapitel hin gesprochen werden, ist der schwebenden Erzählkunst dieses Romans gegenüber sicher fragwürdig. Sie spiegelt einen debattierenden Wortwechsel vor, wo es sich in Wahrheit um ein immer wieder abgebrochenes Suchen handelt. Aber die verdichtete Darstellung deckt gewisse Tendenzen in dem unheimlichen Reden auf. Eine davon ist der Verzicht auf das Sammeln erwiesener Tatsachen. An dessen Stelle treten die Einfühlung und ein fast träumerisches Sich-Ausmalen. Für Anne reicht das aus. Sie bittet auch Chauvin darum. Es geht ihr überhaupt nicht um die sachliche Abklärung des Falls, sondern um die Versenkung in eine bis zur Selbstzerstörung radikale Liebe. Dazu braucht sie das Mitdenken eines Partners.

Eine Folie à deux?

»Ritual des Gedenkens« ist ein feierlicher Ausdruck. Er ist nicht unangebracht, aber er liquidiert das Zwielichtige dieser Dialoge. Chauvin hat an ihnen ein anderes Interesse als Anne. Er liebt Anne, hat die vornehme Schönheit schon seit langem beobachtet, hat ihr Haus studiert, die Fenster, hinter denen sie lebt, und wie sie mit dem Kind spazieren geht. Er merkt sofort, dass er sie mit Gesprächen über den Liebesmord an sich binden kann. Er weiß auch, dass sie mit den Aufenthalten im Café die Standesgrenzen überschreitet und dass das gefährlich werden könnte; die gemeinsame Gefahr scheint ihn zu erregen. Ob sie selbst an Chauvin als einem möglichen Liebhaber interessiert ist, bleibt unklar. Seit dem Ereignis im Café weiß sie aber, dass es eine Liebe gibt, die Tod und Leben belanglos werden lässt. Es ist eine Liebe, von der die großen Liebestragödien schon in der Antike reden. Von solchen Traditionen ist im Roman zwar nicht die Rede; Anne und Chauvin dürften wenig davon wissen. Aber Marguerite Duras weiß es und operiert damit. Die Szene im Café mit der toten Frau und dem Liebhaber, der ihren blutigen Mund küsst, evoziert im Leser alle die Liebespaare, die an ihrer Liebe sterben und diese Liebe über ihr Leben stellen: Hero und Leander, Tristan und Isolde, Romeo und Julia – diese beiden auch »auf dem Dorfe« –, Pyramus und Thisbe, Paolo und Francesca, Penthesilea und Achill, Ottilie und Eduard ... Die Liste ist lang und wächst weiter. Sie zeigt, dass die Offenbarung, von der Anne Desbaresdes wie von einem Strahl getroffen wird, uralt ist. Vernünftig umgehen kann man damit nicht, weil sie die Vernunft so belanglos macht wie das Leben. Von der Vernunft her gesehen ist Annes Zustand wahnhaft, und Chauvin, der eigentlich nur dieser Frau näherkommen wollte, wird hineingezogen. Das Ritual des Gedenkens gerät tatsächlich zur Folie à deux, einem gemeinsamen Wahnzustand. Anne läuft wie getrieben in die Kneipe, in der sie nach den Regeln ihrer sozialen Stellung nichts zu suchen hat, und er ist immer schon da, um mit ihr über diesen Liebestod zu reden.

Dabei lässt Marguerite Duras mit beklemmender Raffinesse in den Leserinnen und Lesern die Furcht erwachen, die beiden könnten über das Ritual des Gedenkens und das Wegdriften in den Wahn zuletzt zu einem Nachvollzug dessen verlockt werden, was an diesem Ort geschehen ist. Verlieben sich die beiden, um zu tun, was die andern zwei getan haben? Anne will keine Affäre; sie ist nur an der Tat interessiert, die da geschehen ist, an der Maßlosigkeit einer Liebe. Die Kälte, in der sie lebt, treibt sie in den Bannkreis der Glut. Dass sie dabei Chauvin näherkommt, ist unvermeidlich. Er ist das Medium ihrer Besessenheit. So macht sie denn auch das Spiel seiner persönlichen Annäherung mit, bis beide nicht mehr wissen, wo sie eigentlich stehen und was sie als Nächstes tun werden.

Ein Kind lehnt sich auf

Annes kleiner Sohn ist immer dabei. Nur zum letzten Treffen darf er sie nicht mehr begleiten. Im Auftakt des Romans ist er sogar die Hauptfigur. Er ist mit der Mutter zur Klavierstunde gegangen, die in einem Haus neben dem Café stattfindet, und soll nun eine Sonatine von Diabelli spielen. Die Klavierlehrerin, »die Dame«, ist streng, unerbittlich fordernd. Für sie gibt es nur Befehl und Gehorsam. Der Junge aber trotzt. Er kann die Sonatine perfekt spielen, sabotiert aber den Unterricht in kleinen Akten der Widerborstigkeit. Er muss die Tempobezeichnung auf dem Notenblatt vorlesen, »Moderato cantabile«, und tut es auch brav, dann soll er sagen, was das heißt. Jetzt erklärt er, das wisse er nicht. Die Dame hat es ihm schon viele Male erklärt; er muss es wissen; nein, sagt er, weiß ich nicht. Die Dame ergrimmt, ihre Wut steigt mit jedem Zeichen des Widerstands. Sie erlebt das Verhalten des Jungen als Aufstand gegen die Ordnung, innerhalb deren sie ihren Ort und ihre Rolle hat. Anne, die Mutter, sitzt daneben und begleitet jede Befehlsverweigerung mit einem Seufzer. Damit möchte sie der Dame recht geben, sie beschwichtigen, kann aber nicht verhehlen, dass der Widerstand des Kleinen sie vergnügt. Als sie die Meinung der Dame über das Kind zum Schein bestätigt, gewinnt ihre Aussage sogar einen triumphalen Zug:

> Was ich da für ein Kind habe, sagte Anne Desbaresdes fröhlich. Allerhand, was mir da für ein Kind gelungen ist, und wie kommt es nur, dass es mir mit solchem Eigensinn in den Schoß gefallen ist [...][192]

Die Dame ignoriert den Unterton und gibt resigniert die geforderte Antwort selbst: »Moderato cantabile« bedeute »Gemäßigt und singend«. Nun soll der Junge die Sonate spielen. Er tut es nicht. Sie wiederholt den Befehl. Er bleibt unbeweglich sitzen. Dann sagt er: »Ich will nicht Klavierspielen lernen.« Und in diesem Augenblick, noch bevor sie antworten kann, geschieht es:

> Auf der Straße, aus dem Gebäude unten, ertönte der Schrei einer Frau. Eine lange, anhaltende Klage stieg auf, und so laut, dass das Brausen des Meeres daran zerschellte. Dann, jäh, brach sie ab.[193]

Man erkennt erst im Verlauf des Romans, erst als alles immer unheimlicher wird und die zwei in der Kneipe sich immer tiefer in Wahn und Scharfsinn verwickeln, die Zeichenhaftigkeit dieses Auftakts. Ein trotziges Kind in der Klavierstunde, das hat etwas harmlos Munteres, als sollte eine leichte Melodie gespielt werden, bevor die schweren Klänge einfallen. Irgendwie muss ein Roman ja beginnen, es muss eine gewisse Atmosphäre geschaffen werden, am besten mit ein paar Kleinigkeiten, die vergessen gehen dürfen, wenn es zur Sache kommt. Genau so liest man diesen Auftakt. Strenge Klavierlehrerinnen, widerspenstige Kinder – ein Déjà-vu. Im Rückblick aber erkennt man in der schroffen Fügung von Aufbegehren und Schrei eine gezielte Setzung. Sie muss eine Bedeutung haben. Und da sie am genauen Beginn der Haupthandlung steht, muss sie mit einer Voraussage verbunden sein, auf etwas weisen, das geschehen wird.

In der musikalischen Struktur des Romans ist das Auf- und Abtreten des Kindes eines der eindringlichsten der vielen rhythmisch wiederkehrenden Motive. Jedes Mal wenn Anne und Chauvin im Café zu ihrem Ritual des Gedenkens anheben und dazu ihren Wein trinken, rennt das Kind hinaus in die Sonne und über die Straße ans Meer. Dort spielt es vergnügt, allein oder mit einem andern Kind, trällert dazu auch sein Klavierstück. Was die Mutter mit dem Unbekannten verhandelt, kümmert den Jungen nicht. Er spürt aber immer ihre Nähe, kehrt zwischendurch zurück, um sich rasch ihrer Gegenwart zu versichern und eine kleine Zärtlichkeit abzuholen. Für einen Moment steht er dann jeweils im Viereck der Tür, draußen der leuchtende Frühsommer, drinnen das verschattete Paar. Mutter und Sohn reden wenig miteinander, sind aber auf eine selbstverständliche Weise verbunden. Wozu der dritte, der Vater, nicht gehört. Von ihm ist nie die Rede. Dass, was die Mutter tut, verboten ist, weiß der Junge nicht, aber der Leser, der sich an die Klavierstunde zu Beginn des Romans erinnert und im fünften Kapitel einer weiteren beiwohnt, erkennt früher oder später, dass der ausgeblendete Mann und Vater, der große Schatten, in Vertretung anwesend ist in der unerbittlichen Klavierlehrerin. Für Marguerite Duras kann sich das

Patriarchat auch in einer Frau verkörpern. Wenn der Junge rebelliert, was er in der zweiten Stunde erneut tut, rebelliert er also auch gegen den großen Schatten. Und wenn die Mutter sich mit ihm solidarisiert, was sie in der zweiten Stunde ebenfalls wieder tut, erkennt man darin ihre eigene widersetzliche Natur. So verloren sie auch wirkt in den Gesprächen mit Chauvin, so hilflos getrieben nach dem Schock jenes Liebestodes und dem plötzlichen Wissen um ein ganz anderes, ein absolutes Gefühl, in der Verschwörung mit ihrem trotzigen Sohn offenbart sie ihren eigenen Willen zum Aufstand. Das ist der Grund, weshalb im ersten Kapitel der Trotz des Kindes so hart an den Schrei aus der Tiefe gefügt wird:

> Ich will nicht Klavierspielen lernen, sagte das Kind.
>
> Auf der Straße, aus dem Gebäude unten, ertönte der Schrei einer Frau.[194]

Im Original:

> Je ne veux pas apprendre le piano, dit l'enfant.
>
> Dans la rue, en bas de l'immeuble, un cri de femme retentit.[195]

Die Gegenwart dieses Kindes im Romangeschehen deckt also nicht nur den Willen zum Widerstand auf, der mit dem leidenschaftlichen Nachforschen Annes über den Liebestod verbunden ist, sondern begründet auch, warum sie am Ende den Bann zu brechen vermag, dem die Folie à deux sie unterworfen hat. Gegen die Verlockung, dem absoluten Gefühl, alles andere hinzuwerfen – »Einmal lebt ich, wie Götter, und mehr bedarfs nicht« –, hilft zuletzt nur Annes Wissen um ihr fröhliches Kind und seine Rebellennatur.

Der Kuss

Am Ende steht ein Kuss, der einzige, zu dem es zwischen Anne und Chauvin kommt, aber er ist ganz anders, als man erwarten würde. Quälend anders. Während der Kuss in tausend Liebesgeschichten das glückliche Zusammenfinden zweier lebenslustiger Menschenwesen nach allerlei Umwegen besiegelt – eines der wunderbarsten Beispiele steht am Schluss von Gottfried Kellers Erzählband *Das Sinngedicht* –, während damit so oft alles Schiefe ins Lot kommt, alle Rätsel gelöst und alle Fragen beantwortet werden, steht man als Leser oder Leserin (in je anderer Weise vielleicht) dem Kuss im Finale von *Moderato cantabile* hilflos gegenüber. Die Literatur denkt in Szenen – und dieses Beispiel zeigt, dass die Präzision der Schilderung den enigmatischen Charakter einer Szene noch zu steigern vermag. Tatsächlich gibt es in der Literatur nicht selten Auftritte von der Lapidarität und Doppeldeutigkeit eines Orakelspruchs. In wenigen Worten stellen sie etwas vor uns hin, an dem unsere Empathie und unsere analytischen Fähigkeiten scheitern. Wer über solche Szenen schreibt, kann es nicht mit der stolzen Geste tun, mit der man das Lösungswort eines Rätsels aufzeichnet. Er muss sich vielmehr an der Szene abarbeiten in der Hoffnung, dass dieses Bemühen schließlich so etwas wie Begreifen hervorbringe.

Der Kuss im Finale des Romans *Moderato cantabile* steht in einem überlegten Spiegelverhältnis zum Kuss, dessen Zeugen

Anne und Chauvin am Anfang werden und an den Anne sich im Gespräch einmal mit den Worten erinnert: »Blut auf dem Munde, sagte sie, und er küsste sie, küsste sie.«[196] Wenn diese Szene am Anfang zunächst als ein einmaliges Ereignis in Kontrast gestellt wurde zum musikalischen Gefüge der wiederkehrenden Motive, kann man jetzt sagen, dass sie die Einmaligkeit mit der Kuss-Szene am Ende teilt. Die zwei Ereignisse sind verknüpft in Parallelität und Gegensätzlichkeit. Mit dem einen beginnt, mit dem andern endet das Ritual des Gedenkens, die Folie à deux.

Die Abfolge dieser Gespräche hätte noch lange fortgesetzt werden können, wenn Anne nach dem vierten Treffen nicht einen ausgewachsenen Skandal losgetreten hätte. Sie kommt zu spät und betrunken zum festlichen Souper in der Villa, dem sie als Gastgeberin vorsitzen sollte, beträgt sich gegen die Regeln der besseren Gesellschaft, weigert sich, vom Hauptgang zu essen, trinkt aber ausgiebig weiter und landet schließlich am Boden neben dem Bett ihres schlafenden Kindes. Halb betäubt liegt sie im eigenen Erbrochenen. Das ist der Moment, in dem der Schatten in der Tür erscheint.

Der Aufstand gegen die Kälte ihres Lebens, den die Gespräche an sich schon darstellen, wird mit diesem Skandal öffentlich. Wie ihr Ehemann reagiert, erfahren wir nicht, nur dass Anne ihren Sohn nicht länger zur Klavierstunde begleiten darf. Es bleibt der Leserphantasie überlassen, wie sie es schafft, Chauvin zwei Tage später doch noch einmal im Café zu treffen.

Dies aber ist die Stunde der Entscheidung. Anne könnte jetzt ihr bisheriges Leben hinter sich lassen und mit Chauvin wegziehen, irgendwohin, wo die beiden dann vielleicht das Ritual des Gedenkens in ein tatsächliches Nachleben und Nachsterben verwandeln. Chauvin hat kurz zuvor eine solche Szenerie geschildert, mit einem einsamen Haus am Meer und einer Frau, die in willenloser Abhängigkeit vom Liebhaber lebt, eine liebes- und todessüchtige Existenz. Beide fürchten jetzt beides: die gelebte Konsequenz des gemeinsamen Gedenkens an jene Liebenden und die einzige Alternative, ihre Trennung, den nüchternen Schluss der rauschhaften Folie à deux.

Sie können darüber nur in Gesten reden. Das ist folgerichtig, denn über sich selbst haben sie ja nie gesprochen, ihre eigene Liebe haben sie einander nur im Spiegel jenes tragischen Paars gestanden. Daher konnte die dritte Möglichkeit gar nie erwogen werden: eine alltägliche Liaison zwischen ihnen beiden, heimlich oder offen, ohne tragische Zuspitzung und nur für die Zeit, wie so etwas eben zu dauern pflegt. Dafür war kein Raum im Spiel der Phantasien und Gefühle. Würden sie so etwas jetzt erwägen, müsste alles andere erlöschen. An die Stelle der Erfahrung eines Äußersten, eines Mysterium tremendum et fascinosum, träte, wofür die Leute das Verhältnis der beiden ohnehin halten, eine billige Ehebruchsgeschichte. Der Mann wäre vielleicht dafür zu haben, sie nicht.

Weil sie darüber nicht reden können, ereignet sich nun ein wortloses Zeichenspiel der Hände. Die erste Bewegung kommt von ihm:

> Er legte seine Hand neben die ihre auf den Tisch, in den schirmenden Schatten, den ihr Körper warf.[197]

Das ist eine körperliche Nähe, die es zwischen beiden bisher nie gab. Sie ist Zeichen und Zärtlichkeit zugleich, nicht wirklich auszudeuten, eine Orakelszene im erwähnten Sinn. Der Akt zwingt Anne, von dem zu sprechen, wovon sie bisher nie gesprochen hat, ihrem kleinen Sohn:

> Dieses Kind, sagte Anne Desbaresdes, ich habe nicht Zeit gehabt, es Ihnen zu sagen
>
> [...]
>
> Ich weiß, dieses Kindes wegen, sagte Chauvin hart.[198]

»Brutalement« lautet dieses »hart« im Original. Sie kann darauf nicht antworten. Die Sprache versagt wieder. Anne jammert ganz leise. Dann setzen sie fort, was er begonnen hat: die Verständigung über Gebärden.

> Sie legte von neuem ihre Hand auf den Tisch. Er folgte ihrer Geste mit den Augen, und mühsam verstand er, hob seine Hand, die bleiern war, und legte sie auf die ihre. Ihrer beider Hände waren so kalt, dass sie sich vergeblich berührten, in der Absicht nur, dass es geschehe, in der alleinigen Absicht, dass es getan werde, nicht mehr anders, das war nicht mehr möglich. So blieben ihre Hände liegen, erstarrt wie Hände von Toten. Jedoch die Klage Anne Desbaresdes' hörte auf.[199]

Ist das jetzt der seelische Tod? Ein stummer Horror? Man erkennt sogleich die Analogie zur Liebestragödie, die sich im gleichen Raum abgespielt hat. Da lag der Mann weinend, küssend auf der Geliebten, die er getötet hatte. So wie sich jenes

Ereignis jeder schlüssigen Deutung entzog, tut es jetzt auch dieser Akt, in dem ein Mann und eine Frau in stummen Zeichen daran zurückdenken. Wäre die Begegnung der Hände ein herzlicher Genuss, wie es sonst jede noch so kleine Berührung bei zwei Verliebten ist, würde sich das lockende Mysterium des Liebestodes verflüchtigen.

Seitenblick auf Ingeborg Bachmann

Hier zeichnet sich jenes Entweder-oder ab, das Ingeborg Bachmann im gleichen Jahr 1958 im Hörspiel *Der gute Gott von Manhattan* zum Thema machte. Zwei der wichtigsten Autorinnen der europäischen Nachkriegszeit rückten damals mit zwei gleichzeitigen Arbeiten in enge Nähe. Auch bei Bachmann wird die radikale Liebe als ein Ereignis dargestellt, das der alltäglichen Ordnung als ein ganz anderes gegenübersteht. Ein Paar, das dahin gelangt, tritt aus der Welt aller Übrigen heraus – im Hörspiel dargestellt als das Immer-höher-Steigen in einem Wolkenkratzer. Die Welt um sie herum kann das nicht akzeptieren. Der »gute Gott von Manhattan«, eine geheimnisvolle Figur, die die alltägliche Ordnung mit Gewalt bewahren will, sprengt das Zimmer im 57. Stockwerk, wo das verliebte Paar haust, in die Luft. Der Liebhaber ist allerdings zuvor nochmal rasch in die Stadt gegangen, um die gebuchte Schifffahrt nach Europa zu stornieren; er will gleich zurück sein. Doch für kurze Zeit fällt er in die Normalität zurück, bleibt in einer Bar hängen, beginnt eine Zeitung zu lesen – und in der Ferne geht die Bombe hoch.

Beim Gericht über den Guten Gott, das die Rahmenhandlung des Hörspiels bildet, fasst der Richter am Ende zusammen, was den Liebhaber vor der Vernichtung gerettet hat, und diese Zusammenfassung, die der Richter sachlich meint, bebt von der Ironie der Autorin:

> Er war rückfällig geworden, und die Ordnung streckte einen Augenblick lang die Arme nach ihm aus. Er war normal, gesund und rechtschaffen wie ein Mann, der vor dem Abendessen ein Glas in Ruhe trinkt und aus seinem Ohr das Geflüster einer Geliebten und aus seinen Nüstern den hinreißenden Geruch verscheucht hat – ein Mann, dessen Augen sich wieder beleben an Druckerschwärze und dessen Hände sich schmutzig machen müssen an einer Theke.

Worauf der Gute Gott ergänzt:

> Er war gerettet. Die Erde hatte ihn wieder. Jetzt wird er längst zurück sein und bei schlechter Laune und mit mäßigen Aussichten lange leben.[200]

Ingeborg Bachmanns scharfer Hohn rückt das Entweder-oder, um das es bei ihr in gleichem Maße geht wie bei Marguerite Duras, in ein grelles Licht. Deshalb erkennen wir von diesem Hörspiel aus deutlicher, was im Roman geschieht, was sich insbesondere in seinem Finale, bei der Begegnung der Hände und zuletzt dem Kuss, ereignet. Für beide Paare gibt es nur den ekstatischen Untergang oder das banale Weiterleben »bei schlechter Laune und mit mäßigen Aussichten«. Deshalb sind die Hände von Anne und Chauvin kalt, als sie den Liebestod nachspielen, zu dem sie gleichzeitig auf Distanz gehen. Im

Moment ist das schrecklich, auf die Dauer aber erlösend. Am Horizont erscheint dabei das spielende, singende Kind: eine andere Zukunft. Allerdings nur für den Leser oder die Leserin, die dies hinzudenken. Von der Erzählerin ausgesprochen, würde es die Spannung des Moments zerstören.

Der Kuss (Fortsetzung)

Denn so schmerzlich ist die Berührung der Hände, die erste Berührung überhaupt zwischen Anne und Chauvin, dass sie, die Frau, um es zu ertragen, ein letztes Mal um das Ritual des gemeinsamen Gedenkens bettelt. (Der Dialog wird hier wiederum gerafft zitiert; die Aussagen Annes sind kursiv gesetzt):

> *Ein letztes Mal, sagen Sie es mir.*
>
> Niemals zuvor, ehe er ihr begegnete, hätte er gedacht, dass das Verlangen danach ihn eines Tages hätte überkommen können.
>
> *Ihre eigene Bereitschaft aber war ohne Vorbehalt?*
>
> Voller Freude.
>
> *Ich möchte gerne ein wenig verstehen, warum es so wundervoll war, ihr Verlangen, es möge eines Tages so weit mit ihm kommen.*
>
> Man braucht gar nicht erst versuchen zu verstehen. Man kann nicht in solchem Maße verstehen.[201]

»On ne peut pas comprendre à ce point«, lautet der letzte Satz im Original. Diese Äußerung stellt endgültig fest, dass ihre gemeinsame Versenkung in den Liebestod, dessen Ausgang sie mit angesehen hatten, gar nie zu dem angeblich gesuchten Ergebnis führen konnte. Ihre Forschungen nach dem Warum waren weit mehr ein Feiern der unbedingten Liebe als eine sachliche Abklärung. So feiert auch Ingeborg Bachmann die extreme Hingabe, wenn sie im großen Liebesduett kurz vor der Katastrophe den Mann zur Frau sagen lässt: »Bei dir sein möchte ich bis ans Ende aller Tage und auf den Grund dieses Abgrundes kommen, in den ich stürze mit dir. Ich möchte ein Ende mit dir, ein Ende.«[202]

»On ne peut pas comprendre à ce point« – das Statement besagt zugleich, dass das süchtige Verstehenwollen ein Ende haben muss. Und weil Anne sich für das Leben mit dem Kind entschieden hat, ist die Trennung unausweichlich geworden. Der Abschied aber braucht ein Zeichen. Chauvin ist dazu nicht fähig –

> Da tat sie, was er nicht hatte tun können. Sie ging so nahe an ihn heran, dass ihre Lippen sich finden konnten. Ihre Lippen blieben aufeinander, auf dass es getan werde, demselben Toten-Rituell folgend wie einen Augenblick vorher die Hände, kalt und bebend. Es ward getan.[203]

Das ist hart. Auch als Akt der Autorin. Sie hätte ihr Werk populärer machen können, wenn sie hier doch noch in die literarische Konvention eingebogen wäre und etwas von der Art hätte geschehen lassen, die man »bittersüß« zu nennen pflegt. Aber zwischen diesem Kuss und jenem andern Kuss – »Blut auf dem Munde, und er küsste sie, küsste sie« – gibt es kein Mittleres. Anne und Chauvin haben sich der Glut jenes andern Paars ausgeliefert, die nur gebannt werden kann durch diese Kälte. Zwei Menschen sind in ein Entweder-oder gestürzt und müssen es durchleben. Deshalb steckt in diesem Kuss jener andere, und beide sind nicht zu trennen. So sehr haben sich Anne und Chauvin in ihr Nach-Spielen versenkt, dass sie auch nur nach-spielend daraus herauskommen können – im glühenden Untergang oder im kalten Abschied. Die Frau hat den Mut dazu. Der Kuss ist ihre Tat. Deshalb heißt es am Ende des Zitats: »Es ward getan.« – »Ce fut fait.«

Das Ritual des Gedenkens ist damit zu Ende, der erregende, berauschende, gemeinsame Wahn. Nun müssen sie nur noch auseinandergehen. Noch einmal droht Anne zusammenzubrechen über dem, was sie dabei verliert. Jetzt handelt Chauvin. Mit einem kurzen Satz:

> Je voudrais que vous soyez morte, dit Chauvin.
> C'est fait, dit Anne Desbaresdes.

In der Übersetzung:

> Ich wünschte, Sie wären tot, sagte Chauvin.
> Es ist soweit, sagte Anne Desbaresdes.[204]

Nun kann sie gehen, und sie tritt aus dem Café hinaus ins Licht des Sonnenuntergangs, wie ihr kleiner Sohn es so oft getan hat.

Mit dem *c'est fait* aber setzt Marguerite Duras ein letztes orakelhaft mehrdeutiges Wort. Lege es dir zurecht, wie du magst, sagt sie damit dem Leser. Die zitierte Übersetzung ist eine Möglichkeit von vielen. Denkbar wären auch: *das ist geschehen – es ist vollbracht – das liegt nun hinter uns* … Die Parallele zum *ce fut fait* am Ende der Kuss-Szene ist unübersehbar. Je nachdem, wie wir den ganzen Roman verstehen, ändert sich die Bedeutung dieses *c'est fait*. Aber je nachdem, wie wir dieses *c'est fait* verstehen, ändert sich auch die Bedeutung des ganzen Romans.

Was also ist das Ganze?

Was also ist das Ganze? Ein Mysterienspiel? Eine moderne Ballade von zwei Liebenden, die nicht zusammenkommen können, wie es in alten Liedern seit Jahrhunderten berichtet wird? Die psychologische Studie einer domestizierten Frau, deren luxuriöses Gefängnis plötzlich birst? Eine Variante von *Lady Chatterley's Lover* oder *Fräulein Julie?* Ein klinischer Fall? Ein feministisches Manifest? Für jede dieser Perspektiven auf den Text gibt es Gründe; keine kann ausgeschlossen, keine als einzig richtig nachgewiesen werden. Das Axiom, dass die Literatur in Szenen denkt, kann auch für einen ganzen Roman gelten. Man könnte zur Klärung die Verfilmung des Romans studieren, die zwei Jahre nach dessen Erscheinen in die Kinos kam, mit zwei der größten Stars jener Jahre, Jeanne Moreau und Jean-Paul Belmondo, Regie Peter Brook, aber das würde im besten Fall eine der möglichen Deutungen verstärken, ohne die andern zu widerlegen.

Sicher ist eines: Die Alternative der beiden Küsse ist unmenschlich. Sie lässt nur die Wahl zwischen dem körperlichen und dem seelischen Tod. Sicher ist aber auch, dass die Dichterinnen und Dichter genau davon immer wieder erzählen müssen, in Romanen, in Stücken, in Gedichten. Wir reden jeweils von Liebestragödien und meinen, die Sache sei damit abgetan wie beim Benennen einer Pflanzenart. Die Liebestragödien sind aber mehr als ein literarisches Genre. Sie sind eine grundlegende Gestalt des Nachdenkens über jene zwei Ereignisse, denen kein Mensch entgeht und denen keiner wirklich gewachsen ist, die Liebe und der Tod. Man versucht sie mit Zeremonien zu entschärfen, mit Gesetzen und sozialen Normen zu regulieren, mit wissenschaftlichen Modellen zu generalisieren, mit Zynismus zu banalisieren – vergeblich. Die Konflikte und Aporien schlummern in jedem Neugeborenen, sie wachen in jedem Menschenleben wieder auf. Die doktrinären Ordnungen und Religionen sichern sich ihre Macht über die Menschen, indem sie die Herrschaft über deren Sexualität usurpieren und über ihren Tod verfügen, als wäre er eine Verwaltungsangelegenheit. Auf die *License to kill* verzichtet auch der aufgeklärteste Staat nicht. Und die Liberalisierung der Sexualität in den westlichen Zivilisationen kann sowenig wie ihr Gegenteil verhindern, dass irgendwo junge Frauen und Männer, besessen vom Wissen um das Glück, an der Liebe sterben. Die Alternative der zwei Küsse ist unmenschlich, und sie ist nicht zu beseitigen.

VIII

GLÜCK ALS INFEKTION

Tolstoi war das letzte ragende Monument jenes bürgerlichen Erzählens, das sich seines sittlichen Auftrags bewusst war und in dem eine gewaltige Kunst verschmolz mit dem Willen zur Erziehung aller Stände. Zur Liebe gehörte bei ihm noch die Möglichkeit der Sünde und zu dieser die verdiente Strafe. Der Roman *Anna Karenina* ist auch die Hinrichtung einer Ehebrecherin. Die Titelfigur tritt in einem Moskauer Bahnhof zum ersten Mal auf, und in einem Moskauer Bahnhof wirft sie sich am Ende unter die Räder eines Zuges. Das ist ein kompositorischer Kunstgriff des Erzählers und wirkt doch wie der donnernde Verweis auf eine höhere Ordnung.

Tschechow, eine Generation jünger als Tolstoi, hat mit höheren Ordnungen nichts mehr zu tun. Für ihn steht die Liebe in keinem Zusammenhang mit heiligen Geboten und entsprechenden Sanktionen. Dennoch ist sie in seinem Werk allgegenwärtig. Sie flammt oder flackert in jeder Brust – bald als derbes Begehren, bald als verschwiegenes Geheimnis. Die meisten seiner Menschen sind sehr allein damit. Viele schrecken zurück vor der entschlossenen Tat, die das Glück nun einmal verlangt. Sie hegen ihre Sehnsucht, bis die Zukunft sich auflöst, die die Erfüllung bringen sollte. Warum, ist schwer zu sagen. Die Antworten, die man auf diese Frage zu geben pflegt, sind meistens so pauschal, dass sie den konkreten Fall nicht erhellen. Vielfach sind sie in einer schlichten Weise sozialgeschichtlich; sie reden von einer absterbenden Gesellschaft, als ob die Revolution, die 1917 tatsächlich kam, das Ergebnis einer höheren Notwendigkeit gewesen wäre.

Wer das Spektrum von Tschechows Figuren auf ein Grundmuster reduziert, indem er zum Beispiel überall nur Variationen der berühmten drei Schwestern sieht, vergeht sich gegen das Wesen seiner Kunst. Dieses besteht darin, eine Fülle von Individuen zu erschaffen, die sich in ihrer Einmaligkeit auf keine Typenskala reduzieren lassen. Sie sind komisch und ergreifend zugleich, wenn auch in unterschiedlicher Mischung. Ob sie gut oder schlimm enden, erscheint zufällig. Der Ausgang ist diesem Autor weniger wichtig als das einzelne Menschenwesen. Er besitzt jenen »anthropologischen Heißhunger«, von dem der Erzähler des *Armen Spielmanns* einmal spricht und der auch von Georg Christoph Lichtenberg bezeugt ist. Dieser, ein kleiner, buckliger Mann, begab sich, wie er selbst berichtet, in die übelsten Quartiere Londons, wo er jederzeit wegen ein paar Shilling hätte umgebracht werden können, nur um immer neue Menschengesichter studieren zu können.

Die erzählende Versenkung in die Einmaligkeit eines Menschen, ganz unabhängig vom Gewicht seines Schicksals oder von der sittlichen Bedeutung seines Handelns, hebt Tschechow aus der Masse der Autoren heraus, die gleichzeitig mit ihm geschrieben und die Zeitschriften des späten 19. Jahrhunderts gefüllt haben. Deshalb bewährt sich Tschechows Kunst an den unbedeutenden Menschen in gleichem Maße wie an jenen, die im Guten oder Bösen aus der Menge herausragen. Wobei die unbedeutenden Menschen, wenn man das Wort denn einmal so stehenlassen darf, die schriftstellerisch schwierigere Aufgabe bilden. Denn wie soll ein Schriftsteller die Leser für eine Figur interessieren, deren Eigenart gerade darin besteht, dass sie niemanden interessiert?

Das Vorhaben hat tatsächlich seine Tücken. Wenn ein Autor wie Tschechow seinen analytischen Blick auf einen ausgemachten Langweiler richtet, besteht nämlich die Gefahr, dass dieser immer spannender erscheint und sich also für die Leser über kurze Zeit in sein Gegenteil verwandelt. Wir stünden dann vor einem kurzweiligen Langweiler, was zwar für die Kunst des Erzählers spräche, womit dieser aber gleichzeitig scheitern würde. Wäre es doch seine Aufgabe gewesen, den Langweiler in seiner ganzen, jede Umgebung lähmenden Öde vorzuführen.

Man kann das Problem am konkreten Fall studieren. In seiner Erzählung *Der Kuss* von 1887/88 stellt sich Tschechow nämlich genau dieser Aufgabe. Und um nicht in die Falle seines eigenen Könnens zu treten, greift er in dem Moment, da sein Held zum ersten Mal in Erscheinung tritt, zum Königsrecht aller Erzähler und deklariert den Mann *ex cathedra auctoris* zu dem reizlosen Wesen, als das er ihn in dieser Erzählung haben will. Das ist ein Schöpfungsakt, der nicht mehr rückgängig gemacht werden kann, wie nahe der Betreffende den Leserinnen und Lesern in der Folge auch rücken mag.

Tschechow erschafft den Hauptmann Rjabovič

Es dauert auffällig lang, bis der Held der Geschichte überhaupt auftritt. Er ist Teil einer Menschengruppe, die mit fachmännischer Genauigkeit geschildert wird. Eine Artillerie-Brigade, die aus sechs Batterien besteht, befindet sich auf dem langen Marsch in ein Übungslager und übernachtet am 20. Mai in einem Dorf. Die Offiziere der Truppe werden von einem reichen Gutsbesitzer und ehemaligen General für den Abend zu Tee und Tanz eingeladen. Obwohl sie müde sind, wandern sie alle zu dem prächtigen Anwesen am Fluss, werden freundlich, wenn auch etwas formell empfangen und mischen sich mit der Zeit unter die zahlreichen anderen Gäste, die an diesem Abend ebenfalls im Hause weilen. Von den Offizieren wird zunächst nur der größte Draufgänger, Lobytko, etwas genauer erfasst; er zeichnet sich dadurch aus, dass er überall Frauen wittert, schon von weitem – ein flüchtiges, eher triviales Porträt. Sehr behaglich fühlen sich die Militärs in der vornehmen Atmosphäre nicht; sie sind verlegen, und auch der Draufgänger hat sich noch nicht entfalten können. Genau da führt der Erzähler nun den Mann ein, um dessentwillen die Geschichte erzählt wird und dem in dieser Nacht ein seltsames Abenteuer bevorsteht:

> Am verlegensten von allen fühlte sich der Stabshauptmann Rjabovič, ein kleiner, etwas krummer Offizier, mit Brille und mit einem Backenbärtchen wie ein Luchs.[205]

Die Beschreibung eines Gesichts ist in der Literatur stets ein kritischer Moment, bei der Hauptfigur in noch besonderem Maße. Kein Wort ist da ohne ästhetische und moralische Nebenbedeutungen. Mit jeder Benennung einer körperlichen Eigenschaft wird Sympathie aufgebaut oder verhindert – was umso wirksamer ist, als der Leser diese emotionale Steuerung durch den Erzähler meistens gar nicht merkt. Der zitierte Satz baut einen Kontrast auf zwischen der militärischen Funktion (Stabshauptmann) und der Erscheinung des Offiziers. Es fehlt ihm an Körpergröße und Eleganz; die Brille rückt ihn eher in Richtung Büro als zu Pulverdampf und Schlachtendonner. Und da ist zudem noch dieses »Backenbärtchen wie ein Luchs«. Damit muss es etwas Spezielles auf sich haben, was man aus der Passage allein aber nicht erschließen kann. Wie ein Fuchs- oder ein Bärenkopf aussieht, darf als bekannt vorausgesetzt werden; dass Luchse aber ein Backenbärtchen haben, erfuhren wohl auch die meisten zeitgenössischen Leser hier zum ersten Mal. Im Feld der Tierstereotype wird der Luchs mit Schlauheit, Sehschärfe und lautloser Gewalt assoziiert. Das fällt hier außer Betracht, weil das »Backenbärtchen« den unansehnlichen Hauptmann Rjabovič noch zusätzlich lächerlich macht. Die Luchse weisen aber tatsächlich eine seltsame Behaarung zu beiden Seiten von Maul und Kinn auf, zwei weiße Zipfel, die nach unten abstehen. Als erfahrener Leser muss man annehmen, dass der Autor mit dem ausgefallenen Motiv etwas vorbereitet, das irgendwann in der Geschichte eine Rolle spielt. Vorderhand aber wird Rjabovič dadurch nur noch kurioser.

Das alles reicht aus für eine physiognomische Charakterisierung. Umso überraschender wirkt daher, dass der Erzähler das Porträt direkt anschließend an das Zitat nochmals wiederholt, wobei er in der negativen Bewertung noch eins draufsetzt:

> Während die einen seiner Kameraden ernste Gesichter machten, die anderen gezwungen lächelten, schienen Rjabovičs Miene, sein seltsames Backenbärtchen und seine Brille zu sagen: Ich bin der schüchternste, bescheidenste, farbloseste Offizier der ganzen Brigade![206]

Ist das nicht ein Verstoß gegen die Ökonomie des Erzählens? Und dies bei einem Autor, der die kurze, durchkalkulierte Story gleichzeitig mit seinem Kollegen Maupassant in Paris zu einer charakteristischen Form des literarischen Fin de Siècle gemacht hat? Während das erste Zitat auch der Auftakt zu einer ganzen Reihe von Offiziersporträts sein könnte, wird Rjabovič durch die Wiederholung mit den zusätzlichen drei Superlativen von allen seinen Kollegen abgesetzt. Es ereignet sich also der obenerwähnte dialektische Coup: Der Unbedeutende gewinnt durch den Nachdruck, mit dem diese Diagnose gestellt wird, eine spezielle Bedeutung. Der Farblose erhält durch seine alles übertreffende Farblosigkeit eine eigene, wenn auch schwer bestimmbare Farbe.

Was aber soll das? Will uns Tschechow beibringen, dass es Mauerblümchen auch in Artillerieuniform gibt und dass sie Menschen sind wie wir alle, unserer Liebe und Achtung wert, selbst wenn sie uns langweilen? Dieses Erzählmuster gibt es in der Tat vielfach im bürgerlichen Erzählen des 19. Jahrhunderts. Es steht dort im Dienst einer demokratisch-pädagogischen Botschaft: Auch der Geringste ist ein vollwertiger

Mensch und kann zum Mittelpunkt eines literarischen Werks werden. Und oft genug entpuppt sich dann der unbedeutende und namenlose Mann, entpuppt sich die Frau, über die alle hinwegsehen, als eine Person mit einem erschütternden Schicksal. Diesem Dreh in die Vorbildlichkeit weicht Tschechow aber entschlossen aus. Er will den unattraktiven Rjabovič mit seinem peinlichen Luchsbärtchen nicht in ein Wesen von stiller Größe verwandeln, sondern er will ihn studieren. Er nimmt ihn zum Objekt seines Erzählens nicht als Philosoph oder Moralist, sondern als Naturwissenschaftler. Der er, der Arzt, ja tatsächlich war.

Mit der verschärften Wiederholung des Porträts hat der Erzähler erreicht, dass die Leser über den Uninteressanten nicht mehr uninteressiert hinweggehen können. Sie sind nun mindestens bereit aufzupassen, wenn von ihm wieder die Rede ist. Und das geschieht umgehend, indem der Autor das verhaltenspsychologische Röntgenbild eines Verschüchterten herstellt, der einen gleißenden Festsaal voller weltläufiger Genießer betritt. Damit bestimmt er sein Erzählverfahren demonstrativ als eine Form der wissenschaftlichen Analyse – bis hin zum physiologischen Fachausdruck:

> In den ersten Augenblicken, als er das Speisezimmer betrat und als er am Teetisch saß, konnte er seine Aufmerksamkeit auf kein Gesicht, auf keinen Gegenstand konzentrieren. Gesichter, Kleider, die geschliffenen Kognakkaraffen, der Dampf, der von den Teegläsern aufstieg, der Stuck an der Decke – alles das floß zu einem einzigen, mächtigen Eindruck zusammen, der bei Rjabovič Unruhe hervorrief und den Wunsch, sich zu verbergen. Gleich einem Rezita-

> tor, der zum erstenmal öffentlich auftritt, sah er alles sehr deutlich vor sich, wurde sich aber dessen, was er sah, nicht richtig bewußt (die Physiologen nennen diesen Zustand, bei dem das Subjekt zwar sieht, doch das Gesehene nicht begreift, ›psychische Blindheit‹).[207]

Man muss hier genau aufpassen. Was Tschechow interessiert, ist nicht der soziale Typus des Schüchternen – wie es den Typus des Prahlers gibt oder des Geizigen oder des Schürzenjägers oder des Hypochonders, aus welchen allen man effektvolle Komödienfiguren machen kann, weil jedermann die Muster kennt –, Tschechow interessiert vielmehr dieser einzelne Fall, das Individuum Rjabovič, das zwar schüchtern ist und farblos, das aber nicht, wie es im konventionell-normativen Erzählen der Fall wäre, von diesem Fehlverhalten geheilt werden muss – zum Beispiel durch eine schöne Frau –, sondern das es mit jenem Eifer zu beobachten gilt, mit dem ein Entomologe einem eigentümlichen Käfer auf der Spur bleibt. Und da ein Autor die gloriose Möglichkeit hat, seine Figur in jede denkbare Testsituation zu bringen und dann zuzusehen, wie sie sich darin verhält, macht Tschechow in der nun folgenden Schlüsselszene seiner Geschichte genau dies. Er konstruiert eine ausgefallene, aber effektvolle Versuchsanlage mit einem erzählerisch blendenden Eklat und konzentriert sich in der Folge darauf, alle Reaktionen seines Forschungsobjekts auf diese plötzliche Erfahrung festzuhalten.

Auf diesem Sprung aus dem Didaktischen in die Empirie beruht Tschechows Modernität, die uns aus seinen Texten so erfrischend anweht, obwohl sie in einer versunkenen Welt spielen.

Rjabovič ist also in der vornehmen Gesellschaft zunächst in eine pathologische Verfassung geraten. Er sieht alle Personen und Gegenstände sehr scharf, bringt sie aber nicht zu einem Ganzen zusammen. Das verwandelt sich wenig später in sozialkritische Hellsicht. Er bemerkt nun die gesellschaftliche Virtuosität der Gastgeber, sieht, wie diese alle Gäste unter Kontrolle halten und sofort eingreifen, wenn einer nicht mehr trinkt oder plaudert. Sie agieren mit einer perfekten Freundlichkeit, hinter der Rjabovič immer deutlicher die Planung und Berechnung erkennt, ein virtuoses Konversationsspiel. Seine Schüchternheit beseitigt das aber nicht. Als man zu tanzen beginnt, drückt er sich an die Wand: »Er hatte noch nie in seinem Leben getanzt, noch nie in seinem Leben eine anständige Frau um die Taille gefaßt.«[208] Schließlich folgt er einem der Gastgeber und zwei Kollegen durch viele Gänge und Zimmer in einen Raum, wo Billard gespielt wird. Aber auch da kann er nicht mitmachen. Er schaut eine Zeitlang zu, langweilt sich und will wieder zurück in den großen Saal. Dabei verirrt er sich, gelangt in unbekannte Räume, kehrt wieder um, findet sich überhaupt nicht mehr zurecht. Er stößt die erstbeste Tür auf und steht in einem völlig dunklen Zimmer. Nur durch einen Türspalt dringt Licht. Er bleibt stehen und überlegt. Da geschieht ihm das Unerhörte, auf das gerade er, der Unansehnliche, niemals Umworbene, von allen lebenslustigen Leuten Gemiedene, am wenigsten gefasst ist:

> Im gleichen Augenblick wurde er von hastigen Schritten und dem Rascheln eines Kleides überrascht, eine Frauenstimme flüsterte außer Atem: »Na endlich!«, und zwei weiche, duftende Frauenarme schlangen sich um seinen Hals; eine warme Wange schmiegte sich an die seine, und der Laut eines Kusses erklang. Doch gleich darauf schrie diejenige, die ihn geküßt hatte, leise auf und prallte, wie Rjabovič schien, angewidert zurück. Auch er hätte fast aufgeschrien und stürzte auf den hellen Türspalt zu [...][209]

Ein singulärer Kuss, weiß Gott! Und plötzlich wird der umständliche Aufbau der Figur Rjabovič einleuchtend. Zwei Extreme prallen hier zusammen. Der farblose Zögerer begegnet der ungestümen Leidenschaft. Ein weicher, warmer, duftender Körper schmiegt sich an ihn und will sich ihm schenken. Der Kontrast ist immens. Diese Frau und dieser Typ! Und für den Bruchteil einer Sekunde lässt es der Erzähler sogar zu, dass in den Leserinnen und Lesern die Phantasie aufblüht, ein zauberhaftes weibliches Wesen könnte sich heimlich in den Unansehnlichen verliebt haben. Der Kuss »erklingt«. Er wird also mit hoher Lust verabreicht. Lautstark krönt er den wundersamen Moment, der dem Schiefgeratenen geschenkt wird. Ist es nicht auch im Märchen so, dass der Dummkopf hinter dem Ofen zuletzt die Prinzessin kriegt?

Aber mehr als der Bruchteil einer Sekunde wird der Sentimentalität der Leser nicht gewährt. Denn es ist eben dieser Kuss, der auch schon das Ende des magischen Augenblicks bewirkt. Kaum ist er erklungen, ertönt der Schreckensschrei. Warum eigentlich? Es ist ja stockfinster im Raum. Warum kann die Unbekannte nicht noch ein paar liebliche Worte flüstern? Wer die Strategien der erfahrenen Erzähler kennt, weiß die Antwort auf der Stelle, obwohl nichts davon gesagt wird: das Luchsbärtchen! Es steht ja schräg ab vom Kinn des Geküssten! Als die Frau den Kuss verabreicht, Wange an Wange, muss sie das borstige Gebilde spüren und wissen, das kann ihr Geliebter nicht sein! Erkennen, Erschrecken und Aufschrei! Was auch den erstarrten Mann in Panik versetzt und auf den Lichtschimmer im Türspalt zustürzen lässt.

Im Augenblick, da die Frau zurückfährt, glaubt Rjabovič zu wissen, dass er sie anwidert. Der Erzähler hält dies ausdrücklich fest, obwohl man denken könnte, das sei ja wohl naheliegend. Erst später jedoch zeigt sich, wie wichtig diese spontane Überzeugung Rjabovičs ist. Der weitere Verlauf der Erzählung besteht nämlich in der klinisch genauen Beschreibung der Gefühle und Empfindungen, von welchen Rjabovič nun Tag für Tag, Woche für Woche, den ganzen Sommer lang erfüllt wird. Es ist eine bisher nie gekannte Freude, die ihn täglich bewegt. Könnte er sich einreden, die Unbekannte habe ihn aus tatsächlicher Liebe geküsst, dann wären diese Regungen in der Brust des Unansehnlichen einleuchtend. Aber da er, als er aus dem dunklen Zimmer stürzt, überzeugt ist, die unbekannte Frau verabscheue ihn, muss man sein Hochgefühl als ein psychologisch und physiologisch rätselhaftes Phänomen betrachten.

Tschechows wissenschaftlicher Blick zeigt sich schon darin, dass Rjabovičs innere Erfahrungen nach dem sensationellen Ereignis in genaue Phasen unterteilt sind. Das erste, was er nach der Flucht aus dem Zimmer an sich selbst feststellt, sind seltsame körperliche Phänomene. Er befindet sich wieder im Saal unter allen andern, den Tanzenden und Schwatzenden, die sich zu seinem Erstaunen benehmen, als wäre nichts passiert – da überläuft es ihn seltsam an Hals und Kopf:

> Sein Hals, der eben erst von weichen, duftenden Armen umfangen worden war, erschien ihm gleichsam eingesalbt mit Öl; auf seiner linken Wange, gleich neben dem Schnurrbartende, wo ihn die Unbekannte geküßt hatte, verspürte er eine leichte, prickelnde Kälte – wie von Pfefferminztropfen; je länger er diese Stelle rieb, desto stärker wurde das Kältegefühl.[210]

Diese psychosomatischen Reflexe hält der Erzähler fest wie die Symptome einer Infektion. Noch als Rjabovič später im Bett liegt, spürt er sie. Erst am andern Morgen sind sie verschwunden. Dafür hat sich jetzt das vertieft, was am Vortag erst langsam in Erscheinung trat: das Entzücken in seiner Brust. Zunächst schämte er sich nämlich vor den Leuten im Saal. Er fürchtete, jedermann wisse, dass er eben geküsst worden sei, und einmal mehr hätte er sich am liebsten irgendwo verkrochen. Allmählich aber stellt er fest, dass die panische Regung sich verändert und in ihr Gegenteil verkehrt. Auf einmal ist ihm ums Tanzen zumut, ums Lachen und Reden. Und wie in einem Musikstück rückt der Erzähler hier erneut die bekannte Charakterisierung seines Helden ein, diesmal aber mit umgekehrten Vorzeichen:

> Er hatte ganz vergessen, daß er ein wenig krumm und völlig farblos war, einen Backenbart wie ein Luchs und ein ›undefinierbares Äußeres‹ hatte (so war es eines Tages in einer Unterhaltung zwischen Damen bezeichnet worden, die er unfreiwillig belauscht hatte).[211]

Noch steht er aber in keinem geklärten Verhältnis zu dem, was ihm da geschieht. Er will alles durchdenken, insbesondere, wie es zu diesem Kuss gekommen ist. Und wieder staunt man über Tschechows Psychologie. Obwohl Rjabovič bereits euphorische Anwandlungen verspürt, operiert er in der Analyse dessen, was sich im dunklen Zimmer ereignet hat, mit nüchternem Scharfsinn. Er versucht keinen Moment, die Aktion der Frau zu seinen Gunsten umzudeuten, sie – mit dem psychologischen Fachbegriff – zu rationalisieren und sich einzureden, sie müsse es aus Liebe getan haben. Vielmehr stellt er unzweideutig fest:

> Vermutlich hatte irgendein Fräulein oder irgendeine junge Dame ein Stelldichein mit jemand in diesem dunklen Zimmer verabredet, dann lange gewartet und in der nervlichen Überreizung, in der sie sich befand, Rjabovič für ihren Helden gehalten; das war um so wahrscheinlicher, weil Rjabovič, als er durchs dunkle Zimmer kam, stehenblieb und in Nachdenken versank, das heißt den Anschein eines Menschen hatte, der ebenfalls auf etwas wartet [...][212]

Dieses Ergebnis müsste eigentlich jeder erotischen Aura, die der Kuss für den Geküssten haben könnte, ein Ende setzen. Nicht Rjabovič hat hier Zärtlichkeit und Liebe erfahren, sondern jener unbekannte andere, auf den er mit kriminalistischer Logik schließt. Mit dem Begriff der »nervlichen Überreizung« setzt er sogar eine Schlüsselkategorie aus der Psychiatrie der Jahrhundertwende in seine Analyse. Das Resultat seines Nachdenkens müsste ihn also emotional ernüchtern. Das geschieht aber nicht. Vielmehr entwickelt sich jetzt eine eminent komische Parallelität zwischen dem neuen Hochgefühl und der zweiten Phase seines Nachforschens.

Mitten in der Gesellschaft sitzend will er herausfinden, wer die Frau war, die ihn im Finstern geküsst hat. Es sind ja immer noch alle im Haus versammelt, die dafür in Frage kommen. Darunter befinden sich reizvolle Geschöpfe; er prüft sie ernsthaft der Reihe nach. Aber während dieser Recherche vermischen sich ihm die Kategorien. Die sachliche Frage, wer die Unbekannte gewesen sein könnte, wird gestört von seinen neuen Gefühlen, und plötzlich sucht er nur noch die, die ihm am liebsten wäre. Groteskerweise kann er diesen Rang keiner der Anwesenden zusprechen. An jeder findet er etwas Störendes, sodass er anfängt, ihre Reize neu zu kombinieren. Seine Hilflosigkeit gegenüber den Frauen verwandelt sich in ein herrisches Verfügen über sie – ein vertracktes Ereignis.

> Sein Blick blieb an dem fliederfarbenen Fräulein hängen, und sie gefiel ihm sehr; sie hatte schöne Schultern und Arme, ein kluges Gesicht und eine wunderbare Stimme. Rjabovič blickte sie an und wünschte sich, gerade sie und keine andere möge die Unbekannte gewesen sein [...] Aber

dann lachte sie unaufrichtig und krauste die lange, an alte Ikonen erinnernde Nase; da wandte er den Blick der Blonden im schwarzen Kleid zu. Die war jünger, schlichter, ehrlicher, hatte wunderbar feine Schläfen und nippte besonders anmutig an ihrem Kognakglas. Jetzt wünschte sich Rjabovič, sie wäre es gewesen. Doch bald darauf fand er ihr Gesicht seicht und äugte zu ihrer Nachbarin hinüber.

Schwer zu erraten, sagte er sich verträumt. Nimmt man die Schultern und Arme der Fliederfarbenen, fügt die Schläfen der Blonden und die Augen jener hinzu, die links neben Lobytko sitzt [...]

Und er vollzog im Geist die Addition und erhielt das Bild des Mädchens, das ihn geküßt hatte, ein Wunschbild, das er am Tisch durchaus nicht finden konnte.[213]

Wobei man immer bedenken muss, dass Rjabovič hier jene Person mit Eifer sucht, die ihn selbst nach seiner eigenen Überzeugung höchst widerwärtig gefunden hat. Das Glück, das er erlebt, ist von seinen rationalen Überlegungen und den tatsächlichen Umständen völlig unabhängig. Es passiert ihm einfach, genauso wie das Kältegefühl auf der geküssten Wange.

Natürlich bleibt alles ein Geschehen im Innern des aufgewühlten Mannes. Er denkt keinen Moment daran, auf eine der Frauen zuzugehen und sie in ein Gespräch zu verwickeln, vielleicht sogar zu einem Geständnis zu verlocken. Auch müsste er dazu ja die eben vollzogene Addition wieder rückgängig machen. Er spürt die Folgen der Liebe, ohne eine Geliebte zu haben oder auch nur aus der Ferne eine zu kennen.

Der Zustand hält an. Er ist widersinnig und erscheint doch völlig plausibel. So unheimlich subtil ist Tschechows Psychologie. Er kennt keine Metaphysik der Liebe, keine Lehre von ihr als einer Macht, die das Weltall durchpulst und dem Kosmos überhaupt erst einen Sinn gibt. Alle die tollkühn-herrlichen Spekulationen, die die Liebe an das Göttliche knüpfen und den Liebenden zu einem Wesen machen, der das rein Menschliche übersteigt, in dessen Gemeinschaft mit der Geliebten das kommende Paradies vorverwirklicht ist, sie sind für Tschechow blauer Dunst. Dennoch muss er immerzu von Menschen schreiben, in denen die Liebe wühlt oder die Sehnsucht danach, Menschen, die das Wissen um das Glück mit sich herumtragen wie ein Messer in der Brust. Je ferner ihm jede Philosophie der Liebe rückt, umso schärfer und vielfältiger sieht er die tatsächlich liebenden und liebeshungrigen Menschen. Könnte er sich auf eine Metaphysik der Liebe ausrichten – und wäre es nur die bürgerliche Erlösungslehre vom Zusammenfall der Liebe mit dem gesellschaftlichen Erfolg –, dann hätte er auch ein Grundschema für das Erzählen von der Liebe mit den alten Ausgängen in Glück oder Unglück, in Hochzeit oder Mord oder Wahnsinn (Portia oder Othello oder Ophelia). Weil Tschechow, dem entschiedenen Positivisten, alle Sinnstiftungen dieser Art gleichgültig sind, kümmern ihn auch die Ausgänge seiner Dramen und Geschichten viel weniger als die Protagonisten als Einzelne und was sie im Innersten bewegt. Deshalb pendeln seine Dramen und Erzählungen so oft zwischen Komödie und Tragödie, und ihr Ende scheint sich mehr dem Zufall zu verdanken als einer zwingenden Gesetzmäßigkeit. Wobei er allerdings als Wissenschaftler den Zufall ernst nimmt. Oft genug sind es Zufälle, die den Schleier wegziehen vor den innersten Geheimnissen eines Menschen – und sei es ein ganz Unansehnlicher mit einem Luchsbärtchen, der im falschen Moment in ein dunkles Zimmer stolpert.

Hier ist nun noch etwas nachzutragen, was Rjabovičs Verhältnis zur Liebe betrifft. In einem der obigen Zitate findet sich ein Adjektiv, dessen Bedeutung leicht übersehen werden kann. Im Zusammenhang mit Rjabovičs Schüchternheit heißt es dort: »Er hatte noch nie in seinem Leben [...] eine anständige Frau um die Taille gefaßt.« Andere Frauen, käufliche oder verkommene, offenbar schon. Einmal wird auch angedeutet, dass die Offiziere gemeinsam entsprechende Ausflüge machen. Rjabovič ist also keine Jungfrau, wie man vom repetierten Porträt her vielleicht denken könnte. Aber er weiß nichts von einer Liebe, die mehr wäre als krude Sexualität – Zärtlichkeit, Hingabe, herzheißes Zusammenfinden. Diese Erfahrung überfällt ihn erstmals und als ein Wunder im verdunkelten Zimmer.

Am andern Tag zieht die Brigade weiter in ihr Übungslager. Die Beschreibung der voranrückenden Artilleriekolonne mit ihren Pferden und Kanonen, den Soldaten und Offizieren und deren unheroischer Langeweile ist ein schriftstellerisches Bravourstück. Viele Wochen später wird man auf dem Rückmarsch erneut in der kleinen Stadt übernachten. Rjabovič bleibt diese ganze Zeit erfüllt von seinem Erlebnis. Er empfindet und denkt nun wie einer, der in der Ferne eine schöne Geliebte hat. Das führt zu einer dieser winzigen, ironisch schillernden Tschechow-Szenen, in denen eine Figur und ihr inneres Wesen ganz und gar gegenwärtig werden:

Abends, wenn sich die Kameraden in ein Gespräch über die Liebe und über die Frauen einließen, horchte er auf, trat zu ihnen und machte ein Gesicht, wie die Soldaten machen, wenn man von einer Schlacht erzählt, an der sie teilgenommen haben.[214]

Obwohl das reale Ereignis, der Kuss, ein blankes Missverständnis war und alles andere ein ausdauerndes Phantasieren ist, bleibt er den Sommer über in fiebernder Erwartung des Tages, da man in jener Stadt wieder absteigen wird. Er sieht genau vor sich, wie die Offiziere erneut auf das Landgut eingeladen werden, und ist überzeugt, dass sich dort mit ihm und seiner Liebe etwas Entscheidendes ereignen werde. Angesichts der schroffen Differenz zwischen den Fakten und seinem Traumleben ist dies zwar ausgeschlossen – und der Erzähler hat dafür gesorgt, dass der Leser es weiß –, aber an der Wirklichkeit von Rjabovičs Glück ändert dieser Widerspruch nichts. Die Frage ist nur, wie lange es sich halten kann.

Das kalte, rauhe Tuch

Am ersehnten Abend bleibt die Einladung aus. Rjabovič ist hilflos. Bei den andern bleiben kann er jetzt nicht. So geht er denn ganz allein nochmals den Weg zum Gutshaus am Fluss. Er blickt in den Garten. Nichts regt sich da, alles ist dunkel und still. Im Haus kein Licht. Er steht und wartet. Nichts. Er kehrt um, sucht den Weg den Fluss entlang zurück. Und jetzt kommt die entscheidende Szene. Man liest leicht über sie hinweg, weil hier alles, was in Rjabovič geschieht, nur über die Benennung äußerer Dinge erzählt wird:

> Er kam ans Flußufer. Hell zeichneten sich vor seinem Blick der Badesteg der Generalsfamilie und die Badetücher ab, die am Geländer hingen [...] Er betrat den Steg, blieb eine Weile darauf stehen und tastete ohne jeden Grund über ein Badetuch. Das Badetuch fühlte sich rauh und kalt an. Er blickte ins Wasser [...] Der Fluß strömte rasch dahin, und an den Pfählen des Badestegs gurgelte es leise. Am linken Ufer spiegelte sich der rote Mond; kleine Wellen liefen über sein Spiegelbild hin, verzerrten es und rissen es in Stücke; es schien, als wollten sie es mit sich forttragen [...][215]

Da vibriert alles von Mehrdeutigkeit, und doch ist die symbolische Aufladung so behutsam, dass man das Ganze auch als eine impressionistische Skizze zur atmosphärischen Bereicherung ansehen könnte. Aber der Moment der Umkehr nach dem langen Sommer, dem heimlichen Glück, den Erwartungen, die der einsame Mann mit diesem Haus und seinen Bewohnern verbunden hat, ist so dramatisch, dass eine rein dekorative Funktion der Stelle ausgeschlossen ist. Die Menschen, die er gesucht hat, die Frauen insbesondere, werden durch die Intimität des Ortes heraufbeschworen. Die zum Trocknen hingehängten, also benutzten Badetücher verstärken diese Empfindungen. Und tatsächlich geht Rjabovič auf den Steg hinaus, betritt also doch noch die private Sphäre jener, die ihm so lange vor Augen schwebten. Hier haben die jungen Frauen gebadet, wahrscheinlich auch die eine, die ihn im Dunkeln küsste. Die Tücher haben ihre schönen Körper berührt. Er steht reglos daneben. Dann tastet er nach einem Tuch. Tschechow schreibt: »ohne jeden Grund«. Das muss so dastehen, damit der fetischistische Hauch über dem Moment nur angedeutet bleibt. Es ist die zweite erotische Berührung nach der Umarmung im Finstern. Dass der Vorgang auf diese anspielt, zeigt sich ex contrario am Empfinden der tastenden Hand: »Das Badetuch fühlte sich rauh und kalt an.« Dies ist das genaue Gegenteil zu den weichen, warmen Armen, die sich ihm an jenem Abend um den Hals legten. So wie damals Haut und Nerven früher auf das Ereignis reagierten als sein langsames Gehirn, ist es auch jetzt die fühlende Hand, die ihm die Botschaft sendet: Mit dem Glück ist es nichts, und alles ist aus! Die Literatur denkt in Szenen.

Da wird man denn auch das Spiegelbild des roten Mondes, das von den Wellen verzerrt und zerrissen wird und fortzuschwimmen scheint, als eine Anspielung auf den Untergang der schönen Illusion betrachten dürfen.

Wie geht Rjabovič intellektuell mit der Katastrophe um? Ein großer Denker ist er ja nun nicht. Und trennscharfe Begriffe stehen ihm nur selten zur Verfügung. Die Farblosigkeit, die ihm der Erzähler zu Beginn bescheinigt hat, betrifft auch seine philosophischen Momente. Aber die Größe Tschechows besteht eben darin, dass er auch die Unbedeutenden und Durchschnittlichen so ernst nimmt wie einen Ausnahmemenschen. Für seine Glücksforschung, die man als wesentlichen Teil seiner Lebensarbeit bezeichnen darf, sind die Rjabovičs so ertragreich wie irgendein Genie oder dröhnender Täter. Deshalb gilt der Art und Weise, wie sein Held die Katastrophe verarbeitet, seine gesammelte Aufmerksamkeit.

Unmittelbar an die zitierte Stelle mit dem kalten Badetuch

und dem zerrissenen Mond fügt sich Rjabovičs fragmentarische Reflexion:

> Wie dumm! Wie dumm! dachte Rjabovič und starrte auf das strömende Wasser. Wie unsinnig das alles ist!

Es kann sein, dass er »dumm« auch auf sich selbst bezieht, und ganz falsch läge er damit ja nicht. Auch von Tschechow her gesehen nicht. Dieser ist ein illusionsloser Aufklärer, und die Aufklärer schrecken vor der Kategorie der Dummheit nie zurück. Wo der Begriff am Platz ist, brauchen sie ihn unverblümt. Etwas davon vibriert in dem winzigen Monolog des Offiziers. Aber der Erzähler belässt es nicht bei dem Anklang einer Selbstdiagnose. Er führt den Mann im gleichen Moment auch schon darüber hinaus auf eine Erkenntnis zu, welche die existentialistische Philosophie des 20. Jahrhunderts vorwegnimmt. In den Trümmern seines Traums begegnet ihm die umfassende Sinnlosigkeit der Welt. Dass diese Auslegung nicht übertrieben ist, zeigt sich kurz darauf, als der Erzähler sagt: »Und die ganze Welt, das ganze Leben erschienen Rjabovič als ein unverständlicher, sinnloser Scherz.« Da ist er wirklich zum transzendental Obdachlosen geworden, als den sich wohl auch sein Autor verstanden hat.

Alles endet mit einem Akt des Trotzes gegenüber den Glücksversprechen dieser Welt. Zurückgekehrt zu seinem Nachtlager, findet Rjabovič die Nachricht vor, es sei nun doch noch ein Bote gekommen, der die Offiziere auf das Landgut des Generals eingeladen habe, und die Kameraden hätten sich bereits auf den Weg gemacht. Für eine Sekunde will die Freude wieder in ihm aufzucken, aber er unterdrückt das trügerische

Gefühl und legt sich schlafen. Man spürt den Respekt, den ihm sein Autor dafür zollt.

Ist es eine Komödie, ist es eine Tragödie? Die Frage, vor der wir bei diesem Schriftsteller so oft stehen, scheint sich auch hier zu stellen, ist aber auch hier falsch gestellt. Sie fordert nämlich unausgesprochen einen verbindlichen Sinn, fordert vom Text eine Lehre für die Leserinnen und Leser, die sie sich neben der Erzählung ins Buch schreiben können. Tschechows Schritt in die Moderne hat diesen Imperativ, der die Ästhetik des bürgerlichen Zeitalters regierte, der im sozialistischen Realismus nochmals zur offiziellen Doktrin wurde und der in der diffusen Forderung weiterlebt, die Autoren hätten die aktuellen Parolen ihrer Zeit zu illustrieren, hinter sich gelassen. Dieser Autor, ein Bewunderer Darwins, erforscht den Homo sapiens, insbesondere dessen ewiges Herumlaborieren am fehlenden oder kommenden oder verlorenen Glück, ohne seine Beobachtungen zu Maximen der Lebensführung oder zu einem politischen Programm auszumünzen. Die Erzählung *Der Kuss* ist ein solcher Forschungsgang, der in dem Moment abgeschlossen ist, als Rjabovič mit dem grimmigen Gefühl der Verachtung zu Bett geht.

Man kann diese kleine, dichte Arbeit aber auch nicht auf den berühmten Satz von Sigmund Freud aus dem *Unbehagen in der Kultur* reduzieren: »Die Absicht, dass der Mensch glücklich sei, ist im Plan der Schöpfung nicht enthalten.«[216] Denn auf eine seltsame Art ist der Mann mit dem Luchsbärtchen einen Sommer lang ja tatsächlich glücklich gewesen. Auch der ebenso berühmte Satz eines sonst vergessenen Dichters, der nur in einem Schubert-Lied überlebt hat: »Dort wo du nicht bist, dort ist das Glück«[217], trifft auf ihn nur insofern zu, als sein Glück in der Erwartung einer Erfüllung bestand, von der er genau wusste, dass sie nie kommen würde.

Allerdings: Wenn man von den Manipulationen absieht, die Rjabovič an seinem eigenen Gefühlsleben vornimmt, gelten die beiden fatalen Sätze für ihn voll und ganz.

Das Axiom vom Ellbogen

Es gibt bei Tschechow einen Satz, den man diesen zwei Aussagen als dritte zur Seite stellen könnte. Er fällt in einer Erzählung, in der zwei Schafhirten und ein Aufseher irgendwo in der endlosen Steppe eine Nacht lang ein Gespräch über das Glück führen. Dieses besteht für die Hirten ausschließlich im Auffinden vergrabener Schätze. Sie sind überzeugt, dass es in der Steppe eine Menge verborgener Goldhaufen gebe, und unterhalten sich über die rätselhaften Schwierigkeiten, sie zu finden. Der Aufseher lässt die Hirten reden, widerspricht ihnen nicht, scheint aber einen etwas andern Begriff vom Glück zu haben, wenn auch nicht von dessen Unerreichbarkeit. Er unterstützt die Hirten noch in ihrer Überzeugung, dass der ersehnte Reichtum ganz in der Nähe liege. Über ihn selbst aber heißt es: »Sein strenges Gesicht war traurig und spöttisch, er schien enttäuscht.«[218] Man bringt den Verdacht nicht los, Tschechow habe mit dem undurchdringlichen, schattenhaft gezeichneten Mann ein kleines Selbstporträt in den Text gerückt. Einmal äußert sich der Aufseher grundsätzlich zur Möglichkeit des Glücks, mit einem verblüffenden Vergleich: »Ja, der Ellenbogen ist nahe, aber versuch mal reinzubeißen.«[219]

Das ist eine unheimliche Versinnlichung der Überzeugung, dass das Glück immer ganz nah und dennoch nicht erreichbar sei. Der Satz erinnert an die Körpererfahrung der Kinder, an die vielen Spiele, bei denen sie erproben, was man mit Armen und Beinen alles machen kann und wo man damit scheitert. Der Versuch, in den Ellbogen zu beißen, führt ja, wenn man ihn denn einmal macht, tatsächlich zu einem seltsamen Erlebnis der Unmöglichkeit, etwas Allernächstes auf eine ganz selbstverständliche Weise zu fassen. Als Metapher für das menschliche Glück ist dieses Bild so illusionslos und resignativ wie Freuds Aussage in der Studie über das Unbehagen in der Kultur und der Vers im Schubert-Lied. Man könnte ihm, als ebenso kräftige Versinnlichung des Problems, die antike Vorstellung von Kairós, dem Gott des richtigen Augenblicks, entgegenstellen. Dieser ist immer mit hoher Geschwindigkeit unterwegs; er trägt eine gewaltige Haarlocke über der Stirn, der Hinterkopf aber ist kahl und glatt. Wenn ein Mensch vor einer Entscheidung steht, von welcher Erfolg oder Misserfolg, Glück oder Unglück abhängen, kommt der Kairós vorbeigerannt. Wer sofort seine Locke packt, dem wird alles gelingen; wer ganz kurz zögert, fasst an den kahlen Teil des Schädels, rutscht ab, und die Chance ist vertan. Dieses antike Mythologem setzt dem Fatalismus des Axioms vom Ellbogen jene Entscheidungslust entgegen, die bei Goethe und Kleist eine so große Rolle spielt und zu ihrer immer wieder verblüffenden Behauptung geführt hat, man müsse handeln, ohne vorher darüber nachzudenken. Die Geschwindigkeit, mit der der Kairós am Menschen vorbeischießt, schließt ja wahrhaftig jedes Nachsinnen aus. An dessen Stelle tritt der Hazard, die pure Lust am Risiko, vor der wir unsere Kinder warnen und der sie trotzdem nachgeben, sobald sie außer Sichtweite der erwachsenen Autoritäten sind.

Diese Polarität, hinter welcher weitab die mittelalterlichen Theorien über die Vita activa und die Vita contemplativa stehen, Leben als Handeln und Leben als Betrachten, sucht immer neu ihre extremen Ausprägungen. Eine davon ist, in Russland, ein Jahr vor Tschechows Geburt, 1859, die Figur des Oblomow in Gontscharows gleichnamigem Roman. Oblomow ist das Monstrum der Untätigkeit schlechthin, einer, der kaum mehr aus seinem Bett kommt und sein Leben verspielt in unendlicher Trägheit und Lethargie. Geschildert mit dem präzisen Realismus der zeitgenössischen europäischen Romane – zwei Jahre zuvor war *Madame Bovary* erschienen –, mutet Oblomow doch an wie eine der surrealen Gestalten Kafkas oder Becketts. Sein mythischer Umriss zeigt sich im Hintergrund der vielen Männer und Frauen Tschechows, die vom Glück reden, ihm nachsinnen, und dann den Kairós vorbeirennen lassen. Berühmt geworden ist diese Haltung insbesondere durch Tschechows Theaterstücke. Ihre leise, aber zähe Trauer, das schleiernde Unglück, das wie ein zusätzlicher Hausbewohner auf diesen Landsitzen fern von Moskau und Petersburg umgeht, ist sprichwörtlich geworden im Verlauf des langsamen, aber unaufhaltsamen Prozesses, über den Tschechows Dramen in den Kernbestand des Welttheaters rückten – unberührt von den sonst so schroffen Umbrüchen im Kanon der internationalen Bühnen. Diese Lähmung ist viel subtiler als Oblomows faultierhafte Untätigkeit, aber auch sie hat fast immer einen komödiantischen Einschlag – wie ihn jenes Bild vom Ellbogen ebenfalls hat. Aber an der finsteren Fatalität, dass nicht geschieht, was geschehen sollte, ändert dies nichts.

Tschechow war keine Tschechow-Figur

Wenn im Werk eines Autors ein charakteristisches Verhalten sichtbar wird, das sich bei vielen Figuren wiederholt, kommt es unweigerlich zu dem bekannten Reflex in den Leserinnen und Lesern: Der Mann muss selbst so einer gewesen sein. Und das stimmt ja auch oft. Dass mit dieser Feststellung für die Bedeutung und Aussagekraft eines Werks aber noch gar nichts gewonnen ist, dass sie vielmehr den Blick auf dessen Wesentliches eher zu verstellen als zu eröffnen droht, ist eine andere Sache. Dennoch kann man sich diesem Reflex nie ganz entziehen. Es ist deshalb wichtig festzustellen, dass die beschriebene Tathemmung, das Schleifenlassen des Lebens, der müde Blick auf den vorbeisprengenden Kairós, mit Anton Tschechows Person und Charakter nichts zu tun hat. Gewiss galt auch für ihn, was das Glück betrifft, das Ellbogen-Axiom jenes Aufsehers in der Steppe. Aber was das Handeln angeht, die tägliche, zielbewusste, ausdauernde Arbeit, war Tschechow das Gegenteil seiner tatgehemmten Figuren. Er arbeitete hart und unentwegt bis zu seinem frühen Tod. Das hat er, was überraschen mag, mit Schiller gemein, der genau hundert Jahre früher mit dem gleichen Arbeitsfuror – und mit der gleichen Todeskrankheit im Leibe – nahezu gleich lang lebte: Schiller von 1759 bis 1805, Tschechow von 1860 bis 1904. Auf beiden lastete das Bewusstsein des drohenden frühen Todes, und beide wollten dem Leben noch an Leistungen abtrotzen, was irgend möglich war.

Dennoch steckt hinter Tschechows Arbeitsethos noch ein Geheimnis. Von seiner Biographie her hätte er nämlich ebenso gut ein seelisch verkümmerter Taugenichts werden können.

Sein Vater, ein kleinbürgerlicher Kramladenbesitzer, hat ihn und seine Geschwister fast täglich verprügelt; daneben war er bigott und sang lauthals feierliche Choräle. Dann veränderte sich alles dramatisch. Der Vater ging in Konkurs, verarmte, musste von Taganrog, der südrussischen Stadt am Meer, nach Moskau fliehen, wo die Familie in kläglichen Verhältnissen lebte. Der halbwüchsige Anton blieb in Taganrog, besuchte das Gymnasium und verdiente seinen Unterhalt mit Stundengeben. Damit musste er aber zusätzlich noch den Vater und die ganze Familie über Wasser halten, was ihn veranlasste, kleine Humoresken zu verfassen und an diverse Zeitungen zu verkaufen. In dieser Zeit entwickelte er die zähe Arbeitskraft, die ihn nie mehr verließ. Sie war auch ein Triumph über den brutalen Alten und mithin ein Ereignis existentieller Freiheit. Gescheiterte Väter können, scheint es, für Schriftsteller von großem Vorteil sein: Heinrich Heine war ein ähnlicher Fall, ein anderer Robert Walser, ein weiterer Max Frisch. Der Komplex ist noch unerforscht.

Wenn Tschechows Leben also von entschlossener Tatkraft geprägt war, warum fehlt diese dann so oft seinen Figuren? Warum hüten sie so auffällig eine Sehnsucht, die sich nie erfüllt? Die Zeitgenossen haben dem Schriftsteller Tschechow vorgehalten, er habe keine »Tendenz«. Darunter verstand man ein politisch-gesellschaftliches Programm zur Veränderung der Welt und zur Verbesserung aller Zustände. Parolen der Revolution also beispielsweise, wie sie gegen Ende des 19. Jahrhunderts in Russland immer heftiger vorgetragen und diskutiert wurden. Hier machte Tschechow nicht mit, auch wenn er dafür die Vorwürfe guter Freunde in Kauf nehmen musste.

Gelegentlich flammte er allerdings in einer Weise auf, die

erkennen ließ, dass er sehr wohl eine »Tendenz« kannte. Am entschiedensten geschah dies in den Auseinandersetzungen um Schuld oder Unschuld des französischen Offiziers Alfred Dreyfus, die von 1894 bis 1906 ganz Europa erregten und in zwei schrille Parteien spalteten. Der publizistische Höhepunkt der Affäre war Émile Zolas offener Brief an den Präsidenten der Französischen Republik unter dem legendären Titel *J'Accuse ...!*. Tschechow, der bedingungslos hinter Zola und zu Dreyfus stand, brach deswegen mit seinem ältesten und wichtigsten Freund, dem Verleger Suvorin, und musste sich einen neuen Verlag suchen.

Man kann es ganz einfach sagen: Tschechow glaubte nicht an die Revolution, weil er die Menschen kannte. Er kannte sie auf eine Weise wie vielleicht kein zweiter im ganzen weiten Russland nach Dostojewskis Tod. Jeder Mann, jede Frau, die er beschreibt, wird auf das unheimlichste ergründet. Das wirkt oft höchst komisch, denn die ganze Wahrheit über einen Menschen ist immer auch zum Lachen. Tschechows grandioser Humor muss daher als ein wesentlicher Teil seiner anthropologischen Forschung gesehen werden. Die Basis seiner schriftstellerischen Existenz ist ein analytischer Humanismus, dem er als rasch helfender, überall zugreifender Arzt auch einen praktischen Humanismus zur Seite stellt. Es ist aber kein programmatischer Humanismus. Hätte er die Menschen nicht so gut gekannt – und mit jeder Erzählung, die er schrieb, noch besser –, er hätte wohl, wie so viele seiner intellektuellen Zeitgenossen, an die Chancen einer Revolution im korrupten, grausamen Zarenreich geglaubt und überhaupt an die Wirkungskraft radikaler politischer oder religiöser Programme. Dies spricht er einmal deutlich aus, als er die russische Intelligenz, die ja die Umstürze und Reformen durchführen müsste, beschreibt:

> Solange es noch Studenten und Kursschülerinnen sind, ist es ein ehrliches, gutes Volk, ist es unsere Hoffnung, ist es die Zukunft Russlands, aber es reicht, dass die Studenten und Kursschülerinnen [...] erwachsen werden, und unsere Hoffnung und Russlands Zukunft verwandelt sich in Rauch, und im Filter zurück bleiben Ärzte, Sommerhausbesitzer, hungernde Beamte, stehlende Ingenieure [...] Ich glaube nicht an unsere Intelligenz [...] wenn sie leidet und sich beklagt, denn ihre Unterdrücker kommen aus ihren eigenen Reihen.[220]

An eine bessere Zukunft glaubte er allerdings trotzdem, war aber überzeugt, es werde bis dahin noch dreihundert, vierhundert Jahre dauern.[221] Der Grund für die Hoffnung war sein Vertrauen in die Wissenschaften und den technischen Fortschritt. Er bestand ja auch explizit auf dem wissenschaftlichen Charakter seines literarischen Schreibens:

> Die Bekanntschaft mit den Naturwissenschaften, mit der wissenschaftlichen Methode hat mich immer wachsam bleiben lassen, und ich habe mich bemüht, mein Schreiben dort, wo es möglich war, mit den wissenschaftlichen Gegebenheiten in Einklang zu bringen, wo dies hingegen unmöglich war, zog ich es vor, gar nicht zu schreiben.[222]

Hier spricht einer, der sich nicht nur politisch, sondern auch literaturtheoretisch mit Zola und dessen Poetik identifiziert. Man nannte diese Poetik damals Naturalismus. Im Deutschen ist der Begriff zur Bezeichnung für einen Epochenstil geworden, und man denkt dabei vorwiegend an krasse Schilderungen menschlichen Elends, an vererbte Krankheiten und Dialoge in schwer verständlichen Dialekten. »Naturalismus« meinte aber ursprünglich nichts anderes als die konsequent naturwissenschaftliche Fundierung des Erzählens und Stückeschreibens. Tschechows analytischer Humanismus deckt sich damit.

Ist das nun aber nicht ein Widerspruch zum bezwingenden Charme seiner Erzählungen, zu ihrer Verbindung von Einfühlung und Gelächter, Witz und Trauer, zu ihrer Zierlichkeit, die sich so spielend mit dem Derben und Wüsten verträgt? Ein Widerspruch wäre das nur, wenn man mit dem naturwissenschaftlichen Blick in die Menschenwelt ein trockenes Registrieren und Kategorisieren verbindet. In Wahrheit wird Tschechow durch diesen Blick zu einem ganz und gar freien Autor. Er darf nun alles, wozu ihm beim Schreiben ums Herz ist. Er muss keine Botschaften formulieren und kann am Schluss seiner Geschichten alle Belehrungen weglassen. Seine Botschaft ist sein Blick, seine Lehre die Einzigartigkeit jeder Figur.

Hier liegt auch der Grund für eine seiner größten Leistungen, dass er nämlich seine Gestalten nicht von einer moralischen Skala her konzipiert und ausformt. In seinen Werken ist die typologische Ordnung der Menschen nach Lastern und Tugenden endgültig überwunden. Man könnte dies sehr genau an Hauptmann Rjabovič, dem Protagonisten der Kuss-Geschichte, zeigen, indem man den Versuch unternähme, ihn einem moralischen Typus zuzuschlagen. Da würde man dann sofort verstehen, was Tschechow einmal mit der Bemerkung meinte: »Der Künstler soll nicht Richter seiner Personen und ihrer Gespräche sein, sondern nur ein leidenschaftlicher Zeuge.«[223] Und anderswo: »Ich habe keinen einzigen Bösewicht, keinen einzigen Engel geschrieben (von den Narren habe ich allerdings nicht lassen können), ich habe niemanden angeklagt, niemanden gerechtfertigt.«[224]

Es war diese Haltung, die Tschechow das Bekenntnis zu steilen politischen Programmen unmöglich machte, auch zu den panslawistischen Bewegungen und den verworrenen Spekulationen über die russische Seele, die damals viele Autoren infizierten. An deren Stelle trat bei ihm das Vertrauen in den Fortschritt der wissenschaftlich geprägten Zivilisation. Dieser werde, glaubte er, eines Tages auch das Schlimmste, was er selbst mit eigenen Augen gesehen, studiert und beschrieben hatte, die zaristischen Straflager auf der Insel Sachalin, unmöglich machen. Dass die russische Revolution – wie von Tschechow vorausgesagt – dazu nicht imstande war, hat sich ein paar Jahrzehnte nach seinem Tod am Mordsystem von Stalins Gulag gezeigt.

IX

SCHLUSS

Freuds berühmter Satz über das Glück, der in Kapitel VIII zitiert wurde, setzt im Original zwei Wörter in Anführungszeichen:

> Man möchte sagen, die Absicht, dass der Mensch »glücklich« sei, ist im Plan der »Schöpfung« nicht enthalten.

Anführungszeichen setzt dieser nüchterne Autor selten ein. Dass das Wort »Schöpfung« damit versehen wird, ist bei dem Mann, der die Idee eines Weltenschöpfers als Projektion der frühkindlichen Vatererfahrung an den Himmel bestimmt hat, nicht weiter überraschend. Wenn es keinen Schöpfer gibt, kann es auch keine Schöpfung geben und keinen Plan dazu von einer höchsten Instanz. Also muss man das Wort als Zitat kennzeichnen: So reden die Gläubigen. Aber nun auch »glücklich«? Die demonstrative Parallele zur illusionären »Schöpfung« ist ein Wink, dass auch diesem Wort eine ähnliche Illusion zugrunde liege. Aber da gibt es denn doch eine Differenz. Dass ein Schöpfer existiert, kann man mit Gründen bestreiten; dass es Glückserfahrungen gibt, sanfte und gewaltige, weiß hingegen jede und jeder, erlebt schon jedes Kind. Eine grundsätzliche Leugnung wäre lächerlich. Wo also liegt die Illusion?

Die Illusion liegt in der Dauer. Darauf zielt die Aussage: »dass der Mensch ›glücklich‹ sei« (will sagen: auf immer), widerspreche der tatsächlichen Einrichtung der Welt. Aber ist das nicht ein Gemeinplatz? Weiß das nicht ebenfalls schon jedes Kind? Gewiss ist es so. Worauf also will der Denker Freud hinaus? Es geht ihm um eine präzisere Bestimmung der Zeitlichkeit des Glücks, als die landläufigen Beschreibungen sie leisten können mit ihren vagen Vergleichen von der gläsernen Zerbrechlichkeit dieses herrlichen Zustands. Daher fügt er an das obige Zitat eine Passage an, deren sprachliche Prägnanz an ein Gerichtsurteil gemahnt – über uns alle:

> Was man im strengsten Sinne Glück heißt, entspringt der eher plötzlichen Befriedigung hoch aufgestauter Bedürfnisse und ist seiner Natur nach nur als episodisches Phänomen möglich. Jede Fortdauer einer vom Lustprinzip ersehnten Situation ergibt nur ein Gefühl von lauem Behagen; wir sind so eingerichtet, dass wir nur den Kontrast intensiv genießen können, den Zustand nur sehr wenig.[225]

Man muss hier auf die Wortwahl achten. Freud stellt den »Kontrast« dem »Zustand« gegenüber. Der »Kontrast« zwischen dem Begehren und dessen Erfüllung ist, wie er zu Beginn des Zitats sagt, als Erlebnis »eher plötzlich« (wobei es dieses »eher« in sich hat); der anschließende »Zustand« aber ist schon wieder »lau«. Genau besehen gibt es also gar kein Glücklich-Sein, in dem man sich einrichten könnte. Es wird umgehend zur Erinnerung an ein Glücklich-gewesen-Sein. Glück ist – und nochmals findet er eine frappante Wendung – »ein episodisches Phänomen«.

Das hat die Präzision eines physikalischen Modells und ist insofern auch schwer zu widerlegen. Es funktioniert. Wenn da nur nicht die Literatur wäre, die Freuds knapper Theorie eine unabsehbare Wildnis der Glücks- und Unglückserfahrungen gegenüberstellt. Dabei kann sich das eine mit dem andern sogar ekstatisch verbinden wie in dem Gedicht des achtundzwanzigjährigen Goethe, das er im Sommer 1777 an die junge Auguste zu Stolberg schickte:

Alles geben Götter die unendlichen
Ihren Lieblingen ganz
Alle Freuden die unendlichen
Alle Schmerzen die unendlichen ganz.[226]

Da wird der Umschlag des Glücks eingestanden, aber nicht als ein Übergang in ein »laues Behagen«, sondern als ein Sturz in Schmerzen und Verzweiflung. Und genau dies, dieser Pendelschlag von Seligkeit und Qual, wird als Ganzes zur rückhaltlos bejahten Formel für die menschliche Existenz. Wer so lebt, ist von den Göttern geliebt. Der Wechsel selbst ist also das Glück, weil nichts verharren darf, wie es ist, und alles sich immerzu verwandeln muss.

Deshalb redet die Literatur vom Glück in Szenen und Prozessen. Und es sind immer einzelne Frauen und Männer, an denen und über die wir erfahren, was es mit dem Glück und dem Unglück auf sich hat. Aber im Gegensatz zu den Wissenschaften, die Glück und Unglück der Menschen in Modelle übersetzen, können wir dies der Literatur gegenüber nicht abschließend tun. Das Glück der Mrs. Dalloway oder des Ritters Zendelwald oder der Anne Desbaresdes oder des Hauptmanns

Rjabovič ist an die Individualität dieser Personen gebunden, auch wenn sie aus dem Imaginären stammen und mit den Mitteln der Sprache so vor uns aufgebaut werden, dass jede und jeder sie sich im Akt des Lesens auf eigene Art vergegenwärtigt.

Die Individualität der Figuren steht sinnbildlich auch für die Individualität des Werks. Diese ist die Crux der Literaturwissenschaft. Die schönsten Modelle, die sie entwickelt, kranken daran, dass die Individualität des einzelnen Werks in ihnen nie ganz aufgeht. Wo die Wissenschaft das weiß, werden die Modelle zu Medien der Erkenntnis, wo sie es vergisst, verwandeln sie das Werk in ein starres Konstrukt.

In diesem Falle kann nicht mehr eintreten, was durch jedes Lesen energischer Literatur, das unbekümmerte wie das wissenschaftliche, eintreten sollte und was Novalis in dem Fragment beschrieben hat, welches statt eines Vorworts am Anfang dieses Buches steht und jetzt auch wieder, statt eines Nachworts, an seinem Ende:

»Es ist seltsam, daß in einer guten Erzählung allemal etwas Heimliches ist – etwas Unbegreifliches. Die Geschichte scheint noch uneröffnete Augen in uns zu berühren – und wir stehn in einer ganz andern Welt, wenn wir aus ihrem Gebiete zurückkommen.«

ANMERKUNGEN

1 Blaise Pascal: *Pensées sur la Religion et sur quelques autres sujets.* Nach der älteren Zählung Pensée Nr. 139, nach der neueren Nr. 136

2 Franz Kafka: *Der Proceß.* In der Fassung der Handschrift. Hrsg. von Malcolm Pasley. Frankfurt am Main 1990, S. 145. Kapitel *Der Onkel. Leni*

3 The Arden Edition of the Works of William Shakespeare. *Hamlet.* Edited by Harold Jenkins. London 1982, Neudruck London 2001, S. 235

4 Der Titel lautet: *Kuss.* In: Franz Grillparzer: *Sämtliche Werke.* Erster Band. Hrsg. von Peter Frank und Karl Pörnbacher. München 1960, S. 109

5 Johannes Secundus: *Basia – Die Küsse.* Lateinischer Text mit der deutschen Übersetzung von J. G. Scheffner (1789). Hrsg. und mit einem Nachwort versehen von Simon Bunke. Bielefeld 2010

6 *Goethes Werke.* Hamburger Ausgabe, Band I, 4. Auflage 1958, S. 140 f. Das Gedicht trägt in der Handschrift das Datum »2. Nov. 76«.

7 Catull: *Liebesgedichte.* Lateinisch und Deutsch. Übersetzt und mit einem Essay herausgegeben von Otto Weinreich. Reinbek bei Hamburg 1960, S. 8 ff.

8 Eduard Mörike: *Sämtliche Werke.* Herausgegeben von Herbert G. Göpfert. München 1954, S. 1285

9 Hier ist nicht Julius Caesar gemeint, der zur Zeit von Catull lebte, sondern der regierende Kaiser. Zitiert nach: Martial: *Epigramme.* Lateinisch/Deutsch. Ausgewählt, übersetzt und herausgegeben von Niklas Holzberg. Stuttgart 2008, S. 105 ff.

10 Ebd.

11 Virginia Woolf: *Mrs. Dalloway.* Aus dem Englischen übersetzt, mit einem Nachwort von Hans-Christian Oeser. Stuttgart 2012, S. 13. – Das englische Original wird zitiert nach der Ausgabe: Virginia Woolf: *Mrs Dalloway.* Edited with an Introduction and Notes by David Bradshaw. Oxford University Press, Oxford 2009

12 A. a. O., S. 193

13 A. a. O., S. 195 f.

14 A. a. O., S. 87

15 A. a. O., S. 219

16 A. a. O., S. 42

17 Ebd.

18 A. a. O., S. 36

19 A. a. O., S. 40

20 Ebd.

21 Shakespeare: *Othello.* II. 1; *Mrs Dalloway,* Ausgabe Bradshaw, S. 30

22 Friedrich Hölderlin: *An die Parzen.* In: *Hölderlin. Werke und Briefe.* Hrsg. von Friedrich Beißner und Jochen Schmidt. Erster Band. Frankfurt am Main 1969, S. 16 f.

23 *Mrs Dalloway,* Ausgabe Bradshaw, S. 30

24 A. a. O., S. 42. Die deutsche Übersetzung wurde an zwei Stellen verändert.

25 *Mrs Dalloway,* Ausgabe Bradshaw, S. 30

26 A. a, O., S. 43

27 *Mrs Dalloway,* Ausgabe Bradshaw, S. 31

28 A. a. O., S. 43 f.

29 Shakespeare: *King Lear.* I. 4

30 A. a. O., S. 44

31 *Mrs Dalloway,* Ausgabe Bradshaw, S. 32

32 A. a. O., S. 207

33 A. a. O., S. 208

34 *Mrs Dalloway,* Ausgabe Bradshaw, S. 156

35 A. a. O., S. 207

36 A. a. O., S. 210

37 *Mrs Dalloway,* Ausgabe Bradshaw, S. 158

38 Wayne C. Booth: *The Rhetoric of Fiction,* Chicago 1961

39 F. Scott Fitzgerald: *Der große Gatsby.* Aus dem Amerikanischen von Bettina Abarbanell. Zürich 2006, S. 95. Englische Ausgabe: *The Great Gatsby.* Harmondsworth 1958. Dort die Aussage im Original S. 79: »He's the man who fixed the World's Series back in 1919.«

40 Deutsche Ausgabe, a. a. O., S. 94

41 Deutsche Ausgabe, a. a. O., S. 142, Englische Ausgabe, S. 119: »his career as Trimalchio was over«.

42 Deutsche Ausgabe, a. a. O., S. 185

43 Deutsche Ausgabe, a. a. O., S. 21, Englische Ausgabe, S. 15

44 James Joyce: *Ulysses.* London 1960, S. 328

45 A. a. O., S. 137 f.

46 Englische Ausgabe, S. 103

47 Die Kuss-Szene mit dem vorangehenden und anschließenden Erzählbericht findet sich in der deutschen Übersetzung, a. a. O., S. 140 f., in der englischen Ausgabe, a. a. O., 117 f. Sie ist das Ende des Kapitels 7.

48 T. S. Eliot: *Das wüste Land.* Englisch und deutsch. Übertragen von Ernst Robert Curtius. Wiesbaden 1957, S. 43

49 Dante Alighieri: *Die göttliche Komödie.* Übersetzt von Ida und Walther von Wartburg. Zürich 1963, S. 722

50 Ernst Robert Curtius übersetzt: »Diese Scherben habe ich gestrandet, meine Trümmer zu stützen.«

51 Vgl. die Dokumentation in: Gottfried Keller: *Sämtliche Werke. Historisch-Kritische Ausgabe.* Hrsg. von Walter Morgenthaler u. a., Frankfurt am Main und Zürich (hier in der Folge zitiert als HKKA), Band 23.2, 1998. *Sieben Legenden,* Apparat 2 zu Band 7. Darin Fontanes Urteil S. 426–428, Mörikes Urteil S. 405

52 HKKA, Band 7, S. 355

53 HKKA, Band 23.2, S. 402

54 HKKA, Band 7, S. 356

55 A. a. O., S. 357

56 Ebd.

57 A. a. O., S. 359

58 William Shakespeare: *Hamlet.* Edited by Harold Jenkins. The Arden Edition of the Works of William Shakespeare. London 1982, S. 271. 2. Akt, 2. Szene, Vers 563

59 A. a. O., S. 365

60 A.a.O., S. 366

61 A.a.O., S. 368

62 A.a.O., S. 369

63 A.a.O., S. 373

64 Ebd.

65 A.a.O., S. 373 f.

66 A.a.O., S. 374

67 Ebd.

68 A.a.O., S. 375

69 Ebd.

70 Ebd.

71 A.a.O., S. 376

72 HKKA, Band 11, S. 398. In der zweiten Fassung findet sich die Stelle gegen Schluss des 11. Kapitels des 2. Bandes.

73 A.a.O., S. 376

74 In der Übersetzung der *Zürcher Bibel.* Zürich 2007

75 A.a.O., 1 Kor 1,18–19

76 A.a.O., Matthäus 18,3

77 Lew Tolstoi: *Kindheit und Jugend.* Aus dem Russischen von Karl Bannwitz und Eva Luther. Düsseldorf 2008, S. 23–48 passim

78 Isaac Bashevis Singer: *Gimpel the Fool and Other Stories.* New York 1980. Erstdruck 1953. Die Titelgeschichte, aus dem Jiddischen übersetzt von Saul Bellow, S. 11–33.

79 Franz Grillparzer: *Sämtliche Werke,* Dritter Band. A.a.O. 1964, S. 176

80 Herman Melville: *Bartleby.* In: Herman Melville: *Billy Budd and Other Tales.* With an afterword by William Thorpe. New York 1961, S. 140

81 A.a.O., S. 150

82 Franz Kafka: *Briefe an Felice und andere Korrespondenz aus der Verlobungszeit.* Hrsg. von Erich Heller und Jürgen Born. Frankfurt am Main 1967, S. 551

83 *Briefe an Felice.* A.a.O., S. 155

84 Grillparzer: *Spielmann.* A.a.O., S. 149

85 Grillparzer: *Spielmann.* A.a.O., S. 152

86 Ebd.

87 Grillparzer: *Spielmann.* A. a. O., S. 153

88 Ebd.

89 Grillparzer: *Spielmann.* A. a. O., S. 155

90 HKKA, Band 2, S. 262 ff.

91 HKKA, Band 12, S. 219 ff.

92 Zweite Fassung, a. a. O., S. 220

93 Zweite Fassung, a. a. O., S. 222. Auf die unterschiedliche Diskussion dieser Szene in der Literatur- und Kunstwissenschaft hat Barbara Naumann hingewiesen: Barbara Naumann: *Bilderdämmerung. Bildkritik im Roman.* Basel 2012, S. 88

94 E. T. A. Hoffmann: *Der Artushof.* In: E. T. A. Hoffmann: *Die Serapionsbrüder.* München 1963. Die erwähnte Szene S. 156 f.

95 E. T. A. Hoffmann: *Die Serapionsbrüder.* A. a. O., S. 743–753

96 Grillparzer: *Spielmann.* A. a. O., S. 160

97 A. a. O., S. 161

98 Conrad Ferdinand Meyer: *Sämtliche Werke.* Historisch-kritische Ausgabe. Besorgt von Hans Zeller und Alfred Zäch. Erster Band. Gedichte, Text. Bern 1963, S. 78

99 Meyer: *Gedichte.* A. a. O., S. 80

100 A. a. O., S. 162

101 A. a. O., S. 163

102 A. a. O., S. 164

103 A. a. O., S. 148

104 Ebd.

105 William Shakespeare: *Twelfth Night, or, What you Will.* Edited by G. B. Harrison. Harmondsworth 1958, S. 23

106 William Shakespeare: *Dramen.* Nach der Schlegel-Tieck-Ausgabe letzter Hand herausgegeben von Dietrich Klose. Nachwort von Peter von Matt. Stuttgart 2014, S. 425

107 A. a. O., S. 167

108 Zum Typus und den historischen Verwandlungen des »eisernen Vaters« vgl. Peter von Matt: *Verkommene Söhne, missratene Töchter. Familiendesaster in der Literatur.* München 1995, insbesondere den Zweiten Teil des Ersten Buches: *Vor dem eisernen Vater,* S. 51–165

109 A. a. O., S. 170 f.

110 A. a. O., S. 171

111 Ebd.

112 A. a. O., S. 175

113 Zitat und Erläuterung ebd.

114 Ebd.

115 A. a. O., S. 175 f.

116 A. a. O., S. 156

117 A. a. O., S. 162 f.

118 A. a. O., S. 178

119 A. a. O., S. 160 f.

120 Gustave Flaubert: *Bouvard et Pécuchet.* Das Romanfragment ist 1881, ein Jahr nach dem Tode des Autors, postum erschienen. Diverse französische und deutsche Ausgaben

121 Melville: *Bartleby.* A. a. O., S. 103

122 Melville: *Bartleby.* A. a. O., S. 110

123 Fjodor Dostjewskij: *Der Idiot.* Aus dem Russischen neu übersetzt von Swetlana Geier. Frankfurt am Main 2005 (erstmals Zürich 1996), S. 49

124 Vgl. dazu Noel L. Brann: *The abbot Tritemius (1462–1516): The Renaissance of monastic humanities.* Leiden 1981. Ebenfalls die Monographie zu Trithemius von Klaus Arnold, Würzburg 1971, und Arnolds Edition von Trithemius' Schrift *De laude scriptorum, lateinisch und deutsch,* Würzburg 1973

125 Nikolai Lesskow: *Meistererzählungen.* Ausgewählt und aus dem Russischen übersetzt von Johannes von Guenther. Zürich 1989 (erstmals München 1970). Dort S. 17 die Anmerkung des Übersetzers zum Namen Tschernomor: »Zauberer aus dem russischen Volksmärchen.« Dieser Tschernmor oder Chernomor kommt auch in der Oper *Ruslan und Ludmilla* von Michail Glinka (1842) vor, die der gleichnamigen Verserzählung von Alexander Puschkin (1820) folgt. Leskow konnte annehmen, dass der Name dem westeuropäischen Publikum von Glinkas Oper her bekannt war. Zur Art, wie Cheramour zu diesem Namen kam, vgl. a. a. O., S. 37

126 Tolstoi: *Kindheit und Jugend.* A. a. O., S. 45–48

127 Lesskow: *Meistererzählungen.* A. a. O., S. 63

128 Ein fotomechanischer Nachdruck ermöglicht das genaue Studium der drucktechnischen Einzelheiten, die bei Kleists eigenwilliger

Interpunktion von Bedeutung sind: *Phöbus. Ein Journal für die Kunst. Herausgegeben von Heinrich von Kleist und Adam H. Müller.* Mit einem Nachwort und Kommentar von Helmut Sembdner. Hildesheim, Zürich, New York 1987. – In den meisten Ausgaben und Erwähnungen des Werks folgen im Titel nach dem abgekürzten O des Namens drei Punkte. Der Nachdruck zeigt, dass Kleist vier Punkte gesetzt hat, womit er die Möglichkeit andeutet, dass der versteckte Name aus fünf Buchstaben bestehen würde. Der Inhalt des Inserats steht im ersten Satz der Erzählung, S. 65 des durchpaginierten Reprints. Kleists Text wird im Folgenden genau nach der ursprünglichen Schreibweise wiedergegeben. – Kleists eigenwillige Orthographie und Zeichensetzung wird von der im Entstehen begriffenen *Brandenburger Ausgabe* (Herausgeber Roland Reuß und Peter Staengle) im Stroemfeld Verlag, Frankfurt am Main und Basel, erstmals bis in alle Details berücksichtigt.

129 Kleist: *Marquise,* Reprint, a. a. O., S. 80

130 Ebd.

131 Kleist: *Marquise.* A. a. O., S. 80 f.

132 Kleist: *Marquise.* A. a. O., S. 81

133 Ebd.

134 Ebd.

135 Kommentierte Edition des Textes in: Ehrhard Bahr (Hrsg.): *Was ist Aufklärung? Thesen und Definitionen. Kant, Erhard, Hamann, Herder, Lessing, Mendelssohn, Riem, Schiller, Wieland.* Stuttgart 1974. Kants Text von 1783 trägt den Titel: *Beantwortung der Frage: Was ist Aufklärung?* Der vollständige Satz, aus dem hier zitiert wird, lautet: »Sapere aude! Habe Mut, dich deines *eigenen* Verstandes zu bedienen! ist also der Wahlspruch der Aufklärung.« S. 9. Der lateinische Ausdruck ist ein Horaz-Zitat.

136 Kleist: *Marquise.* A. a. O., S. 65

137 Ebd.

138 Kleist: *Marquise.* A. a. O., S. 89

139 Kleist: *Marquise.* A. a. O., S. 90

140 Ebd.

141 Ebd.

142 Gotthold Ephraim Lessing: *Werke.* Zweiter Band. Hrsg. von Herbert G. Göpfert u. a., München 1971, S. 16

143 Zitiert in Lessing: *Werke II.* A. a. O., S. 693

144 Kleist: *Marquise.* A. a. O., S. 85

145 Otto Brahm: *Heinrich von Kleist.* Berlin 1885 (2. Auflage), S. 166

146 Walter Muschg: *Kleist.* Zürich 1923, S. 229 f.

147 Kleist: *Marquise.* A. a. O., S. 89

148 Ebd.

149 »da er sich ganz convulsivisch gebährdete«, a. a. O., S. 90

150 Beide Formulierungen bei Klaus Müller-Salget in dem von ihm betreuten dritten Band der Kleist-Ausgabe im Deutschen Klassiker Verlag. Heinrich von Kleist: *Erzählungen, Anekdoten, Gedichte, Schriften.* Hrsg. von Klaus Müller-Salget. Frankfurt am Main 1990, S. 778 und 781

151 Ebd., S. 781

152 Roland Reuß: *»Im Freien«? Kleist-Versuche.* Frankfurt am Main und Basel 2010, S. 219

153 Joachim Pfeiffer: *Die wiedergefundene Ordnung. Literaturpsychologische Anmerkungen zu Kleists ›Marquise von O....‹.* In: Dirk Grathoff (Hrsg.): *Heinrich von Kleist. Studien zu Werk und Wirkung.* Opladen 1988, S. 231

154 László F. Földényi: *Heinrich von Kleist: Im Netz der Wörter.* München 1999, S. 461

155 Johannes F. Lehmann: *Rettung bei Kleist.* In: Nicolas Pethes (Hrsg.): *Ausnahmezustand der Literatur. Neue Lektüren zu Heinrich von Kleist.* Göttingen 2011, S. 269

156 Kleist: *Marquise.* A. a. O., S. 66

157 Barbara Vinken/Anselm Haverkamp: *Die zurechtgelegte Frau: Gottesbegehren und transzendentale Familie in Kleists ›Marquise von O....‹.* In: Gerhard Neumann (Hrsg.): *Heinrich von Kleist. Kriegsfall – Rechtsfall – Sündenfall.* Freiburg im Breisgau 1994, S. 137

158 Josef Kunz, zitiert bei Joachim Pfeiffer, siehe Anm. 153, S. 231

159 Heinz Politzer: *Der Fall der Frau Marquise.* In: *Deutsche Vierteljahresschrift für Literaturwissenschaft und Geistesgeschichte* 51, 1977, S. 128. Andererseits sieht Politzer in der passiven Haltung der Marquise unter den Küssen des Vaters den vollen sexuellen Genuss: »Das Über-Ich der Marquise gewährt ihr in den Armen des Vaters, was es ihr in der Umarmung des Mannes untersagt hatte: Hingabe, Bewußtsein und Genuß.« A. a. O., S. 114. Ob diese Aussage vom Text gestützt wird, können Leserinnen und Leser selbst entscheiden.

160 Kleist: *Phöbus.* A. a. O., S. 243

161 Politzer, a. a. O., S. 114

162 Vgl. dazu meine Ausführungen zu den elektromagnetischen Elementen in Goethes Roman *Die Wahlverwandtschaften* in: Peter von Matt: *Das Wilde und die Ordnung. Zur deutschen Literatur.* München 2007. Darin S. 23–54 der Aufsatz: *Versuch, den Himmel auf der Erde einzurichten. Die Sprengkraft der Liebe in der geordneten Welt – Goethes »Wahlverwandtschaften«*

163 Das Lieblingswort erscheint bald als »schmettern«, bald als »wettern«. Die zweite Variante zeigt, dass die Vorstellung vom Blitzschlag dahintersteht, einem elektrischen Phänomen. Die nahezu fetischistische Vorliebe für das Wort wird auch darin sichtbar, dass der Held des Schauspiels *Das Käthchen von Heilbronn* Graf Wetter vom Strahl heißt, also den Blitz, den Wetterstrahl, gleich zweimal im Namen trägt.

164 Goethe: *Torquato Tasso.* Fünfter Aufzug, Fünfter Auftritt. Verse 3290–3293. Zitiert nach der Ausgabe letzter Hand, Stuttgart und Tübingen 1828, Neunter Band, S. 238

165 Kleist: *Marquise.* A. a. O., S. 92

166 Jean-Jacques Rousseau: *Œuvres complètes XIV. JULIETTE OU LA NOUVELLE HÉLOÏSE.* Parties I–III. Édition critique par Christophe Van Staen. Genève/Paris 2012, S. 344

167 *JULIE oder DIE NEUE HELOÏSE. Briefe zweier Liebenden aus einer kleinen Stadt am Fuße der Alpen. Gesammelt und herausgegeben durch Jean-Jacques Rousseau.* In der ersten deutschen Übertragung von Johann Gottfried Gellius. Vollständig überarbeitet und ergänzt nach der Edition Rey, Amsterdam 1761, von Dietrich Laube. Mit Anmerkungen und einem Nachwort von Reinhold Wolff. München 1978, S. 177 (63. Brief des Ersten Teils)

168 *JULIETTE OU LA NOUVELLE HÉLOÏSE.* A. a. O., S. 346

169 Im Aufsatz *Von der Überlegung.* Heinrich von Kleist: *Sämtliche Werke und Briefe.* Hrsg. von Helmut Sembdner. Zweiter Band. München 1965, S. 337

170 Der Begriff ist sprichwörtlich seit dem gleichnamigen Buch von Harold Bloom: *The Anxiety of Influence, A Theory of Poetry.* New York 1973

171 Dieses Werk wird in der deutschen Übersetzung Roman genannt; das französische Original hat keine Gattungsbezeichnung.

172 Marguerite Duras: *Moderato cantabile.* Roman. Aus dem Französischen von Leonharda Gescher und W. M. Guggenheimer. Frankfurt 1983 (erstmals 1959), S. 17 f.

173 Der Originaltext ist in einer sorgfältigen und kommentierten Edition der Reihe *Fremdsprachentexte – Französisch* des Reclam Verlags erschienen. Marguerite Duras: *Moderato cantabile.* Herausgegeben von Helmut Keil. Stuttgart 1996. Zitat S. 12 (Erstausgabe des Romans Paris 1958)

174 Ebd.

175 *Moderato cantabile,* deutsche Übersetzung, a. a. O., S. 21

176 *Moderato cantabile,* Originaltext, a. a. O., S. 15

177 Es war der erste große Erfolg von Marguerite Duras, von den einen gefeiert, von andern verrissen. Die Rezeption kann nachgelesen werden im Band: Marguerite Duras: *Moderato cantabile.* Suivi de Moderato cantabile dans l'oeuvre de Marguerite Duras par Gaëtan Picon et de Moderato cantabile et la presse française. Paris, Les Editions de Minuit, 1980

178 *Moderato cantabile,* deutsche Übersetzung, a. a. O., S. 110

179 *Moderato cantabile,* Originaltext, a. a. O., S. 84

180 Der Ausdruck »diese Ehebrecherin«, »cette femme adultère«, fällt auf der letzten Seite des Romans.

181 *Moderato cantabile,* deutsche Übersetzung, a. a. O., S. 35 und S. 116

182 In den Anmerkungen zu dieser Zusammenstellung werden nur die Seitenzahlen der Zitate in der deutschen Übersetzung angegeben. S. 26 f.

183 S. 28

184 S. 33

185 S. 41

186 S. 43

187 S. 44 f.

188 S. 46 f.

189 S. 55 f.

190 S. 62

191 S. 89f.

192 *Moderato cantabile*, deutsche Übersetzung, a. a. O., S. 11

193 *Moderato cantabile*, deutsche Übersetzung, a. a. O., S. 12

194 Ebd.

195 *Moderato cantabile*, Originaltext, a. a. O., S. 7

196 *Moderato cantabile*, deutsche Übersetzung, a. a. O., S. 33

197 *Moderato cantabile*, deutsche Übersetzung, a. a. O., S. 115

198 *Moderato cantabile*, deutsche Übersetzung, a. a. O., S. 116

199 Ebd. und folgende Seite

200 Ingeborg Bachmann: *Der gute Gott von Manhattan*. Hörspiel. Stuttgart 1979, S. 73

201 *Moderato cantabile*, deutsche Übersetzung, a. a. O., S. 117f.

202 Bachmann: *Guter Gott*. A. a. O., S. 60

203 *Moderato cantabile*, deutsche Übersetzung, a. a. O., S. 119f.

204 Im Originaltext, a. a. O., S. 93, in der Übersetzung, a. a. O., S. 122

205 Anton Čechov: *Die Steppe*. Erzählungen 1887–88. Aus dem Russischen von Gerhard Dick, Ada Knipper und Georg Schwarz. Herausgegeben und mit Anmerkungen von Peter Urban. Zürich 1976. Die Erzählung *Der Kuß* S. 244–263. Das Zitat S. 247

206 *Der Kuß*. A. a. O., S. 247f.

207 *Der Kuß*. A. a. O., S. 248

208 *Der Kuß*. A. a. O., S. 249

209 *Der Kuß*. A. a. O., S. 250f.

210 *Der Kuß*. A. a. O., S. 251

211 Ebd.

212 *Der Kuß*. A. a. O., S. 252

213 Ebd.

214 *Der Kuß*. A. a. O., S. 260f.

215 *Der Kuß*. A. a. O., S. 262

216 Das Zitat lautet in der originalen Fassung: »[...] man möchte sagen, die Absicht, daß der Mensch ›glücklich‹ sei, ist im Plan der ›Schöpfung‹ nicht enthalten.« Sigmund Freud: *Das Unbehagen in der Kultur*. In: Sigmund Freud: *Studienausgabe Band LX. Fragen der Gesellschaft und Kultur*. Frankfurt am Main 1982, S. 208

217 Der Satz steht in Schuberts Lied *Der Wanderer* von 1816, nach einem Gedicht von Georg Philipp Schmidt von Lübeck.

218 Anton Čechov: *Die Steppe.* A. a. O., S. 121. Der Titel der Erzählung lautet *Das Glück* (S. 114–124).

219 Ebd.

220 Elsbeth Wolffheim: *Anton* Čechov. Mit Selbstzeugnissen und Bilddokumenten. Reinbek bei Hamburg 2009 (9. Auflage), S. 92 f.

221 Wolffheim: *Anton* Čechov. A. a. O., S. 115

222 Wolffheim: *Anton* Čechov. A. a. O., S. 46

223 Wolffheim: *Anton* Čechov. A. a. O., S. 48

224 Wolffheim: *Anton* Čechov. A. a. O., S. 58

225 Sigmund Freud: *Das Unbehagen in der Kultur.* A. a. O., S. 208

226 *Goethes Briefe an Auguste zu Stolberg.* Hrsg. von Max Hecker. Wiesbaden 1949, S. 42

Bildnachweis

25: Max Klinger, *Die Sirene*, 1895 (Detail)
Foto © akg-images (AKG159559)

53: *Jürgen Schmidt mit seiner Frau*, 1966 (Detail)
Foto © akg-images / Imagno / Franz Hubmann (AKG1054458)

75: Max Lingner, *Arbeiterliebe*, 1929 (Detail)
Foto: © akg-images (AKG98539)
Motiv: © VG BILD-KUNST, Bonn 2016

101: Félix Valloton, *Der Kuss*, 1898 (Detail)
Foto © akg-images (AKG639524)

159: *Legs of Couple Embracing* (Detail)
Foto © akg-images / Imagno (AKG1047026)

205: René Xavier Prinet, *Lew Tolstoj, Kreutzersonate*, 1901 (Detail)
Foto: © Sotheby's / akg-images (AKG359631)
Motiv: © VG BILD-KUNST, Bonn 2016

241: René Magritte, *Les amants*, 1928 (Detail)
Foto: © akg-images (AKG3026144)
Motiv: © VG BILD-KUNST, Bonn 2016